외우지 않고 통째로 이해하는
통아프리카사

외우지 않고 **통째로** 이해하는

통아프리카사

김상훈 지음

다산
에듀

몇 해 전, 13세기에 번성했던 서아프리카 말리 왕국의 땅 니제르 강변의 옛 도시 젠느를 찾아간 적이 있다. 이곳에는 유네스코 세계문화유산으로 지정된 진흙으로 만든 거대한 모스크^{회교사원}가 있다. 신비한 건축양식은 나를 먼 과거로 돌려놓았다. 이슬람 문화와 아프리카 반투 문화의 융합이었다. 설레는 마음으로 사원 내부로 들어가려 했다. 입장 불가였다. 사연인즉, 어느 유럽 젊은이가 사원 안에서 무례한 행동으로 이맘^{지도자}의 마음을 심히 상하게 한 뒤로 비회교도들의 입장을 금지한 것이란다.

무관심은 무지를 낳고 무지는 편견과 무례를 낳을 수 있으니 편견과 무례는 상대방의 마음에 상처를 주는 죄를 짓게 되는 것이 아닌가. 우리는 혹시라도 아프리카라는 곳에 대해 무지와 편견을 가진 적은 없는지….

아프리카는 우리 한국인들에게 오랫동안 무관심의 대상이었고 빈번한 왕래와 교류도 없었던 대륙이었다. 그러나 지구촌 마을이 좁아지고 세계가 하나 되어가려는 과정 속에서 인류는 모두가 함께 더불어 살아갈 수밖에 없다는 결론에 다다르고 있다. 가까운 이웃이나 먼

이웃이나 우리는 모두와 함께 교류하며 평화롭게 공존해야 한다. 서로를 이해하고 인정하면서.

그러한 점에서 《통아프리카사》는 처음 아프리카를 접하게 될 청소년들을 위해 그곳 대륙을 이해하는 귀중한 지침서가 될 것이다. 저자는 아프리카의 역사를 크게 펼쳐진 그림이나 경치를 한눈에 내려다보는 듯한 이야기체 서술 방식으로 쉽고도 재미있게 기술한다. 딱딱한 학술·역사 이론서들이 쉽게 다가가기가 어려운 점을 이 책은 잘 피해가고 있다. 서구적 시각도, 승자의 논리도 아닌 제삼자의 입장에서 객관적으로 서술하려는 노력의 흔적이 돋보인다.

본 저술이 아프리카를 무관심에서 관심과 이해의 대상으로 전환시키는 역할을 해줄 것으로 기대하며, 또 편견과 오해로부터 벗어날 수 있는 계기가 되어주길 희망하며 인류의 영원한 고향 아프리카의 평화와 번영을 진심으로 기원한다.

김윤진

한국외국어대학교 아프리카학부 교수

통아프리카사 개정판을 내며

아프리카는 인류가 탄생한 대륙이야. 그러니 인간에 관한 모든 이야기들은 바로 이 아프리카에서 시작해야 해. 태초의 인류인 아담과 이브가 실제로 존재했다면, 그 짝꿍의 집은 아프리카 동부의 에티오피아에 있었을 거야. 그곳에서 가장 오래된 화석인류인 오스트랄로피테쿠스 아파렌시스가 발견됐거든.

가장 희망적인 대륙, 아프리카!

"아프리카 하면 어떤 생각이 가장 먼저 떠오르니? 세계에서 가장 가난한 대륙? 문명의 혜택을 받지 못한 미개한 종족이 모여 사는 대륙? 종족간의 분쟁과 내전이 끊이지 않는 대륙?"

2010년 5월 『통아프리카사』 초판을 출간했을 때 서문을 통해 이 통박사가 가장 먼저 했던 질문이야. 그로부터 6년이 흘러 개정판을 쓰는 지금, 이 질문을 여러분에게 다시 하고 싶어. 자, 여러분은 아프리카 하면 어떤 생각이 가장 먼저 떠올라? 다음은 6년 전에 내가 썼던 글이야.

"아프리카는 세계에서 경제성장률이 가장 낮은 대륙이야. 마이너스 성장을 기록해 갈수록 퇴보하는 나라들도 상당히 많아. 글자를 읽지 못하는 문맹인도 그 어느 대륙보다 많아. 굶주려 죽는 사람이 가장 많은 대륙, 병에 걸려 죽는 사람이 가장 많은 대륙, 아이와 여성에 대한 학대가 가장 심한 대륙…."

여러분도 이렇게 생각해? 하지만 내 생각은 많이 바뀌었어. 왜? 아프리카의 상황이 많이 달라졌기 때문이야. 아프리카가 어떻게 달라졌냐고? 6년 전만 해도 아프리카는 상당히 혼란스러웠어. 내전과 종족분쟁이 간헐적으로 일어났고, 에이즈로 인한 사망자는 전혀 줄어들지 않았어. TV나 신문에서도 부정적인 기사들이 더 많이 보도됐지.

지금도 종족분쟁과 내전이 완전히 사라진 건 아니야. 에이즈를 비롯한 질병은 아프리카에서 가장 큰 골칫거리이기도 해. 그런데도 전 세계가 아프리카를 경이로운 시선으로 바라보고 있어. 왜 그럴까? 아프리카가 21세기 들어 전 세계에서 경제 발전 속도가 가장 빠르기 때문이야.

유럽, 아메리카, 아시아의 선진국이나 어느 정도 발전한 개발도상국들은 기껏해야 연간 3퍼센트 내외의 경제성장률을 기록하고 있어. 물론 최근 급성장하는 중국은 이보다 훨씬 높지만, 그런 중국도 2016년부터는 성장률이 뚝 떨어졌어. 그런데 아프리카를 보면 연간 5퍼센트, 많게는 10퍼센트 이상 경제성장을 하는 나라들이 상당히 많아. 몇 년 그러다가 말겠지… 이렇게 생각한다면 오산이야. 세계적인 경제전문가들이 "아프리카는 향후 20년간 매년 5퍼센트 정도씩 꾸준히 성장할 것이다"라고 예측하고 있어. 아프리카가 '대단한 변신'을 하고 있는 거야.

아프리카에서의 삶은 풍요로움과 거리가 멀다고 생각했다면, 그건 낡은 생각일 뿐더러 더 이상 사실이 아니게 됐어. 물론 아직도 어떤 지역은 지옥이나 다름없어. 여행하기도 쉽지 않아. 깨끗한 물을 구하는 것조차 가능하지 않은 지역도 있지. 그

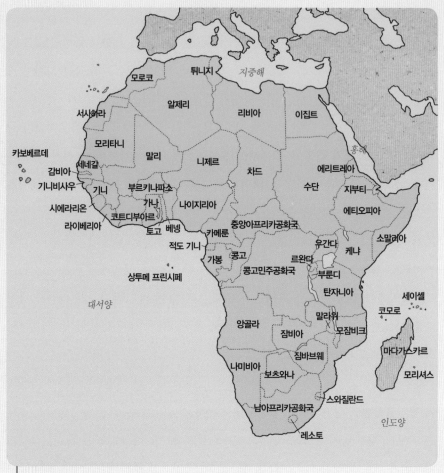

지중해
모로코 튀니지
서사하라 알제리 리비아 이집트
카보베르데 모리타니 홍해
세네갈 말리 니제르 차드 에리트레아
감비아 지부티
기니비사우 기니 부르키나파소 수단 에티오피아
시에라리온 가나 나이지리아
코트디부아르 중앙아프리카공화국 우간다 소말리아
라이베리아 토고 베냉 카메룬 케냐
적도 기니 가봉 콩고 르완다
상투메 프린시페 콩고민주공화국 부룬디
대서양 탄자니아 세이셸
말라위 코모로
앙골라 잠비아 모잠비크
짐바브웨 마다가스카르
나미비아 모리셔스
보츠와나
남아프리카공화국 스와질란드
인도양
레소토

오늘날의 아프리카 오늘날 아프리카에는 50여 개국의 나라가 존재하고 있다. 20세기 후반에야 유럽 열강으로 부터 독립한 탓에 아직까지는 저개발 국가들이 많다.

러나 이런 불편은 갈수록 줄어들 것으로 보여. 아프리카의 많은 나라에서 대도시 들이 빠른 속도로 늘고 있거든.

아프리카는 전체 인구에서 20, 30대의 젊은 세대가 차지하는 비율이 가장 높은 대륙이기도 해. 젊은 사람들은 자기가 원하는 것을 적극적으로 찾아 소비생활을 하는 경향이 강해. 그런 소비가 늘면 경제가 훨씬 원활하게 돌아가지. 젊은 소비자가 많을수록 그 나라는 젊어지게 되는 거야. 그러니 아프리카는 세계에서 가장 젊은 대륙이라고 할 수 있어. 세계의 경제전문가들이 아프리카를 가장 희망이 넘치는 대륙으로 평가하는 이유를 알겠지?

사하라 사막이 생활권을 나눴다

아프리카에는 현재 공식적으로 54개의 국가가 있어. 이와 별도로 공식적으로 인정받지는 않았지만 9개의 나라가 더 있지. 크게 북아프리카[8개 나라], 서아프리카[16개 나라], 동아프리카[10개 나라], 남아프리카[12개 나라], 중앙아프리카[8개 나라]로 나눠.

아프리카는 아주 오랜 시간 주류 세계에서 벗어나 있었어. 유럽에서 로마가 발전하고, 중세 프랑크 왕국이 번영하고, 이슬람 제국이 서아시아에 건설됐을 때도 아프리카는 '은둔의 대륙'이었지. 지중해와 인접한 북아프리카만이 주류 세계에 알려졌을 뿐이야. 왜 그랬을까? 바로 사하라 사막 때문이야.

사하라 사막은 아프리카 중북부에 있는 사막으로, 아프리카 동부 홍해에서부터 서부 대서양까지, 횡으로 약 5,600킬로미터에 이르는 거리야. 남북의 길이는 약 1,700킬로미터. 면적만 어림잡아 860만 제곱킬로미터나 돼. 유럽 대륙과 거의 맞먹는 크기지. 사하라 사막은 세계에서 가장 큰 사막이야.

사막이 워낙 크다 보니 이곳을 넘어 북에서 남으로 가는 게 쉽지 않아. 바로 그 때문에 고대 아시아와 유럽의 강국들은 아프리카 사하라 사막 이남 지역에 대해 거의 알지 못했어. 그 아래쪽으로 훨씬 큰 땅이 있다는 걸 짐작도 못했을 거야. 그곳에 사는 아프리카 사람들은 외부에서 자기들이 사는 대륙을 아프리카라 부른다는 사실도 몰랐어. 부족 단위로 생활을 하던 아프리카 남쪽의 종족 중에는 20세기

사하라 사막 아프리카 대륙 면적의 4분의 1을 차지할 정도로 규모가 크며 연 평균 강수량이 100밀리미터 이하이다. 사하라는 아랍어로 사막을 뜻한다.

가 될 때까지 아프리카라는 이름을 알지 못한 종족이 있었을 정도야.

사하라 사막은 아프리카의 중요한 경계선 역할을 했어. 오늘날까지도 이 사막을 기준으로 북쪽과 남쪽의 문화, 민족, 종교 등이 많이 달라.

사하라 사막 이북 지역은 예전부터 유럽 및 아시아 국가들과 접촉을 해 왔어. 그래서 아랍 민족도 많이 살고 있고, 이슬람교가 널리 퍼져 있지. 대체로 중동이라 불리는 서아시아 문화와도 많이 비슷해. 반면 사하라 사막 이남 지역은 전통 아프리카 문화를 간직한 곳이 많아. 아프리카 하면 떠오르는 제사의식, 사냥, 부족생활, 전사 등의 이미지는 사하라 사막 이남의 일부 지역에서 아직도 볼 수 있어.

이제 아프리카 대륙을 전체적으로 살펴볼까? 우선 아프리카 대륙의 면적은 유럽의 6배 정도야. 대륙이 워낙 넓다 보니 여러 기후대가 분포돼 있어. 보통은 어떤 식물이 있냐를 기준으로 기후대를 구분해. 빽빽한 숲이 있으면 열대우림, 드넓은 초원이 펼쳐지면 사바나, 나무가 거의 없거나 혹은 아예 모래만 있다면 사막…. 지도를 보면 아프리카 대륙에 열대우림, 사바나, 사막이 모두 있다는 걸 알 수 있을 거야.

아프리카 동남부에는 세계에서 두 번째로 큰 호수가 있어. 영국인이 발견했기 때문에 영국 이름을 갖고 있지. 바로 빅토리아 호야. 호수의 면적만 약 7만 제곱킬로미터 정도가 돼. 대한민국의 면적이 10만 제곱킬로미터 정도니까, 남한의 일부 지역을 빼면 나머지가 모두 풍덩 빠지겠지? 이 정도면 호수가 아니라 바다라고 불러야 할 것 같아.

오늘날 아프리카 대륙에는 50개가 넘는 국가가 있어. 그러나 민족과 인종은 그보다 수십, 수백 배 더 많아. 너무 많아서 정확하게 집계할 수 없다는 말이 맞을 거야. 아프리카 안에서 현재 쓰이고 있는 언어의 종류만 천 개가 넘는다고 하니 종

아프리카 내부의 문화 차이 사하라 사막 이북에 위치한 이집트의 거리 풍경(왼쪽)과 사하라 사막 이남에 위치한 탄자니아의 마을 풍경(오른쪽). 아프리카의 문화는 사하라 사막을 경계로 크게 다르다.

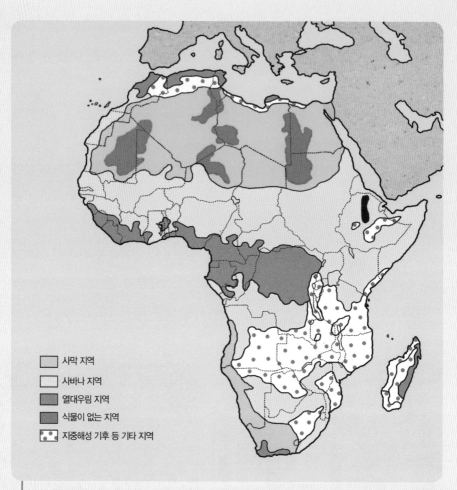

아프리카의 기후 아프리카에서는 사막, 사바나, 열대우림, 지중해성 기후 등 매우 다양한 기후를 볼 수 있다. 사막 가운데에는 생물이 전혀 살지 않는 곳도 분포해 있다.

족과 인종도 수천 종이 될 거라고 생각하는 학자들이 많아. 어떤 학자는 아프리카에 사는 종족과 부족을 나누고 또 나누면 그 수가 약 1만이 될 거라고 주장하기도 해. 오늘날 아프리카의 인구는 약 10억 명 정도로 추정돼. 만약 이 학자의 추정이 사실이라면 한 종족당 인구는 평균 10만 명에 불과해. 얼마나 많은 종족과 인종이 아프리카 대륙에서 살고 있는지 알 수 있겠지?

어떤 사람들이 살까?

유럽의 열강들은 19세기 이후 아프리카에서 식민지 경쟁을 벌였어. 바로 그때 유럽 열강들은 아프리카 나라들의 국경선을 제멋대로 정했어. 오늘날 아프리카 대륙을 보면 나라의 국경선이 유럽처럼 비뚤비뚤하지 않고 반듯반듯한 게 바로 그 때문이야.

하지만 이런 식으로 국경선을 정하면서 종족과 인종 문제는 전혀 고려하지 않았어. 그러니 당연히 혼란이 나타날 수밖에 없어. 생각해 봐. 어느 날 갑자기 동쪽과 서쪽에 흩어져 살고 있던 같은 종족의 사이에 국경선을 그어 버렸어. 바로 그 순간부터 동쪽에 있던 종족과 서쪽에 있던 종족은 졸지에 다른 나라의 국민이 됐지. 열강들은 종족 간에 갈등을 부추기기도 했어. 그러다 보니 아프리카에서 종족 간 유혈사태가 많이 터졌지.

이 책은 아프리카의 여러 종족을 다룰 거야. 하지만 아프리카 전역에 흩어져 살고 있는 토착 원주민에 대해 모두 살펴볼 수는 없어. 아프리카에서 오래전부터 살아왔고, 지금도 살아가고 있는 종족에 대해서는 지금 간략하게 살펴보는 게 좋을 것 같아.

우선 북아프리카부터! 이 지역의 대표적인 토착 종족은 베르베르족이야. 베르베르족은 불행한 역사를 가지고 있어. 기원전 9세기 무렵부터 카르타고의 지배를 받았고, 그 후에는 로마의 지배를 받았지. 다음에는 아랍인들이, 그다음에는 오스만 투르크인들이 이곳을 차지했어. 그러나 베르베르족의 생명력은 아주 강해. 오늘날에도 이집트, 리비아, 알제리, 튀니지, 모로코 등 북아프리카 전역에서 베르베르족을 볼 수 있어. 모로코의 경우 전체 국민 중 3분의 1이 베르베르족이란다.

베르베르족에서 갈라져 나온 종족 중 무어족이 있어. 이 종족은 북아프리카와 북서아프리카에 주로 살고 있어. 모로코, 알제리, 모리타니, 말리, 세네갈 등지에 해당돼. 베르베르족의 친척 종족은 서아프리카에도 살았는데, 바로 투아레그족이야. 무어족과 투아레그족 모두 유목을 주업으로 삼았어. 사막을 횡단하며 장사를 하다 보면 다른 부족들과 싸울 일이 많았을 거야. 그래서였을까? 이 두 종족 모두 호전적인 전사가 많았어.

조금 더 남쪽으로 내려가 볼까? 서아프리카의 내륙 지역에는 요루바족과 아샨티족이 살고 있어. 주로 사바나 기후대인 나이지리아, 토고, 베냉이 있는 곳이야. 그러니 이 종족들은 베르베르족처럼 유목을 할 필요가 없었겠지? 주로 농사를 짓거나 목축 활동을 더 많이 했단다.

중앙아프리카로 가볼까? 중앙아프리카공화국, 콩고민주공화국, 카메룬, 가봉 등지에는 피그미족이 살고 있어. 이 종족은 성인이 돼도 키가 150센티미터밖에 되지 않아. 베르베르족은 유목, 아샨티족은 농사를 지었다고 했지? 이 피그미족은 원시시대처럼 야생에 널려 있는 열매를 먹거나 사냥을 한단다. 전쟁을 싫어하는 온순한 민족으로 알려져 있어. 오늘날까지도 약 15만 명의 피그미족이 남아 있지.

동아프리카에는 마사이족이 있어. 케냐와 탄자니아 근방에 약 35만 명이 살고 있지. 마사이족을 포함해 동아프리카의 종족들은 대부분 소와 양을 키웠어. 케냐와 탄자니아에는 초원 지대가 많지? 이들 종족은 예전에는 비가 오지 않는 건기가 되면 동물과 함께 물이 있는 지역으로 이동하며 살았어. 즉, 유목민이었단 얘기야. 이 때문에 마사이 전사들은 매우 용맹했지. 마사이족과 함께 키쿠유족도 동아프리카의 대표적인 부족 중 하나야.

남아프리카에 있는 종족 가운데 가장 많이 알려진 건 산족이야. 남아프리카공화국과 남서부의 칼라하리 사막 근처에 많이 살고 있어. 유럽인들은 산족을 부시맨이라 불렀어. 이 종족도 피그미족처럼 매우 작아. 피부 빛도 약간 갈색을 띠고 있어. 그 때문에 어떤 학자들은 산족이 몽골 계통이라고 주장한단다. 이 종족은 아직까지도 원시 시대의 삶을 고수하고 있어. 주로 수렵과 채집 활동으로 생계를 이어가고 있지. 그런가 하면 오늘날 남아프리카공화국에 가장 많이 살고 있는 종족은 줄루족이란다.

차
례

제3장
중세아프리카의 발전
서기 1년 ~ 18세기 전후

제5장
아프리카, 홀로 서다
1950년 이후

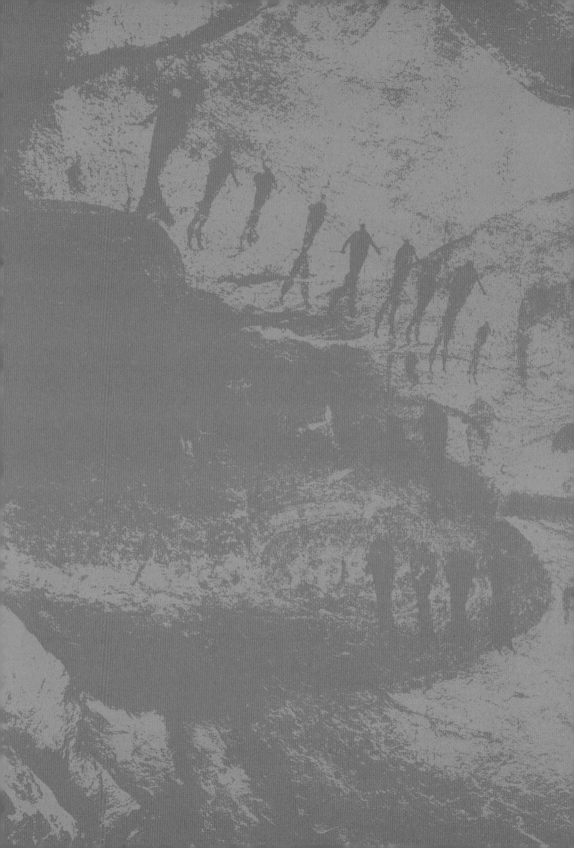

제1장

45억 년 전 ~ 기원전 3500년

인류 역사의
문을 열다

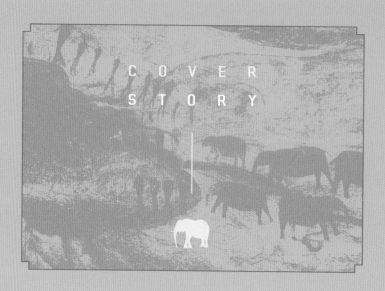

COVER
STORY

역사는 문명이 탄생하면서 시작됐어. 인류가 거친 자연과 오랜 시간을 싸운 후에 얻은 게 바로 문명이란 열매지. 서구적 시각에서 문명은 일반적으로 문자를 사용했는지가 기준이야. 쉽게 말해 기록이 남아 있는 역사만 역사로 본다는 얘기지. 역사 이전의 시기를 선사 시대라고 불러. 인류의 탄생 시점부터 구석기와 신석기 시대까지가 여기에 해당돼. 아프리카는 다른 대륙과 달리 선사 시대의 역사가 아주 중요해. 지구에서 가장 오래된 땅이 아프리카이고, 가장 먼저 사람이 나타난 땅도 아프리카이기 때문이야. 따라서 아직 역사가 시작되기 전이기는 하지만, 어떻게 지구가 탄생했으며 초기 인류의 모습이 어떠했는지를 알기 위해서는 선사 시대부터 시작해야 할 것 같아. 아프리카에서 전 세계로 인류가 퍼져 나가는 모습도 살펴볼게. 다만 구석기 시대와 신석기 시대에 대해서는 구체적으로 보지 않을 거야. 이 부분이 좀 더 궁금하다면 『통세계사』 1권을 참고해.

인류의 탄생과 이동

인간과 가장 흡사한 첫 인류는 약 300만 년 전 출현했어. 인류가 출현한 시기를 400만 년 전으로 보는 학자도 있고, 450만 년 전이라고 하는 학자도 있어. 어떤 학자는 이 시기를 최대 500만 년 전으로 보기도 해. 채 100년을 살지 못하는 현대인에게는 너무나 먼 옛날이야기지.

굳이 어느 연도가 보다 정확한지를 따질 필요는 없어. 연대를 추정하는 과학기술이 앞으로 더욱 발달하면 이보다 더 앞선 시기에 살았던 인류를 찾아낼 수도 있겠지.

아프리카의 탄생을 알기 위해 지구 탄생의 역사를 인용했듯이, 아프리카인의 탄생을 이해하기 위해 인류 탄생의 역사를 알아두는 거라고 생각하면 돼. 너무 연도에 얽매이지 않아도 된단다.

아프리카의 탄생

인류의 탄생에 대해 이야기하기 전에 아프리카의 탄생 과정부터 간단히 살펴볼까? 지구과학을 공부하자는 것은 아니야. 이 책은 역사를 다루는 책이야. 따라서 지금부터 얘기하는 '지구 탄생의 역사'는 기초적인 수준이 될 거야. 만약 이 부분이 정말로 궁금하다면 과학 전문서적을 권하고 싶어. 그러면 지식의 깊이가 훨씬 깊어질 거야.

아프리카의 역사에서 지구 탄생의 역사를 굳이 한번 짚어 보려는 것은, 아프리카란 대륙의 특성 때문이야. 아프리카는 가장 먼저 땅이 된 곳이야. 바로 이 점 때문에 얕게나마 지구가 어떻게 탄생했는지 보려는 거야.

아주 오래전, 지구에는 땅이란 게 없었어. 사방은 온통 부글부글 끓어오르는 용암이었지. 과학자들에 따르면 지구가 태양계의 세 번째 행성으로 탄생한 것은 약 45억 년 전이야. 처음부터 지구가 현재의 모습으로 태어난 것은 아니었어. 지구는 활활 타오르는 불덩이 같았어. 사실 지금도 지구는 타오르고 있어. 현실적으로는 불가능하겠지만, 만약 땅을 파고 계속 내려갈 수 있다면 지구의 중심부인 핵에 도달하게 돼. 이 핵의 온도가 무려 1만 2천 도나 된단다. 그 온도가 맨틀과 지각 등 바깥쪽으로 나올수록 낮아지는 거야.

오늘날에도 대기 온도가 인간의 정상 체온을 넘어서면 살기가 무척 힘들어. 그렇다면 대기 온도가 수천 도가 넘었던 45억 년 전에는 당연히 생물이 살 수 없었을 거야. 게다가 각종 유해가스가 대기 중에 가득했어. 생물은 존재할 수 없었지.

이런 상태로 오랜 시간이 흘렀어. 용암이 넘쳤다가 식고, 다시 넘쳤다가 식었어. 이 과정에서 용암 속에 숨겨져 있던 바위 덩어리들이 점차 수면 위로 올라오기 시작했어. 그러나 워낙 용암이 뜨거웠기 때문에 바위들도 오늘날처럼 단단하지 않았어. 다행히 대기 온도가 서서히 떨어지고 있었어. 공기에 노출된 바위가 식으면

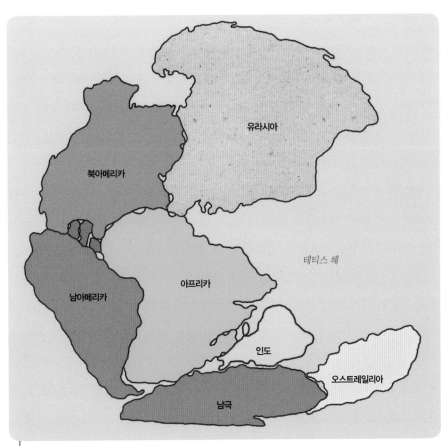

원시 대륙 판게아 1915년 베게너가 주장한 가상의 원시 대륙 지도. 고생대까지는 모든 땅덩어리가 하나로 뭉쳐 있었다는 이론이다. 아프리카와 남아메리카가 퍼즐처럼 딱 맞는 게 그 증거로 인용됐다.

서 오늘날의 땅과 비슷한 물질이 됐어. 이런 땅이 점점 늘어났어.

작은 땅과 작은 땅이 만나 더 큰 땅이 됐어. 그리고 언제부터인가 이 땅덩어리들이 용암을 뚫고 하늘 높이 치솟기 시작했지. 땅덩어리들은 곧 육지가 됐어. 지구 곳곳에서 이런 육지들이 생겨났지. 가장 먼저 육지가 생긴 곳이 바로 아프리카야. 약 5억 5천만 년 전, 오늘날의 아프리카 땅이 만들어졌어. 그러니까 아프리카의 역사는 5억 년이 넘는 셈이지.

이때의 땅덩어리는 아직 완전히 단단하지 않았어. 생물이 살 만한 여건도 아직 만들어지지 않았지. 지구는 다시 '진화'하기 시작했어. 무른 땅은 단단해져 갔고, 대기 온도는 낮아져 갔어. 유해가스의 농도도 떨어지고 부글부글 끓던 용암도 차가워졌어. 용암은 곧 바다로 바뀌기 시작했지. 이 '사소한 진화'를 이룩하는 데만도 수백만 년이 걸렸단다.

이제 좀 생물이 살 만해졌나 싶더니, 아니나 다를까 원시 생물이 등장했어. 일단 물꼬를 틀자 다른 생물들도 우후죽순으로 나타났어. 물속에 처음 자리를 잡았던 생물들이 곧 육지로 올라왔어. 이렇게 해서 이번에는 생물이 진화를 시작했단다.

그러다가 곧 거대한 파충류가 지구를 정복했어. 바로 공룡이야. 그러나 공룡은 계속 지구의 지배자로 남지는 못했어. 멸종해 버린 거야. 공룡이 멸종한 원인에 대해서는 여러 가지 설이 있어. 많은 운석이 일시에 떨어졌다, 큰불이 났다, 유해가스가 다시 증가했다, 먹이가 떨어졌다…. 어쩌면 이 모든 이유가 다 맞을 수도 있어. 어떤 분석이 정확한지를 떠나, 애초에 공룡의 큰 몸집은 약점이었을 거야. 그 몸집 때문에 많은 먹이를 구하는 것도 부담이 되었고, 운석도 피하지 못한 것이 아닐까?

어쨌든 공룡은 환경에 적응하지 못하고 사라져 버렸어. 새로 지구의 지배자가 된 생물은 포유류였어. 그 포유류의 중심에 인간이 있었지. 물론 아직 인간이라 부르기에는 미약하지만 말이야.

지구과학, 우주과학, 물리 및 화학, 생물학…. 지금까지 다룬 내용을 자세히 알려면 과학의 전 분야를 이해해야 할 거야. 이 모든 내용을 책으로 쓴다면 아마 수백 권은 되겠지. 수십억 년에 걸쳐 있는 역사인데, 분량이 그 정도는 하지 않겠어? 앞에서 언급했던 대로, 이 부분은 다른 전문가에게 넘길게. 아프리카가 어떻게 탄생했는지를 살펴보기 위해서라면, 이 정도로도 충분히 목적을 이뤘으니까 말이야. 자, 이제 다시 인류의 탄생 이야기로 돌아가 볼까?

오스트랄로피테쿠스에서 호모사피엔스까지

1924년 남아프리카공화국의 타웅이란 산골에서 유아의 머리뼈 화석이 발견됐어. 당시에 이 화석을 발견한 인류학자 레이먼드 다트 부부는 이 지역의 이름을 따서 '타웅 아이'라고 이름을 지어줬지. 이 타웅 아이의 정식 학명은 오스트랄로피테쿠스 아프리카누스야.

오스트랄로피테쿠스는 가장 오래된 인류인 원인猿人을 가리키는 이름이야. 타웅 아이는 가장 먼저 발견된 오스트랄로피테쿠스 화석이지. 발견된 지역이 남아프리카이다 보니 남방원숭이라는 별명을 갖고 있어. 타웅 아이, 즉 오스트랄로피테쿠스 아프리카누스는 약 300만 년 전에 살았던 것으로 추정돼.

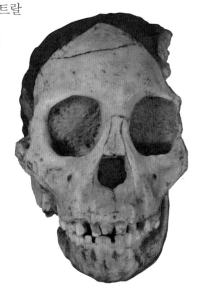

1974년에는 에티오피아에서 또 다른 오스트랄로피테쿠스 화석이 발견됐어. 이 화석을 분석해 보니 대략 키가 1미터 정도의 여성인 것으로 추정됐어. 그래서 이 화석에는 여자 이름인 '루시'가 붙었어. 루시의 학명은 오스트랄로피테쿠스 아파렌시스야. 루시는 약 390만~350만 년 전에 살았던 것으로 추정돼. 그러니까 루시가 타웅 아이보다 더 앞선 인류인 거야.

┃ 타웅 아이 남아프리카공화국의 타웅이란 곳에서 발견된 아이의 머리뼈 화석이다. 이 화석이 최초의 인류 중 하나인 오스트랄로피테쿠스 아프리카누스다.

앞으로 오스트랄로피테쿠스나 그보다 더 오래된 인류의 유골 화석이 다른 지역에서 또 발견되면 인류 탄생의 역사는 새로 쓰여야겠지. 그러나 지금까지는 가장 오래된 인류의 화석이 발견된 아프리카 동부와 남부를 인류 탄생의 요람으로 보고 있단다. 동아프리카에서 탄생한 인류가 남아프리카로 거주지를 넓힌 것으로 추정하고 있지.

오스트랄로피테쿠스는 가까스로 설 수 있었어. 그러나 서 있을 수 있는 시간은 아주 짧았어. 아직까지는 인간보다 원숭이에 더 가까운 셈이지. 오스트랄로피테쿠스는 사는 곳도 원숭이와 다르지 않았어. 그래, 나무 위에 집을 짓고 살았던 거야. 뇌의 크기도 원숭이와 거의 차이가 없었지.

탄자니아와 케냐에서도 초기 인류의 화석이 발견됐어. 특히 탄자니아의 올두바이 계곡에서는 약간씩 시대가 다른 초기 인류의 화석이 다양하게 발견됐단다. 1959년 리키 박사 부부가 이곳 올두바이 계곡의 지층에서 약 175만 년 전의 인간 조상 두개골을 발굴했어. 학자들은 오스트랄로피테쿠스일 것이라고 생각하고 이 화석들을 정리했어. 그러다가 조금 다른 모양의 화석을 발견했지. 연구해보니 오스트랄로피테쿠스보다 뇌의 용량이 50퍼센트 정도는 커 보였어. 오스트랄로피테쿠스는 고기를 먹지 않는데, 이 화석인류는 고기를 먹은 것 같았어. 가장 큰 차이점은 손이었어. 새로운 화석인류는 손가락이 발

루시 에티오피아에서 발견된 화석으로, 신장 1미터 가량에 20세 전후의 여성이었다. 학명은 오스트랄로피테쿠스 아파렌시스다.

달해 있었어. 손이 땅을 딛
는 목적이 아니라, 무엇을
잡는 목적으로 사용됐다는
증거야! 학자들은 이 화석
인류를 호모하빌리스라고
불렀어. 도구를 쓰는 인간
이란 뜻이지.

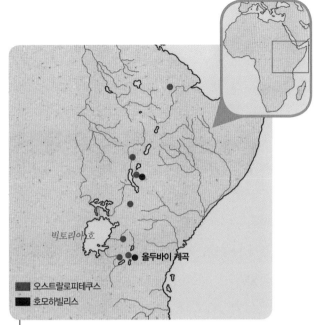

호모하빌리스가 등장할
무렵인 180만 년 전, 인류
는 새로운 단계로 진화했
어. 바로 호모에렉투스야.
직립 인간이란 뜻이지. 호
모하빌리스와 호모에렉투

화석인류 발굴 지역 올두바이 계곡을 포함해 동남부 아프리카에
서는 오스트랄로피테쿠스와 호모하빌리스 등 초기 인류의 화석
이 많이 발견됐다. 이 때문에 이 지역을 '살아 있는 인류 박물관'이
라고도 한다.

스는 거의 비슷한 시기에 함께 존재했어. 호모하빌리스가 약간 빨랐던 것 같아.

이 인류들은 오래 서 있을 수 있었어. 그렇다면 손이 어느 정도 자유로웠겠지?
이들은 손으로 도구를 만들었단다. 호모하빌리스가 도구를 만들어 사용했다는 사
실은 이미 말했지? 그러나 아직까지 뇌의 크기는 원숭이보다 조금 클 뿐이었어.
그런 뇌로 만든 도구니까 아주 정교하지는 않았지. 고작 해봐야 뾰족한 돌멩이에
불과했단다. 그래도 손에 뭔가를 잡고 그것으로 어떤 작업이라도 한다는 것은 아
주 창의적인 진화라고 할 수 있어. 그렇다면 호모하빌리스와 호모에렉투스는 현
대 인류의 직접적인 조상일까? 아직도 학계에서는 논란이 많아. 대다수의 학자들
은 이들을 인류의 직접적인 조상으로 보고 있지 않단다.

호모에렉투스를 오스트랄로피테쿠스와 비교해 볼까? 호모에렉투스의 뇌가 좀

더 컸지만 지적 능력이 확 뛰어난 정도는 아니었어. 다만 호모에렉투스에 이르러 구부정한 등은 꼿꼿하게 펴졌지. 비로소 완전한 직립 보행을 할 수 있었던 거야. 호모에렉투스는 불을 처음 사용한 인류이기도 해. 화석이 발견된 곳에서 불을 피운 부싯돌과 화덕, 타다 남은 짐승의 뼈 흔적을 볼 수 있었지. 오스트랄로피테쿠스를 원인猿人이라고 했지? 호모에렉투스는 그다음 단계인 원인原人이라 부른단다.

40만 년 전에 유럽 독일에서 새로운 인류가 등장했어. 이 인류를 호모네안데르탈렌시스라 불렀어. 이 인류의 단계는 구인舊人이야. 이어서 20만 년 전, 새로운 인류가 나타났는데, 바로 호모사피엔스야. 지혜로운 인간이란 뜻이지. 진화 단계로 구분하면 이 인류는 신인新人이야. 호모사피엔스의 뇌 크기는 현대인과 거의 비슷해. 그래, 호모사피엔스가 바로 현대 인류의 직접적인 조상인 거야!

인류는 아프리카로부터!

아프리카에 살던 호모사피엔스는 그 후 다른 대륙으로 이동하기 시작했어. 이때가 약 10만 년 전으로 추정돼. 호모사피엔스는 먼저 소아시아로 갔어. 그리고 이 가운데 한 무리가 소아시아를 거쳐 유럽 대륙으로 갔어. 또 다른 무리는 동아시아로 이동했지.

4만 년 전쯤 호모사피엔스가 유럽 대륙에 도착했어. 그들은 자기들과 다른 인류가 이미 그곳에 살고 있다는 사실을 알게 됐어. 바로 네안데르탈인이었어. 호모네안데르탈렌시스라 불리는 인류지. 호모사피엔스는 네안데르탈인과 함께

네안데르탈인 호모사피엔스와 같은 시대에 유럽에서 살았던 조상이다. 약 3만 년 전쯤 사라진 것으로 추정된다.

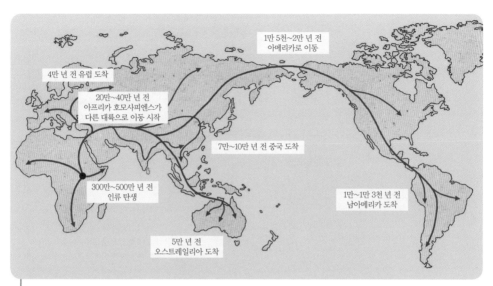

1만 5천~2만 년 전
아메리카로 이동

4만 년 전 유럽 도착

20만~40만 년 전
아프리카 호모사피엔스가
다른 대륙으로 이동 시작

7만~10만 년 전 중국 도착

300만~500만 년 전
인류 탄생

1만~1만 3천 년 전
남아메리카 도착

5만 년 전
오스트레일리아 도착

아프리카 인류의 이동 아프리카에서 탄생한 호모사피엔스는 소아시아를 거쳐 아시아로 이동했고, 다시 아메리카로 들어갔다. 호모사피엔스는 이후 진화를 거듭해 현대 인류의 직접적인 조상으로 여겨지고 있다.

유럽에서 살았어. 그러나 네안데르탈인은 약 3만 년 전쯤 사라지고 말았어. 네안데르탈인이 '멸종'하고 만 거야. 그렇다면 오늘날 유럽인들의 조상 또한 아프리카로부터 건너온 사람들이었다는 결론이 나와.

호모사피엔스는 그 후 아시아를 넘어 아메리카까지 진출했어. 지금은 아시아와 북아메리카가 베링 해협을 사이에 두고 나뉘어 있지? 하지만 당시만 해도 두 대륙은 하나로 연결돼 있었단다. 호모사피엔스는 걸어서 아메리카로 들어갔어. 이때가 대략 1만 5천 년에서 2만 년 전으로 추정돼. 북아메리카로 들어간 호모사피엔스는 또다시 남쪽으로 이동했어. 약 1만 3천 년 전까지는 남아메리카까지 인류가 들어가 정착했어.

각 대륙에서 터전을 잡은 호모사피엔스는 멸종하지 않고 잘 생존했어. 이윽고 진화를 거듭했지. 그 결과 유럽에서 약 4만 년 전 새로운 인류가 등장했어. 그 인

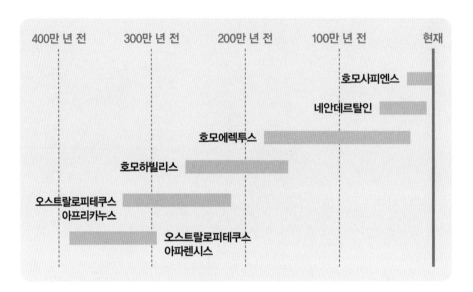

류가 현대 인류의 직접적 조상으로 여겨지고 있는 호모사피엔스사피엔스야. 우리
말로 옮기자면 '매우 지혜로운 인간'이란 뜻이야. 슬기슬기 인간이라고도 하지. 프
랑스 크로마뇽 동굴에서 발견된 크로마뇽인이 대표적이야. 이때부터 인류는 동굴
에 벽화를 남기기도 했지.

   인류가 어떤 도구를 사용했느냐에 따라 화석인류를 다시 분류할 수 있어. 다만
일반적으로는 원인猿人이라 불리는 오스트랄로피테쿠스 시대를 이 범주에 넣지는
않아. 원인原人인 호모하빌리스와 호모에렉투스가 활동하던 시대는 전기구석기 시
대로, 신인 호모사피엔스가 살던 시대는 중기구석기 시대로 분류하지. 현생 인류
의 가장 직접적인 조상인 호모사피엔스사피엔스는 후기구석기 시대에 살았어.

   아프리카에서 탄생한 인류가 어떻게 전 세계로 퍼졌고, 오늘날 우리의 조상이
되었는지 알겠지? 그들은 그다음에 어떤 삶을 살았을까? 대륙별로 크게 다르지는
않아. 거의 비슷비슷하지. 후기구석기 시대를 거쳐 신석기 시대로 접어든 거야.

대륙별로 약간씩 시기상 차이가 있지만 대략 기원전 8000년 무렵에 신석기 시대가 시작됐어. 이때부터 사람들은 한곳에 정착해 농사를 지었어. 물론 주변 환경이 농사를 짓기에 적합한 지역에서나 가능한 일이었겠지. 대표적인 지역이 오늘날 우리가 일반적으로 고대 4대 문명의 발상지라고 부르는 곳이야. 이집트의 나일 강 주변, 서아시아의 티그리스 강과 유프라테스 강 사이의 초승달 지역인 메소포타미아 평원, 인도의 인더스 강 주변, 중국의 황허강 주변이 여기에 해당돼. 다만 세계에서 가장 큰 사막인 사하라 사막이 있는 아프리카 북부와 중부 사이의 지대에서는 농경이 불가능했을 거야. 어쨌든 신석기 시대로 접어든 것을 포함해 이후 역사의 발전 과정은 모든 대륙이 비슷해.

자, 워밍업은 끝났어. 이제부터 본격적으로 아프리카라는 대륙에 대해, 그곳에 살았고 오늘날에도 살고 있는 사람들에 대해 살펴볼 거야. 그래, 아프리카의 역사는 바로 지금부터 시작이란다.

블랙아프리카?

통박사의 역사읽기

만약 아프리카를 북아프리카와 남아프리카로 나눈다면 경계는 어디가 될까? 바로 사하라 사막이야. 사하라 사막이 세계에서 가장 큰 사막이라고 했지? 유럽인들은 지중해와 인접해 있는 북아프리카 지역과는 아주 오래전부터 접촉해 왔어. 이슬람 세력이 7세기 무렵 북아프리카에 상륙한 뒤에, 그곳은 순식간에 이슬람권으로 변했지. 그러나 사하라 사막을 경계로 남쪽 지역은 아주 오랫동안 외부 세계에 알려지지 않았단다. 사하라 사막을 넘어가기가 쉽지 않았기 때문이야. 이 때문에 유럽인들은 사하라 사막 남쪽 지역의 문화나 문명에 대해 아는 게 하나도 없었어. 게다가 그곳에 사는 사람들은 흑인이었지. 그래서 그 지역은 '블랙아프리카라고 불린다.

제2장

기원전 3500년 ~ 서기 1년

이집트에서
고대문명
시작하다

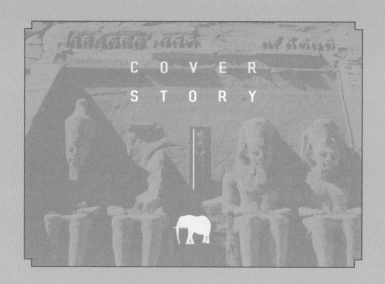

아프리카 역사를 얘기할 때 빼놓을 수 없는 게 이집트 문명이야. 이집트 문명은
메소포타미아 문명과 더불어 가장 오래된 문명이지. 메소포타미아인보다 이집
트인이 먼저 상형문자를 썼기 때문에 이집트 문명이 최초의 문명이라고 주장하
는 학자들도 많아. 물론 이집트 문명은 아프리카 남쪽으로 널리 전파되지도 않
았고, 아프리카 대륙 전체를 아울렀던 문명도 아니야. 게다가 이집트 일대는 예
로부터 서아시아와 함께 오리엔트로 불렸어. 오리엔트 문명은 서양 문명의 근원
이야. 결국 이집트 문명은 아프리카 대륙보다 서양 세계에 더 큰 영향을 미쳤다
고 할 수 있지. 그러나 이집트는 엄연히 아프리카 대륙에 속해 있으니 아프리카
역사를 다룰 때 꼭 살펴보는 게 옳을 거야. 이 때문에 이번 장에서는 이집트 문
명을 자세히 설명할게. 동시에, 이집트 문명에 가려 빛을 보지 못했던 아프리카
의 다른 고대 문명들도 함께 살펴볼게.

초기 이집트 문명의 발달

나일 강은 아프리카의 적도 지역에서 지중해로 흐르는 6671킬로미터의 긴 강이야. 아마존 강에 이어 세계에서 두 번째로 긴 강이지. 바로 이 강을 따라 이집트 문명이 태동했어. 매년 범람하는 나일 강 하구의 삼각주 지대에는 비옥한 땅이 만들어졌고, 이 지역을 중심으로 사람들은 농사를 짓기 시작했지. 고대 그리스의 역사학자 헤로도토스는 "이집트는 나일 강의 선물이다"이라고 말한 바 있어. 나일 강이 문명 발달에 얼마나 큰 공헌을 했는지 짐작할 수 있겠지?

고대 이집트는 인류 역사상 첫 대형 왕국으로 볼 수 있어. 메소포타미아에도 왕국이 있었지만 이집트처럼 거대하지는 않았어. 이 점은 중국에서도 마찬가지였어. 그렇다고 해서 한 왕조가 이집트 일대를 지속적으로 통치하지는 않았어. 여러 가문과 여러 민족이 번갈아 가며 왕의 자리를 차지했지. 그 때문에 이집트의 왕조를 숫자로 구분해 부른단다.

이집트에서는 왕을 파라오라고 칭했어. 파라오는 '하늘이 정한 사람'이란 뜻이야. 이집트인들은 왕을 신과 같은 존재로 여겼던 거지. 이 때문에 파라오가 통치하던 고대 이집트 역사를 통틀어서 파라오 왕조 시대라고 부른단다.

메네스, 이집트를 통일하다

기원전 3500년 이전까지만 해도 이집트에는 특출하게 세력이 강한 왕국이 없었어. 고만고만한 도시국가 수준의 나라들이 나일 강을 따라 발전하고 있었지. 이 시기를 이집트 선왕조先王朝 시대라고 부른단다. 아직 왕조가 나타나지 않았다는 뜻이야.

기원전 3100년부터 두각을 나타내는 나라들이 생겨났어. 아직까지 큰 왕국은 없었지만 그래도 슬슬 그런 나라가 만들어질 조짐이 보였어. 이때를 원왕조原王朝 시대라고 부르고, 그다음부터 등장한 왕조를 제1왕조, 제2왕조 하는 식으로 불렀어. 그 때문에 원왕조 시대를 제0왕조 시대라고도 한단다.

원왕조 시대의 이집트를 보면, 나일 강 상류와 하류에 각각 작은 왕국이 있었어. 상류에 있는 왕국을 상이집트, 지중해에 인접한 삼각주 지역의 왕국을 하이집트라고 불렀지. 상이집트의 왕은 흰색 왕관을 썼고, 하이집트의 왕은 붉은색 왕관을 썼어. 또한 이 나라들 말고도 나일 강을 따라 여러 도시가 세워져 있었어.

상이집트와 하이집트는 서로 사이가 좋지 않았어. 섬기는 신도 달랐지. 당시 어떤 신들이 있었는지 볼까?

세계를 창조한 신은 아툼이야. 그러나 으뜸신은 따로 있어. 바로 태양신 레야. 레의 후손들 중에 오시리스와 세트, 이시스와 네프티스가 있어. 앞의 두 신은 남자, 뒤의 두 신은 여자야. 오시리스는 이시스와 결혼했고, 세트는 네프티스와 결혼했어. 오시리스는 세트에게 죽임을 당해 저승 세계로 갔고 저승의 신이 됐어. 그리고 오시리스의 아들인 호루스는 땅의 신이 됐지. 호루스가 아버지의 원수인 세트와 겨룬 사건은 이집트 신화에서 가장 흥미로운 부분 중 하나야. 이 대결에서 승리를 거둔 쪽은 호루스지.

상이집트는 호루스를, 하이집트는 세트를 섬겼다고 전해지고 있어. 아마도 실제로 그랬다기보다는, 상이집트가 하이집트를 정복했기 때문에 훗날 승자에 유리하게 각색된 게 아닌가 싶어. 어쨌든 두 나라는 서로 다른 신을 섬기는 것을 포함해 여러 이유로 자주 싸웠어.

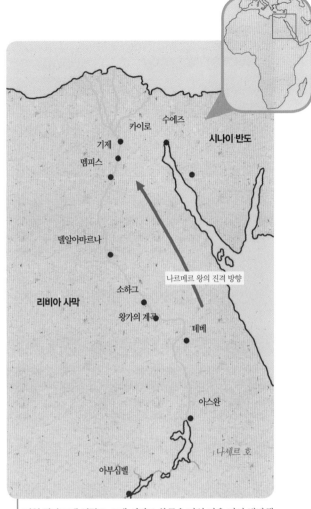

나일 강과 고대 이집트 고대 이집트 왕국은 나일 강을 따라 발달했다. 상이집트와 하이집트를 통일한 나르메르도 나일 강을 따라 내려가면서 정복전쟁을 벌였다.

양쪽을 통일한 사람은 상이집트의 왕인 나르메르야. 그는 나일 강을 따라 내려가면서 나머지 국가들을 정복했어. 기원전 3000년 무렵에는 대부분의 도시국가를 정복했지. 그리고 마침내 하이집트와 운명을 건 대전투를 벌였어. 이 전투에서 상이집트가 승리했지. 나르메르는 하이집트를 정복했다는 표시로, 흰색 왕관 위에

나르메르 팔레트 고대 이집트에서는 안료 등을 조제하기 위해 팔레트를 이용했다. 이 팔레트는 기원전 3000년경 제작된 것으로, 나르메르를 포함해 사람과 동물의 모습이 앞뒤로 새겨져 있다.

붉은색 왕관을 겹쳐 썼대.

나르메르는 나일 강 하류의 삼각주, 즉 델타 지역에 수도 멤피스를 건설했어. 이로써 나르메르는 사상 처음으로 이집트 전역을 통일하는 위업을 달성했단다. 그후 나르메르는 남북으로 1천 킬로미터에 이르는 대제국의 왕이 됐어. 이때 통일된 이집트는 이민족의 침략을 받는 우여곡절도 겪었지만, 어쨌든 2천여 년 동안 단일 왕국의 역사를 지속했단다.

나르메르는 자기 왕조를 세웠어. 이게 바로 파라오 제1 왕조야. 이때부터 나르메르를 메네스라고 불렀지. 메네스는 사상 첫 파라오인 셈이야.

앞에서 잠깐 언급했던 대로 이집트인들은 파라오를 신과 동일한 존재로 여겼어.

더 엄밀하게 말하자면, 파라오가 태양신 레의 아들이라고 여겼단다. 또한 이집트 인들은 파라오가 죽으면 신으로 부활한다고 믿었어. 그러니 파라오가 막강한 권력을 가졌겠지? 이때부터 고왕국 시대까지 말 그대로 파라오의 권력이 하늘을 찔렀단다.

제1왕조와 제2왕조에 대해서는 기록이 많이 남아 있지 않아 자세한 역사를 파악할 수는 없어. 다만 제1왕조가 여덟 명의 파라오를, 제2왕조가 아홉 명의 파라오를 배출한 것으로 알려져 있지. 분명한 것은, 선왕조와 원왕조를 거쳐 초기 제1왕조와 제2왕조 때 이집트가 제국의 모습을 갖췄다는 거야. 그래, 본격적인 파라오 이집트 제국의 시대가 시작됐다고 할 수 있어.

파라오 시대, 절정기 맞다

제3왕조에서 제6왕조가 이집트를 통치한 때를 고왕국 시대^{기원전 2686년경~기원전 2181년경}라고 불러. 메네스 때 시작된 파라오 시대가 이처럼 고왕국 시대 때 절정기를 맞지. 이 고왕국 시대에도 여전히 수도는 멤피스였어. 그 때문에 고왕국 시대를 멤피스 시대라고도 부른단다.

파라오들은 그 어느 때보다 막강한 권력을 누렸어. 뭐, 신으로 여겨졌으니까 그럴 수 있었겠지. 하지만 현실적인 이유도 있었어. 당시 농업 생산량은 전적으로 관개사업에 달려 있었어. 다시 말해, 얼마나 나일 강을 잘 관리하느냐가 국력을 결정하는 요소였지. 파라오는 모든 권력을 장악해 이집트를 중앙집권제 국가로 만들었어. 파라오가 강했으니 관개사업도 강력하게 밀고 나갈 수 있었겠지? 바로 이점 때문에 종교가 중요한 사회였음에도 불구하고 파라오가 사제보다 더 권력이 컸던 거야.

약 30명의 파라오가 배출된 고왕국 시대의 대표적 유물은 미라와 피라미드야. 이때는 아무나 미라를 만들 수도 없었고, 피라미드에 묻히는 것은 더욱더 불가능했단다. 귀족들? 어림없었어. 만약 그랬다가는 파라오가 가만두지 않았을 거야. 오로지 파라오만이 피라미드 안에 묻힐 수 있었어. 피라미드는 파라오의 권력을 상징하는 건축물이었던 셈이지. 이 때문에 고왕국 시대를 피라미드 시대라고 부르기도 해.

가장 먼저 피라미드를 만든 인물은 제3왕조의 두 번째 파라오인 조세르야. 그는 건축기사 임호텝을 불러 피라미드를 만들라고 지시했어. 임호텝은 오늘날 카이로 근처에 있는 사카라 지역에 피라미드를 만들었어. 이 피라미드는 우리가 일반적으로 알고 있는 사각뿔 모양의 피라미드가 아니야. 계단식으로 돼 있지.

계단식으로 피라미드를 만든 이유는 뭘까? 파라오가 그 계단을 밟고 하늘로 올라갈 것이라고 믿었기 때문이야. 이집트에서 파라오는 신과 동격이었다고 했지?

파라오 조세르의 피라미드 고대 이집트에서 처음으로 만들어진 피라미드다. 규모는 크지만 사각뿔이 아닌 계단식 모양을 하고 있어 후대의 피라미드와 구별된다.

조세르의 피라미드는 처음으로 만들어진 피라미드인데도 그 규모만큼은 어마어마해. 가로 길이가 126미터, 세로 길이가 109미터에 이르고, 높이는 무려 62미터나 된단다.

사각뿔 형태의 피라미드를 처음 만든 인물은 제3왕조의 마지막 파라오인 후니였어. 그도 처음에는 계단 형태의 피라미드를 만들었지만, 그 후 홈을 하나씩 하나씩 메웠지. 이런 공정 때문에 아직까지는 완벽한 사각뿔 형태는 아니었단다.

이 두 명의 파라오는 제3왕조를 대표하는 파라오야. 이 둘 말고 다른 파라오에 대한 기록은 많이 남아 있지 않아. 그뿐만 아니라 당시 사회를 가늠할 수 있는 기록도 거의 없어. 그 때문에 제3왕조가 얼마나 번영했는지 정확하게 알기는 힘들어. 다만 초대형 피라미드를 만들기 시작한 걸 보면 상당히 번영했을 거라는 추정은 할 수 있지.

기원전 2613년경 제3왕조가 끝나고 제4왕조가 들어섰어. 왕조가 바뀐 이유는 가문이 바뀌었기 때문이야. 한 가문에서 왕의 자리를 내리 차지했다면 왕조는 바뀌지 않지. 제4왕조를 연 인물은 제3왕조의 마지막 파라오인 후니의 사위였어. 사위가 왕위를 계승했기에 가문이 바뀌겠지? 따라서 왕조도 제3왕조에서 제4왕조로 바뀐 거야.

피라미드 건설 붐은 제4왕조 때도 이어졌어. 오히려 제3왕조 때보다 파라오들이 더 경쟁적으로 피라미드를 만들었지. 이 때문에 많은 학자들은 제4왕조를 고왕국 시대의 최고 절정기로 보고 있단다.

오늘날 이집트의 수도 카이로 근교에 기자Giza라는 곳이 있어. 이곳에는 크고 작은 피라미드가 여러 개 남아 있지. 그 가운데 유독 큰 피라미드가 있는데, 바로 쿠푸의 피라미드야. 쿠푸는 제4왕조의 두 번째 파라오였단다. 이 피라미드는 원래 높이가 약 147미터였지만, 윗부분이 파손돼 현재 높이는 137미터가량이라고 알려져 있어. 이 피라미드를 만드는 데 2.5톤이나 되는 돌덩이 230만 개가 필요했다는구나. 밑변의 길이만 230미터나 돼. 약 10만 명이 동원돼 최소 10년, 길게는 20년 가까이 공사를 했어. 그사이에 많은 인부가 죽기도 했지. 실로 엄청난 공사지? 이 거대한 규모 때문에 쿠푸 왕의 피라미드는 대*피라미드로 불려. 또한 고대 세계의 7대 불가사의 가운데 유일하게 현존하는 유물이지.

고왕국 시대, 막 내리다

기원전 2500년쯤 제4왕조는 여섯 명의 파라오를 배출한 끝에 막을 내렸어. 그리고 2년이 지났어. 이번에도 마지막 파라오의 사위가 파라오에 올랐어. 다시 왕조가 바뀌었겠지?

파라오의 권력은 제5왕조 때부터 떨어졌어. 왜 그랬을까? 무리하게 피라미드를 세웠기 때문이었어. 피라미드는 원래 파라오들이 자기 권위를 높이려고 만든 초호화판 무덤이야. 파라오들은 피라미드 말고도 여러 곳에 신을 모시는 사원을 세

파라오 쿠푸의 피라미드 현존하는 이집트 피라미드 중 가장 거대한 피라미드로, 대 피라미드라고 불린다. 처음 만들어질 때의 높이는 147미터인 것으로 전해진다.

윘어. 이처럼 곳곳에 피라미드와 사원을 만들려면 어마어마한 돈이 필요했겠지? 그 돈은 나라 곳간에서 나왔어. 결국 재정이 바닥나고 말았단다. 아마 파라오들은 자신의 과시욕이 이런 결과로 이어질 거라고 생각하지 못했겠지?

중앙정부의 왕, 즉 파라오가 가진 돈이 없으니 지방에 있는 총독들이 파라오를 무시하기 시작했어. 이때다 싶어 귀족들도 파라오에게 도전했어. 종교 사제들도 파라오를 무시하기는 마찬가지였어. 이런 혼란은 제6왕조 때도 이어졌어. 오히려 더 심해졌지. 제6왕조의 초대 파라오는 자신을 보호해 주던 경호원에게 죽임을 당했단다. 기원전 2181년경 제6왕조는 마지막 파라오 페피 2세를 끝으로 결국 망하고 말았어.

고왕국 시대 이야기를 끝내기 전에 마지막으로 미라에 대해 조금만 더 살펴볼까? 우선 미라를 만든 이유부터 알아봐야겠지. 파라오가 죽어서도 신으로 부활하려면 육체가 남아 있어야 해. 그러기 위해서는 시신이 부패하지 않도록 잘 보존해야 하는데, 그게 바로 미라였던 거야.

이집트 문명과 메소포타미아 문명의 가장 큰 차이점 중 하나가 이거야. 이집트인들은 사후세계에 관심이 아주 많았어. 하지만 메소포타미아 사람들은 현실세계에 더 관심이 많았단다.

미라 만들기는 아주 정교한 작업이었어. 그 과정을 볼까? 우선 시신을 깨끗하게 씻은 뒤 장기를 꺼내. 위, 간, 허파, 창자는 썩지 않도록 향료를 바르고 방부 처리를 한 뒤 네 개의 작은 병에 따로 보관하지. 심장은 리넨 붕대로 잘 싼 다음, 다시 시신 안에 집어넣어. 저승세계에서는 이 심장의 무게로 사람의 죄가 있는지 없는지를 판단하기 때문이야. 오시리스 신은 심장의 무게를 단 뒤, 그 무게가 가벼우면 착한 사람, 무거우면 나쁜 사람으로 판결했대. 이 모든 과정이 끝나면 또 다른 과정이 있어. 바로 파라오에게 황금 마스크를 씌우는 거지.

고대 미라의 모습 이집트 고왕국 때는 파라오가 죽으면 신이 된다고 믿었다. 이 때문에 파라오를 미라로 만들어 보관했다.

　자, 다시 제6왕조 이후의 이집트로 돌아가 볼까? 이때부터 고대 이집트 세계는 한동안 극심한 혼란을 겪었어. 중앙정부와 파라오의 권위는 모두 사라져 버렸지. 지방의 귀족들이 저마다 왕의 자리에 올랐어. 지방마다 왕이 있으니 중앙정부는 더욱 힘이 빠졌고, 곳곳에서 전쟁이 터졌지. 이를 제1중간기 시대^{기원전 2181년~기원전} ^{2040년}라고 불러. 때로는 이 시대를 고왕국 시대에 넣기도 하지.

　제7왕조에서 제11왕조까지가 제1중간기 시대에 있었던 왕조야. 각 왕조들의 업적이라고 할 만한 것도 없어. 그야말로 서로 치고받던 시대였거든. 제7왕조와 제8왕조 때는 아시아로부터 이민족이 침략해 들어오기도 했어. 그들을 막지 못해 나일 강의 삼각주 지역을 빼앗겼지. 제9왕조는 오랫동안 수도였던 멤피스를 버리고 다른 곳으로 이사했어. 제10왕조는? 역시 별 볼일 없었어.

이 무렵 남부 테베에는 제11왕조가 따로 존재하고 있었어. 그래, 원왕조 시절 상이집트와 하이집트로 나뉘어 있던 것과 비슷한 모양새야. 결과도 비슷해. 기원전 2040년 상이집트 지역에 있던 제11왕조의 네 번째 파라오 멘투호텝 2세가 제10왕조를 무너뜨린 거야. 제11왕조가 다시 이집트 전역을 정복하면서 중왕국 시대가 시작됐단다.

오시리스와 호루스

오시리스는 이집트를 다스리던 신이었어. 그게 불만이었던 세트는 오시리스를 몰아내기로 했지. 오시리스는 계략에 걸려들었고, 세트는 오시리스의 몸을 산산조각 내어 이집트 곳곳에 뿌려 버렸어. 오시리스의 아내인 이시스는 남편의 시신 조각을 찾아내 퍼즐처럼 맞춰 놓았어. 오시리스는 미라로 만들어졌고, 이내 되살아나 저승세계의 왕이 됐지.

그러나 오시리스의 아들 호루스는 분이 풀리지 않았어. 결국 세트를 죽여 버렸지. 신을 죽인 죄를 묻기 위해 호루스에 대한 재판이 열렸어. 결과는 무죄. 호루스는 아버지를 대신해 지상의 신이 됐단다. 이 신화가 보여 주는 것은 파라오는 죽어서도 신이 된다는 고대 이집트인들의 믿음이야. 오시리스가 그랬듯이 말이지.

이집트의 세 신 왼쪽부터 오시리스, 호루스, 이시스 신이다. 오시리스와 이시스는 부부 사이이며 호루스는 그들의 아들이다. 오시리스는 저승의 신, 호루스는 지상의 신이 됐다.

고대 이집트의
번영과 몰락

선왕조, 원왕조, 고왕국 시대, 제1중간기 시대까지 살펴봤어. 고왕국 시대의 가장 큰 특징은 파라오의 권력이 막강했다는 점이야. 그러나 중왕국과 신왕국 시대에 파라오는 과거처럼 큰 권력을 누리지 못해.

중왕국 시대 때는 지방 귀족들이 일종의 자치 통치를 했어. 중앙집권 제도가 많이 약해진 셈이지. 신왕국 시대 때는 종교 사제들의 권력이 컸어. 파라오의 권력이 점점 약해진 거야.

그러나 중왕국과 신왕국 시대 때 이집트는 상당히 번영한 편이야. 특히 신왕국 시대 때는 그 어느 때보다 넓은 영토를 정복했지. 하지만 이 무렵의 이집트에는 이민족의 침입도 잦았어. 다른 민족에게 정복돼 식민 통치를 받기도 했지. 마침내 기원전 525년에는 페르시아의 침략에 완전히 무너지고 말았어. 고대 파라오 이집트 제국도 역사 속으로 사라져 버렸지.

테베의 흥망

중왕국 시대^{기원전 2040년경~기원전 1782년경}는 제11왕조와 제12왕조의 통치 기간을 말해. 그다음 이어지는 제13왕조에서 제17왕조는 제2중간기 시대^{기원전 1782년경~기원전 1570년경}로 분류되지. 이 두 시기는 때론 하나로 묶어서 중왕국 시대라고도 해. 여기서는 두 시기를 나눠서 자세히 살펴볼게.

중왕국 시대는 제11왕조의 네 번째 파라오인 멘투호텝 2세가 상이집트와 하이집트를 통일하면서 시작됐어. 고왕국 시대의 중심지가 어디였지? 그래, 멤피스. 그러나 중왕국 시대의 중심지는 테베였어. 제11왕조의 근거지가 바로 테베였거든. 중왕국은 테베를 중심으로 발전하기 시작했어.

기원전 1991년경 아메넴헤트 1세가 파라오 자리에 올랐어. 그는 제11왕조의 마지막 파라오 멘투호텝 4세가 통치할 때 재상^{총리}이었던 인물이야. 파라오를 배출한 가문이 또 바뀌었지? 그러니 왕조도 제11왕조에서 제12왕조로 바뀌게 돼. 아메넴헤트 1세는 제12왕조의 첫 파라오가 됐어. 그의 아들 세소스트리스 1세가 파라오

멘투호텝 2세 테베에 위치한 멘투호텝 2세 신전 내부의 벽화. 이 신전에는 멘투호텝 2세와 그의 가족의 석관들이 안치되어 있다.

에 오른 후부터 제12왕조의 전성기가 시작됐지.

세소스트리스 1세는 아버지 아메넴헤트 1세의 뒤를 이어 영토를 확장하는 데 전력을 기울였어. 이들은 가장 먼저 오늘날의 수단 북동부에 해당하는 누비아를 공격했어. 누비아인들은 나일 강을 따라 무역을 하며 꽤 많은 돈을 벌었지. 이집트의 파라오들은 바로 그 돈이 탐났던 거야. 결과는? 강력한 이집트 군대의 대승이었지. 누비아는 이집트의 지배를 받게 됐어.

이집트 군대는 그 후 북쪽으로도 진격해 팔레스타인 지역까지 정복했단다. 군대만 진군한 게 아니야. 상인들도 뻗어 나갔어. 그들은 오늘날 시리아 근처에 있던 페니키아와 메소포타미아 지방, 지중해의 크레타 섬을 누비며 무역을 했어. 무역이 활발하면 그만큼 부유해지겠지? 실제 중왕국 시대는 고왕국 시대보다 경제적으로 훨씬 번영했어.

앞에서 잠시 말했지만, 중왕국 시대 때 파라오의 권력은 전만 못했어. 지방의 귀족들은 자신의 지역에서 파라오처럼 행세했고, 세금을 거둬도 일부만 파라오에게 바쳤단다. 자기 몫은 스스로 챙겼어. 귀족들은 점점 부유해졌지. 힘이 커진 귀족들은 자신도 파라오가 될 수 있다고 생각했어. 그 때문에 고왕국 시대는 꿈도 꾸지 못했던 미라와 피라미드를 만들기 시작했지. 반대로 파라오들은 권력이 약해졌기 때문에 고왕국 시대처럼 거대한 피라미드를 만들지 못했어. 민중들 역시 소박한 규모의 미라를 만들기도 했어. 평민들은 가족 중 누군가가 죽으면 미라로 만들어 공동묘지에 묻었지.

제12왕조는 번영과 동시에 몰락하기 시작했어. 이집트가 번창하자 아시아인들이 많이 들어왔기 때문이야. 중앙정부가 제대로 통제하지 못하는 상황에서 여러 문화가 뒤섞이면서 곳곳에서 반란이 일어났어. 제2중간기 시대가 시작된 거야. 다시 이집트가 혼란스러워졌어. 제12왕조가 무너지고 제13왕조가 등장했어. 이 왕

힉소스 군대와 싸우는 아모세 1세 아시아에서 건너온 힉소스인들은 철제 무기로 무장한 전사들로, 100여 년간 이집트를 다스렸다. 아모세 1세는 그런 힉소스인들을 몰아내고 이집트를 해방시켰다.

조가 질서를 잡았다면 바로 신왕국 시대로 돌입할 수도 있었겠지. 그러나 혼란은 더욱 심해져 갔어. 파라오는 수시로 바뀌었고, 지방에서 독립을 선언하는 귀족들이 늘어났어.

엎친 데 덮친 격으로 서아시아에서 들어오는 이민족의 수는 점점 증가했어. 급기야 이들이 큰일을 내고 말았어. 제14왕조를 무너뜨리고 제15왕조를 세운 거야. 파라오 왕조 역사상 처음으로 이민족의 왕조가 들어서게 됐지. 이들은 힉소스에서 온 아시아 계통의 민족이었어. 힉소스인들은 뛰어난 철제무기로 무장하고 말이 끄는 전차를 타는 용맹한 전사들이었단다. 이집트 군대가 그들을 막을 수 있었겠니? 이집트는 힉소스의 우수한 군사력에 무릎을 꿇을 수밖에 없었어.

힉소스인들은 제15왕조와 제16왕조, 총 100여 년간 이집트를 통치했어. 그러나 이집트인들의 반발도 만만찮았어. 이때 힉소스 왕조는 주로 나일 강의 삼각주 지역을 지배하고 있었는데, 나머지 지역, 특히 남부 테베에서 이집트 귀족들의 저항이 강했지. 이집트 저항군들은 힉소스 군대의 우수한 무기를 받아들였어. 힉소스 병사들의 싸움법을 철저히 익혔고, 전차를 만드는 방법까지 벤치마킹했지. 이제 군사력에서는 크게 뒤지지 않게 된 거야. 이집트인들은 테베에 제17왕조를 세웠어. 두 왕조가 치열하게 싸웠지. 수십 년간 전투가 계속됐고, 마침내 이집트인들이 힉소스의 요새를 점령했어. 힉소스인들은 멀리 아시아로 달아났고, 이들을 몰아낸 영웅 아모세 1세는 금의환향했어. 아모세 1세는 본국에 돌아간 뒤 제17왕조를 무너뜨리고 제18왕조를 건설했어. 이로써 제2중간기 시대도 끝이 났단다.

최고의 영토를 자랑하다

신왕국 시대기원전 1570년경~기원전 1070년경를 연 이집트의 제18왕조는 곧바로 정복전쟁에 뛰어들었어. 이때부터 제20왕조까지를 신왕국 시대로 분류한단다.

이 무렵 서아시아 지역에서는 많은 민족과 나라가 서로 전쟁을 벌이고 있었어. 히타이트, 아시리아 등이 당시에 서아시아를 주름잡던 나라야. 이집트가 서아시아와 인접해 있으니 아무래도 이들과 충돌을 피할 수 없었을 거야. 제18왕조의 3대 파라오인 투트모세 1세 때부터 6대 파라오인 투트모세 3세 때까지 이들과의 전쟁이 가장 많았지.

투트모세 1세는 순식간에 이집트를 강대국으로 끌어올린 파라오야. 타고난 싸움꾼인 그는 이집트의 영토를 넓히고 이집트를 강하게 만드는 게 파라오의 임무라고 생각했어. 그렇게 하려면 정복전쟁을 안 할 수 없겠지? 투트모세 1세는 가장 먼저 누비아 지방을 노렸어. 누비아가 이집트로부터 독립하겠다며 저항하고 있었거든. 투트모세 1세는 확실하게 누비아인들을 진압한 뒤 오늘날의 팔레스타인 지역인 가나안으로 군대를 돌렸어. 그곳에 아직까지 힉소스인들이 남아 있었거든. 투트모세 1세는 힉소스인들을 몰아내고 팔레스타인 남부를 차지했단다.

투트모세 1세에 이어 투트모세 2세가 파라오가 됐어. 그러나 투트모세 2세는 병에 걸려 파라오가 된 지 4년 만에 세상을 떠나고 말았어. 그의 뒤를 이어 투트모세 1세의 딸이자 투트모세 2세의 부인인 하트셉수트가 파라오에 올랐어.

하트셉수트는 아버지인 투트모세 1세와 통치 스타일이 달랐어. 투트모세 1세가 정복전쟁에 몰두했다면, 하트셉수트는 나라 안을 정비하는 데 신경 썼지. 하트셉수트가 통치하는 동안에는 전쟁이 거의 벌어지지 않았어. 다만 시나이 반도 지역의 광산을 빼앗기 위해 군대가 간 적이 딱 한 번 있었단다. 전쟁을 줄이고 나라를 안정시킨 덕분에 이집트는 다시 평화를 되찾았어.

그러나 하트셉수트에 앙심을 품은 사람이 있었지. 바로 6대 파라오인 투트모세

투트모세 1세의 석관 투트모세 1세는 강력한 군대를 이끌고 이집트를 번영시켰다. 여러 파라오들이 함께 묻혀 있는 '왕가의 계곡'에 묻힌 첫 번째 파라오이기도 하다.

3세야. 원래 그는 투트모세 2세의 뒤를 이어 파라오가 될 예정이었어. 그런데 나이가 너무 어려 하트셉수트가 공동 통치라는 명목으로 이집트를 통치한 거였어. 무려 22년간 하트셉수트의 그늘에 가려 아무런 힘도 쓰지 못했으니 투트모세 3세의 기분이 좋을 리 없겠지?

그 때문이었을까? 하트셉수트가 세상을 떠나자 단독 파라오가 된 투트모세 3세는 돌변했어. 가장 먼저 하트셉수트의 파벌을 제거했고, 그것만으로는 성에 차지 않았는지 하트셉수트가 만든 각종 기념물까지 모두 파괴했어. 하트셉수트의 이름이 적혀 있는 곳을 찾아 죄다 지워 버린 거야. 더구나 이집트인들이 다시는 하트셉수트의 이름도 꺼내지 못하게 했어. 어지간히 하트셉수트에게 억눌려 살았나 봐.

이집트에서 하트셉수트의 흔적을 모두 없애 버린 투트모세 3세는 본격적으로 팽창 정책에 나섰어. 그래, 다시 정복전쟁을 벌인 거야. 역대 파라오가 그랬듯이 투트모세 3세도 누비아를 다시 진압한 뒤, 북쪽으로 군대를 돌려서 아직까지 남아 있던 힉소스인들은 완전히 제거했어. 이윽고 이집트 군대는 처음으로 유프라테스 강의 상류까지 진격했어. 서아시아의 많은 국가들이 투트모세 3세의 군대에 굴복했지. 이때 히타이트와 아시리아가 이집트에 조공을 바쳤

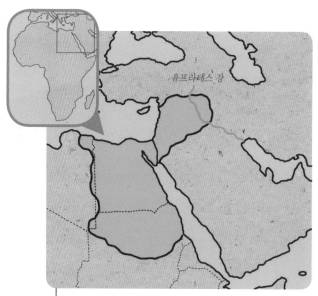

유프라테스 강

이집트 제국의 영토 투트모세 3세는 대대적인 정복전쟁을 통해 남쪽으로 수단, 북쪽으로 크레타 섬, 북동쪽은 리비아까지 지배하며 사상 최대 영토를 자랑했다.

어. 그리스의 크레타 섬도 마찬가지였어. 이집트의 영토는 늘어났고, 막대한 전리품이 이집트로 쏟아져 들어왔어. 이집트는 부자 나라가 됐지.

투트모세 3세는 서아시아 지역에 총 17회나 원정을 떠났단다. 그 결과 남쪽으로는 누비아, 북쪽으로는 유프라테스강, 서쪽으로는 리비아, 동쪽으로는 시리아에 이르는 방대한 영토를 차지하게 됐어. 투트모세 1세보다 더 타고난 싸움꾼이라고 해야겠지?

투트모세 3세는 평생에 걸쳐 군대를 강력하게 키웠어. 정복한 지역을 잘 유지하려면 군인이 필요하기 때문이야. 그 전에는 전투가 있을 때만 병사들을 소집했는데 투트모세 3세부터는 평상시에도 무장을 한 군인, 즉 상비군이 운영됐단다.

위대한 파라오, 람세스 대왕

그렇게 강했던 제18왕조도 10대 파라오 아멘호테프 4세 때부터 기울기 시작했어. 국력이 쇠퇴하기 시작한 결정적인 이유는 바로 종교 갈등이었지. 아멘호테프 4세는 종교를 이용해 파라오의 권력을 강화하려 했지만,

투트모세 3세의 오벨리스크 현재는 터키 이스탄불에 있다. 로마 황제 테오도시우스 1세가 4세기에 이집트 정복을 기념해 옮겨다 놓았다.

태양신을 숭배하는 아크나톤 중왕국 시대의 아멘호테프 4세는 파라오의 권력을 강화하기 위해 새로운 신인 아톤을 창조했고, 스스로의 이름도 아톤에게 봉사한다는 뜻인 아크나톤으로 바꿨다. 그의 뒤에서 숭배하는 아내 네페르티티와 딸이 보인다.

종교 사제들은 이를 인정하지 않았어.

잠시 중왕국 시대로 돌아가볼까? 중왕국 시대의 중심지는 어디였지? 그래, 테베였어. 테베 지역에는 예로부터 모시던 신이 있었어. 바로 아몬 신이야. 그전까지 이집트의 으뜸신은 태양신 레였지. 테베 출신의 파라오들은 자신의 권위를 높이기 위해 아몬 신의 지위를 높여야 한다고 생각했어. 그 결과 아몬과 레를 합친 아몬-레 신이 등장했지.

중왕국 시대에는 사제의 권력이 강했어. 많은 파라오들이 사제의 눈치를 봐야 할 정도였지. 이런 분위기는 신왕국 시대로 고스란히 이어졌어. 이 분위기를 뒤엎으려고 했던 파라오가 바로 아멘호테프 4세였지.

아멘호테프 4세는 파라오의 권위를 강화시키려면 아몬-레 신을 섬기는 사제의 권력을 빼앗아야 한다고 생각했어. 그러기 위해서는 새로운 신이 필요했어. 아멘호테프 4세는 고민 끝에 새로운 신을 창조하기로 결심했지. 그 신이 바로 태양신 아톤이야. 아멘호테프 4세는 아톤을 유일신이라고 선포했어. 자기 이름도 '아톤에게 봉사하는 사람'이란 뜻의 아크나톤으로 바꿨지. 그는 이어 아몬-레 신 숭배자가 특히 많은 테베를 떠나기로 했어. 오늘날의 텔 엘 아마르나 지역으로 수도를 옮기고 나서 그곳을 '아톤의 지평선'이란 뜻의 아케트 아톤이라고 불렀단다.

이쯤 되면 거의 종교 개혁에 가까운 수준이야. 생각해 봐. 그 전까지 이집트인들은 여러 신을 섬겼어. 그러나 아멘호테프 4세는 이 모든 신을 부정했지. 그는 태양신 아톤만 유일신으로 인정했어. 결국 아멘호테프 4세의 조치는 이집트의 종교체제를 다신교에서 일신교로 바꾸려는 시도였던 거야. 그는 자신의 신념을 관철시키기 위해 다른 신에게 제사 지내는 것을 금지했어. 그전까지 신에게 제사 지내는 일은 사제들의 업무이자 고유한 권한이었어. 사제들은 이 제사를 통해 민중을 장악하고 있었지. 아멘호테프 4세는 이 점도 개혁하려고 했어. 파라오가 직접 제사를 지낸 거야. 그전까지는 도저히 상상할 수도 없는 일이 벌어진 셈이지.

이 종교 개혁은 성공했을까? 결과부터 말하자면 아니야. 아멘호테프 4세가 통치할 때는 사제와 귀족들이 파라오의 군대가 무서워 숨을 죽였어. 하지만 그가 죽자 아몬—레 신을 섬기는 사제와 귀족들이 반란을 일으켰어. 그들은 아톤 신을 섬기는 사원을 모두 파괴했어. 또 모든 건축물에서 아멘호테프의 이름을 지워 버렸지. 역사 기록에서도 그의 이야기는 모조리 없애 버렸어. 다시 아몬 신앙이 되살아났음은 말할 필요도 없겠지?

제18왕조는 그 후 급격하게 기울기 시작했어. 사제가 파라오에 오른 적도 있었단다. 어린 나이에 파라오가 돼 황족들로부터 시달림만 받다 열여덟 살에 요절한 투탕카멘

비운의 파라오 투탕카멘 이집트 파라오 제18왕조의 마지막 왕으로, 열여덟 살에 요절한 비운의 파라오다. 이 황금 마스크는 투탕카멘의 무덤에서 발견되었다.

아부심벨 신전 람세스 대왕이 호루스 신에게 바친 것으로 여겨지는 신전이다. 이집트 누비아 지방에 있으며 대신전 입구에는 높이 22미터의 람세스 대왕 조각상 4개가 있다.

이 제18왕조가 막을 내릴 무렵의 파라오였지.

기원전 1292년 람세스 1세가 제19왕조를 세웠어. 제19왕조는 제18왕조 초반의 파라오들처럼 정복전쟁을 다시 시작했어. 그러나 이미 이집트의 군대는 약해진 뒤였어. 이집트는 많은 영토를 빼앗겼지.

이어 제19왕조의 3대 파라오인 람세스 2세가 등극했어. 그는 고대 이집트 제국을 통틀어 가장 위대한 파라오 중 한 명으로 꼽혀. 그래서 그를 보통은 람세스 대왕이라 부르지.

람세스 대왕은 60년 이상을 통치했어. 람세스 대왕이 통치하던 시절, 이집트의 영토는 역사상 가장 넓었지. 그가 남긴 유적도 많아. 대표적인 것이 아부심벨 신전과 룩소르 신전이야. 여기에 있는 거대한 석상은 모두 람세스 대왕을 형상화한 거야. 신전 벽에는 람세스 대왕의 전투 장면을 새겨 넣었지.

특히 룩소르 신전에는 당시 소아시아에서 최고의 강자였던 히타이트와의 전투 장면을 부조로 새겨 넣었어. 이 그림대로라면 이 전투는 람세스 대왕의 승리로 끝났어. 하지만 실제로는 그렇지가 않았던 것 같아. 이 전투 결과 람세스 대왕은 시리아를 히타이트에 내주는 대신 히타이트 공주를 아내로 맞았거든. 어떤 측면에서 보면, 굴욕적인 평화조약인 셈이지.

람세스 대왕 통치 시절에 유대인의 대 탈출이 일어나기도 했어. 유대인의 지도자가 자기 민족을 이끌고 이집트를 탈출한 거야.

고대 이집트, 무너지다

'이집트' 하면 보통 피라미드를 떠올려. 하지만 신왕국 시대에는 피라미드를 만들지 않았어. 도굴범들이 피라미드의 보물을 훔쳐가는 사건이 자주 발생했기 때문이야. 그래서 신왕국 시대에는 계곡에 몰래 파라오의 무덤을 만들었어. 오늘날 이집트 룩소르 서쪽 교외에 있는 '왕가의 계곡'이 바로 그거야. 1922년에 발견된 투탕카멘의 무덤도 그중 하나였지.

투탕카멘 발굴단 중 여러 명이 나중에 목숨을 잃었어. 그래서 파라오의 저주가 내린 것 아니냐는 소문이 퍼지기도 했지. 하지만 정확한 원인은 아직 몰라. 투탕카멘 이야기는 참고로만 알아두렴.

어쨌든 람세스 대왕이 세상을 떠난 후 신왕조는 약해지기 시작했어. 제20왕조때도 이집트는 주변의 민족들과 여러 번 싸웠어. 이때의 상대는 히타이트가 아니었어. 히타이트는 이미 멸망한 후였거든. 제20왕조를 괴롭힌 나라는 바로 리비아였어. 리비아인들은 툭하면 이집트를 공격했지. 급기야 리비아인들은 곧 이집트를

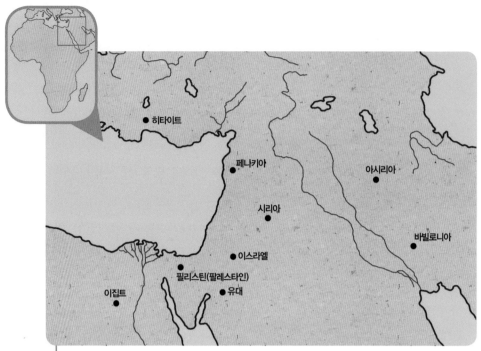

오리엔트 제국들 이집트와 달리 메소포타미아 일대에는 여러 민족이 많은 나라를 세워 패권다툼을 벌였다. 그 가운데 아시리아, 히타이트, 바빌로니아 등이 강했다.

정복하게 돼.

　어떤 학자들은 제21왕조에서 제26왕조를 제3중간기 시대로 보기도 해. 이 기준에 따르면 제27왕조에서 제30왕조까지는 후기왕조 또는 말기왕조라고 한단다. 제21왕조부터는 이민족에게 시달렸다는 공통점이 있어.

　제21왕조는 제20왕조가 테베에 존재할 때 다른 지역에 만들어진 왕조야. 또 다시 혼란이 시작됐다는 걸 알 수 있겠지? 이런 상황에서 어김없이 이민족의 침략이 시작됐어. 이번에는 서쪽에 있던 리비아인^{베르베르인}이었지. 리비아인들은 제23왕조와 제24왕조를 세웠어. 그런가 하면 제25왕조는 누비아인들이 세운 왕조였어. 누비아는 오늘날의 수단 북동부 지방이라고 했지? 그곳의 원주민은 흑인이야. 그래, 이집트에 최초로 흑인 파라오가 등장한 거야! 곧 살펴보겠지만, 이때 누비아인들은 이미 쿠시 왕국을 만든 상태였어. 이 쿠시 왕국이 이집트를 침략해 왕조를 세웠던 거야.

이집트인들은 다시 똘똘 뭉쳤어. 마침내 제25왕조를 몰아내고 기원전 664년 제26왕조를 세웠지. 그러나 엄밀히 말하면, 제26왕조는 아시리아의 도움을 받아 만들어진 왕조야. 제25왕조를 몰아낸 군대가 바로 아시리아의 군대였거든. 이 무렵 아시리아는 오리엔트 일대를 통일한 최고의 강대국이었어. 아시리아의 왕 아슈르바니팔이 군대를 이끌고 제25왕조와 싸웠지. 이 전쟁에서 아시리아가 승리했고, 이집트의 귀족 네코^{네카우} 1세를 파라오로 내세웠단다. 이 네코 1세가 제26왕조의 초대 파라오였지. 꼭두각시라고까지 단정할 수는 없겠지만, 제26왕조가 아시리아로부터 완전히 독립적이었다고는 말할 수 없겠지?

제26왕조를 무너뜨린 나라는 페르시아였어. 기원전 525년, 아케메네스 왕조 페르시아의 왕 캄비세스 2세가 이집트를 정복한 거야. 이제 이집트는 페르시아의 속주로 전락하고 말았어. 이 무렵 페르시아는 서아시아 전역을 정복한 것으로도 모자라 사방으로 세력을 확대하고 있었단다. 아케메네스 왕조 페르시아는 이집트를 정복한 후 얼마 지나지 않아 유럽과도 한판 싸움을 벌였어. 그게 바로 페르시아전쟁이야.

그런데 아케메네스 왕조는 페르시아전쟁에서 패배했고 그 바람에 내부적으로 혼란스러워졌어. 멀리 이집트까지 챙길 상황이 아니었지. 이때를 틈타 이집트가 다시 독립해 제28왕조를 세웠어. 이때가 기원전 404년이야. 그러나 이 왕조는 고작 한 명의 파라오만 배출했을 뿐이야. 그 후 제29왕조, 제30왕조가 반짝 등장하기는 했지만 기원전 343년 군대를 앞세워 쳐들어온 아케메네스 왕조 페르시아에 다시 정복됐단다.

페르시아가 이때 세운 왕조를 제31왕조라고도 해. 하지만 이제 숫자상으로 부

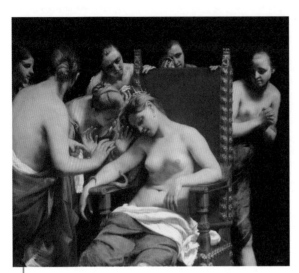

클레오파트라의 죽음 기원전 30년 이집트의 여왕 클레오파트라 7세가 스스로 목숨을 끊으면서 고대 이집트의 역사는 끝을 맺었다. 17세기 이탈리아 화가 귀도 카냐치가 그린 이 작품은 클레오파트라의 최후를 극적으로 표현한 작품이다.

르는 왕조는 더 이상 의미가 없어졌어. 이때부터 아주 오랫동안 이집트인들이 나라를 되찾지 못했기 때문이야.

기원전 334년 그리스 마케도니아의 알렉산드로스 대왕은 페르시아를 정벌하기 위해 대대적인 원정에 나섰어. 이게 바로 동방원정이지. 이 과정에서 알렉산드로스는 이집트를 손쉽게 정복했어. 이때 만들어진 도시가 바로 알렉산드리아야. 오늘날에도 이집트를 대표하는 도시들 가운데 하나지.

이집트를 지배하는 나라가 페르시아에서 그리스로 바뀌었어. 그다음엔 어떻게 됐을까? 알렉산드로스가 세상을 떠난 후 거대한 헬레니즘 제국은 몇 개의 나라로 쪼개졌어. 기원전 305년 아프리카에는 프톨레마이오스 왕조가 들어섰어. 이 왕조의 지배자들은 전통 이집트인이 아니야. 그리스 혈통이었지. 다만 이들은 자신을 여전히 파라오라고 불렀어. 이 때문에 이 왕조를 제32왕조라고 부르기도 한단다.

기원전 30년 프톨레마이오스 왕조의 마지막 파라오인 클레오파트라 7세가 목숨을 끊었어. 이로써 더 이상 파라오는 존재하지 않게 돼. 왜냐고? 이때부터 이집트는 로마의 영토가 됐기 때문이야.

수염 달린 여왕 ?

이집트 제18왕조에는 여자 파라오가 있지. 바로 5대 파라오인 하트셉수트야.

하트셉수트는 어렸을 때부터 남자 아이들이나 좋아할 법한 전쟁 이야기를 좋아했어. 그녀는 파라오가 되고 싶었지만 여자라는 이유로 그럴 수 없었단다.

그런데 그녀에게 절호의 기회가 찾아왔어. 투트모세 2세가 병으로 사망한 거야. 그녀는 투트모세 3세가 어린아이라는 점을 이용했어. 아직 어린 투트모세 3세가 어른이 돼 직접 통치할 수 있을 때까지만 나라를 다스리겠다고 했지.

시간이 흘러 투트모세 3세는 아이에서 어른이 됐어. 귀족들이 그녀에

수염 달린 하트셉수트 여왕 하트셉수트는 고대 이집트 파라오 왕조 역사상 드문, 여자 파라오다. 하트셉수트가 정복전쟁보다는 내치에 힘쓴 덕분에 이집트는 평화로운 시기를 보냈다.

게 파라오 자리를 내놓으라고 했지. 그러자 하트셉수트는 "내가 통치를 못한 게 뭐냐?"며 따졌어. 귀족들이 "여자라서 안 된다"고 하자 그녀는 "남자가 되면 될 것 아니냐"고 말했어. 그러고는 남자 옷을 입고, 왕좌에 앉을 때 수염을 붙였어. 그 때문에 그녀를 '수염 달린 여자 파라오'라고 부르기도 한단다.

또 다른 문명을 찾아서

이집트 문명은 당시 세계 최고의 수준이었어. 그러나 안타까운 점이 있어. 그 문명이 아프리카 전역으로 확산되지 못했다는 거지. 물론 이유가 있었어. 우선 이집트 문명이 주로 나일 강 유역을 따라서만 발전했다는 점을 들 수 있어. 그 때문에 이집트 문명은 지중해와 인접해 있는 다른 북아프리카 지역으로 확대되지 못했지. 또한 남쪽으로 이집트 문명이 확대되지 못한 것은 사하라 사막이 가로막고 있었기 때문이야.

그러나 이집트와 접해 있는 오늘날의 수단 지방에는 따로 문명이 발달하고 있었어. 이를 누비아 문명이라고 불러. 누비아는 수단의 북부 지역을 가리키는 고대 지명이란다. 이곳에 있었던 대표적인 나라가 쿠시 왕국이야. 이 왕국의 역사를 살펴보고, 이어 다른 아프리카 지역의 문명이 있었는지 탐색할 거야. 여기서는 기원후 1세기 무렵까지만 살펴보도록 할게.

쿠시 왕국, 이집트를 정복하다

이집트 문명이 한창 번성하고 있을 때 이집트의 남쪽에는 쿠시족이 살고 있었어. 쿠시족은 기원전 4000년 무렵부터 나일 강 유역에서 살았고, 오랫동안 이집트의 지배를 받았지. 기원전 3000년을 전후해서 나르베르, 즉 메네스가 이집트 전체를 통일하면서 강력한 권위를 가진 파라오가 등장했어. 대제국으로 성장한 이집트는 더 강해졌지. 그렇잖아도 이집트의 지배를 받고 있었던 쿠시족은 더욱 옴짝달싹할 수 없게 됐어.

쿠시족은 기원전 2500년 무렵 나일 강 상류에 케르마라는 도시를 건설했어. 그러나 아직 독립된 왕국을 세울 만큼 쿠시족의 세력이 강하지는 않았어. 쿠시족은 이 도시를 중심으로 자기들만의 문명을 발달시켰는데, 이를 누비아 문명이라 불러. 쿠시족이 주도했기에 쿠시 문명이라고도 하지. 이집트 문명이 워낙 찬란하고 방대해서 그 그늘에 가려졌지만, 이 문명 또한 상당히 고도로 발달했던 것으로 추정되고 있어. 쿠시 왕국은 이집트를 따라 피라미드를 만들기도 했어. 물론 크기는 많이 작았지만 말이야.

이집트의 파라오는 고왕국 시대 때 전성기를 맞었어. 그러나 점점 파라오의 권력이 약해지면서 제1중간기가 찾아왔지. 이 혼란을 끝낸 중왕국 때는 파라오의 권력은 과거만큼 강하지 못했어. 바로 이 틈을 타서 쿠시족이 힘을 키우기 시작했어. 쿠시족은 북쪽으로 차츰차츰 세력을 넓혔고, 이윽고 누비아 지방 전체를 장악했어. 한때는 이집트의 영토로 쳐들어가기도 했지. 전략적 요충지인 아스완도 차지했어.

쿠시족은 드디어 자기들의 왕국을 건설할 수 있었을까? 그러나 아직은 아니야. 이번에는 이집트 때문이 아니라 또 다른 강력한 민족이 쳐들어왔기 때문이야. 아시아 출신의 힉소스인들이 곧 이집트를 정복해 버렸어. 더불어 쿠시족의 성장도

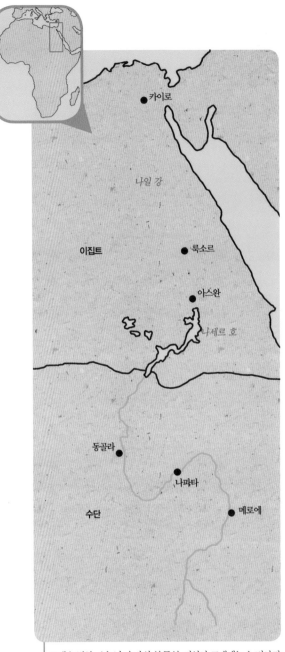

나일 강

카이로

이집트

룩소르

아스완

나세르 호

동골라

나파타

수단

메로에

고대 누비아 오늘날 수단의 북동부 지역이 고대에는 누비아라고 불렸다. 쿠시 왕국은 나파타, 메로에 등에 수도를 세운 바 있다.

주춤해질 수밖에 없었지. 이 힉소스 정복자들은 이집트 중 왕국 시대의 제15왕조와 제16왕조로 기록돼 있다고 앞서 말했지?

이집트는 신왕국 시대로 접어든 뒤 다시 정복활동을 벌였어. 제18왕조의 세 번째 파라오 투트모세 1세는 다시 누비아 지방을 정복했어. 쿠시족은 또다시 힘이 빠졌어. 누비아 지역은 이집트의 식민지가 됐지.

그러나 이집트의 신왕국 시대는 제20왕조를 마지막으로 내리막길을 타기 시작했어. 파라오의 권력은 땅에 떨어졌고, 사제들이 모든 권력을 장악했지. 이때가 기원전 1000년 무렵이야. 이집트가 약해졌으니 쿠시족에게는 기회가 찾아온 셈이지.

쿠시족은 기원전 900년 무

렵 누비아에서 이집트 세력을 몰아내고, 드디어 자기들의 왕국을 건설했어. 이 쿠시 왕국은 수도를 나파타 지역에 정했어. 바로 이 무렵부터가 쿠시 왕국의 절정기라고 볼 수 있어. 쿠시 왕국은 급속한 속도로 영토를 넓혔어. 불과 100여 년 만에 상이집트를 완전히 정복했지. 쿠시 왕국은 내친 김에 이집트 전체를 차지하기로 했어. 쿠시 군대는 북쪽으로 진격했어. 기원전 715년 무렵, 쿠시 군대는 마침내 이집트 전역을 정복했어!

쿠시의 왕은 멤피스로 수도를 옮겼어. 멤피스는 첫 파라오인 메네스가 수도로 삼았던 도시지? 그래, 이집트의 중심을 쿠시 왕국이 지배하게 된 거야. 이집트 영토 전체가 쿠시 왕국의 수중에 떨어졌겠지? 쿠시의 왕은 파라오의 자리에 올랐어. 이집트 파라오 역사상 처음으로 아프리카 흑인이 파라오가 된 거야. 이 왕조가 바로 이집트 파라오 제25왕조란다.

이때가 쿠시 왕국으로서는 최고의 전성기였어. 쿠시의 왕이 다스리는 영토는 지

쿠시 왕국의 유적 이집트의 피라미드를 그대로 축소한 듯한 피라미드가 무척 인상적이다. 오늘날 수단 북부 지역에 남아 있다.

중해와 맞닿은 아프리카 북부 해안에서부터 에티오피아 북부에 이르렀단다. 아프리카의 동쪽 지역을 거의 모두 정복한 거야.

쿠시 무너지고 악슘 뜨다

그러나 기원전 7세기로 접어들면서 쿠시 왕국의 힘이 약해지기 시작했어. 서아시아에서 새로운 강자로 떠오른 아시리아가 이집트를 공격했기 때문이야. 아시리아가 몇 차례 이집트의 문을 두드린 결과 쿠시의 왕들은 기원전 671년 수도 멤피스를 내줘야 했어. 아시리아는 멤피스를 정복함으로써 사상 처음으로 오리엔트 지역을 통일하는 위업을 달성했지.

쿠시 왕조는 남쪽으로 쫓겨나야 했어. 그나마 이집트 남부에 근거지를 두고 재기하려 했는데, 아시리아는 그마저도 용납하지 않았어. 기원전 653년 아시리아는 쿠시 왕조를 멀리 쫓아 버렸어. 흑인 파라오 시대였던 이집트 제25왕조의 역사도 막을 내렸지.

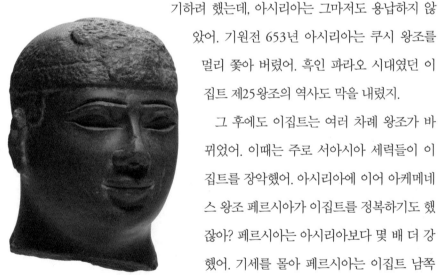

| 쿠시 왕국의 조각상 이집트 제25왕조의 3대 파라오인 샤바카로 추정된다. 이전 왕조의 파라오들과는 다른 인종적 특징을 보인다.

그 후에도 이집트는 여러 차례 왕조가 바뀌었어. 이때는 주로 서아시아 세력들이 이집트를 장악했어. 아시리아에 이어 아케메네스 왕조 페르시아가 이집트를 정복하기도 했잖아? 페르시아는 아시리아보다 몇 배 더 강했어. 기세를 몰아 페르시아는 이집트 남쪽으로 세력을 넓혔어. 쿠시 왕조는 수도인 나파타도 지킬 수가 없게 됐어.

기원전 591년 쿠시 왕조는 나파타도 내주고, 더 남쪽인 메로에로 도망가야 했어. 이집트의 중심지인 멤피스와의 거리가 점점 멀어지고 있지? 거리만 멀어진 게 아니야. 마음까지 멀어진 게 문제였어. 그래, 짐작했던 대로야. 이때부터 쿠시 왕국과 이집트의 교류가 크게 줄었어. 선진 문명으로부터 멀어진 거야. 그 때문에 쿠시 왕국은 변방의 작은 나라로 전락하고 말았어.

쿠시 왕국도 나름대로 생존 방법을 찾아야 했을 거야. 그 방법이 뭔지 아니? 바로 "아프리카의 나라가 되자!"였단다. 쿠시 왕국은 이집트 문명을 버리는 대신 홍해를 건너 아라비아 반도의 사람들과 교류를 했어. 또한 남쪽에 있는 전통적인 아프리카 나라들과도 교류의 물꼬를 텄어. 이런 노력 덕분에 쿠시 왕국은 가장 아프리카다운 국가가 될 수 있었어. 쇠를 다듬는 제련 기술도 발달했지. 이때 발달한 쿠시 왕국의 문화가 내륙 지방을 거쳐 서아프리카까지 전파됐다고 보는 학자들도 있단다.

쿠시 왕국은 이집트로부터 배운 정치와 문화도 버렸어. 파라오 왕조는 왕을 세습했지? 그래서 왕을 배출하는 가문이 바뀌면 왕조도 바뀌었어. 한때 이집트의 파라오까지 배출했던 쿠시 왕국이었지? 그러나 어느새부터인가 쿠시 왕국은 왕을 세습하지 않았어. 그 대신 여러 귀족과 왕족이 모여 왕을 뽑았어. 이런 이유들 때문에 오늘날 많은 학자들이 쿠시 문명을 '아프리카 토착 문명의 기원'이라고 평가하지.

잠시 기원전 1000년 무렵의 아라비아 반도로 가볼까? 오늘날의 예멘 지역이야. 그곳에는 시바라는 왕국이 있었어. 이 시바의 여왕은 아라비아 사막을 건너 북쪽으로 여행을 떠났어. 그녀는 곧 이스라엘에 도착했고, 솔로몬 왕을 만났어. 실제로 그랬는지는 모르겠지만, 왕과 여왕은 지혜 대결을 했다고 전해지고 있어. 솔로몬 왕이 이겼지. 시바 여왕은 솔로몬 왕의 지혜에 감탄해 그를 사랑하게 됐어. 둘 사

시바의 여왕이 출항하는 항구 프랑스 화가 클로드 젤레의 1648년 작품. 시바의 여왕과 솔로몬 왕의 이야기는 많은 예술 작품의 소재가 되었다.

이에서 아들이 태어났지. 이 아들이 메넬리크 1세야. 메넬리크 1세는 무리를 이끌고 홍해를 건너 아프리카로 건너왔어. 이들이 정착한 곳이 바로 오늘날 에티오피아야. 메넬리크 1세는 에티오피아의 초대 황제가 됐지.

이런 이야기들은 역사적 사실이라기보다는 전설에 가까워. 그러나 오늘날 에티오피아는 이를 명백한 역사로 규정하고 있단다.

어쨌든 시바의 후손들은 곧 에티오피아 북부 도시 악숨을 중심으로 세력을 키우기 시작했어. 기원전 4세기 무렵에는 어느 정도 왕국의 면모를 갖췄어. 이 나라가 바로 악숨 왕국이야. 뒤에서 살펴보겠지만, 악숨 왕국은 쿠시 왕국을 무너뜨리게 되지.

누바족을 아십니까?

누비아 지방을 장악하며 한때 번영했던
쿠시 왕국은 악숨 왕국의 공격을 받고 멸
망하고 말았지. 그러나 그렇다고 해서 쿠
시족까지 멸망하지는 않았단다. 오늘날까
지도 명맥을 유지하고 있어. 그들을 바로
누바족이라고 불러. 누비아에서 비롯된
이름이지.

누비아 지방은 오늘날의 수단 북동쪽이
었어. 이곳에 7세기 중반 이후 이슬람교와
함께 아랍인들이 밀려 들어왔지. 용맹한
아랍인들은 이곳을 차지하기 위해 누바족
과 싸워야 했어. 누바족은 그들을 피해 산
으로 들어갔지. 그 후 수단이 영국의 식민
지배를 받을 때도 누바족을 건드릴 수 없
었어.

요즘은 아랍계 수단 정부가 그들을 강
제로 통합하려고 해. 그 때문에 충돌도 자
주 발생하지. 이렇듯 아프리카에서는 민
족 분쟁이 큰 골칫거리란다.

누바족 전사 쿠시 왕국은 멸망했지만 쿠시족
은 오늘날까지 살아남았다. 그들의 후손이 바
로 누바족이다.

북아프리카, 로마에 넘어가다

이집트의 남쪽 지역을 봤으니, 이번에는 이집트의 서쪽 지역을 볼까? 이집트 문명이 흥하고 있었을 때 이 지역은 어땠을까?

지중해를 바라보고 있는 북아프리카에는 오늘날 모로코, 알제리, 튀니지, 리비아가 있어. 이들 지역에는 선사 시대 때부터 인류가 살고 있었지. 그들이 바로 베르베르족의 조상이야. 알제리의 타실리나제르 고원에는 선사 시대의 동굴 유적이 꽤 남아 있어. 이 동굴에는 베르베르인이 그린 벽화가 있는데, 이 벽화를 보면 당시 농사를 지었고 가축도 사육했다는 사실을 알 수 있단다. 아마 이집트로부터 우수 한 문화를 받아들였나봐.

오늘날 이들 지역은 지중해와 접한 해안 지대를 빼면 대부분이 사하라 사막과

사하라 사막의 옛 풍경 타실리나제르 고원에 있는 선사 시대 동굴 유적에 그려진 벽화다. 당시 사람들이 목축을 했으며 사하라 사막 주변은 사막이 아니었다는 사실을 알 수 있다.

닿아 있어. 어? 사막에서 농사를 짓는 게 가능할까? 오아시스가 있는 지역이라면 모를까, 사막에서 농사를 짓는다는 것은 불가능할 거야. 그런데 어떻게 농사를 지었냐고? 그건 사하라 사막의 역사를 알고 나면 이해가 될 거야. 사하라 사막은 원래 초원 지대였어. 그래서 농사와 목축이 가능했던 거지. 사하라 사막이 마르기 시작한 것은 기원전 2400년 무렵부터야. 이곳에 살던 사람들은 좀 더 살기 좋은 곳으로 이주했어. 이들의 상당수가 나일 강 유역으로 자리를 옮겼고, 일부는 서부와 남부 지역으로 이동했지.

이집트인들은 이 일대에 살던 사람들을 모두 야만인이라고 불렀어. 그러나 이 '야만인'들은 결코 야만인으로 머물러 있지 않았지. 그들은 이집트와 접촉하며 문화와 문명을 발전시켰어. 그 속도는 놀라울 정도로 빨랐어. 기원전 2000년 무렵, 그들은 말이 끄는 전차를 사용하기도 했어. 베르베르인들은 점점 세력이 강해졌어. 한쪽이 강하면 다른 한쪽은 약해지는 법. 자연스럽게 이집트가 위축되기 시작했어. 한때는 리비아의 베르베르인들이 이집트를 정복하기도 했지. 이집트의 제23왕조와 제24왕조는 바로 이들이 세운 거야.

리비아 출신의 파라오 왕조가 이집트를 정복하기 전인 기원전 9세기 후반, 북아프리카에 또 다른 강자가 등장했어. 기원전 814년경 튀니지 북부에 건설된 카르타고가 바로 그 나라야. 이 나라를 세운 사람들은 아시아인이었어. 오늘날 서아시아의 레바논에 기원전 2000년 무렵 페니키아라는 도시국가가 세워졌는데, 카르타고는 그 페니키아인들이 만든 나라란다.

페니키아인들은 주로 해상 무역을 통해 막대한 돈을 벌었어. 그들은 지중해의 무역을 장악하려면 서부 지중해 연안에 거점 도시가 있어야 한다고 생각했어. 페니키아인들은 곧 튀니지를 장악했고, 그 일대에 살던 베르베르인을 지배했어. 당연히 베르베르인들은 카르타고에 이를 갈았겠지?

카르타고는 그 후 지중해 일대를 장악하는 강국이 됐어. 그러나 지중해 북쪽에는 카르타고보다 더 빠른 속도로 성장하고 있는 나라가 있었어. 맞아, 바로 로마야. 카르타고는 로마와 80여 년간 전쟁을 치렀는데 그 모든 전쟁에서 패하고 말았지. 이 전쟁이 바로 포에니전쟁기원전 264년~기원전 146년이야. 카르타고는 결국 역사 속으로 사라지고 말았지. 이 전쟁에서 로마가 승리하는 데 크게 기여한 아프리카 민족이 베르베르족이란다.

그리스 혈통의 프톨레마이오스 왕조가 이집트를 통치하던 기원전 3세기 후반이었어. 카르타고의 서쪽 지역, 그러니까 오늘날의 알제리 북부에 누미디아라는 나라가 세워졌어. 누미디아인은 베르베르 혈통의 유목민이었지. 베르베르인들이 카

카르타고의 유적 튀니지의 수도 튀니스에 위치한 비르사 언덕에는 고대 도시 카르타고의 유적이 남아 있다. 광장, 원형극장, 목욕탕, 항구 등의 흔적을 찾을 수 있다.

르타고를 싫어한다고 했지? 누미디아는 카르타고를 몰아낼 궁리를 하고 있었어.

제2차 포에니전쟁이 끝난 후 카르타고는 함부로 전쟁을 할 수 없게 됐어. 로마와의 평화조약에 그 내용이 명시돼 있었기 때문이야. 주변에서 아무리 콕콕 쑤시고 시비를 걸어도 카르타고는 맞서 싸울 수 없었던 거야. 홧김에 싸웠다간 로마가 다시 쳐들어올 테니까! 바로 이 점을 이용해 누미디아가 기원전 150년 카르타고를 침략했어. 카르타고는 참았어. 그러지 않으면 로마가 쳐들어올 테니 어쩔 수 없었지.

누미디아는 계속 카르타고를 쑤셔댔어. 결국 카르타고도 참다못해 군대를 일으켜 누미디아에 맞섰어. 로마로서는 카르타고를 다시 침략할 아주 좋은 명분이 생겼지. 로마 군대는 즉각 카르타고로 쳐들어갔어. 결과는 예상한 대로야. 기원전 146년, 카르타고는 흔적도 없이 사라져 버렸어. 그 후 누미디아는 로마의 충실한 부하가 됐어. 하지만 로마가 직접

누미디아의 왕들 유바 1세(위)와 그의 아들 유바 2세(아래)의 조각상. 유바 1세는 로마의 카이사르에 패해 누미디아는 로마의 속주가 되었고, 유바 2세는 누미디아의 마지막 왕이 되었다.

누미디아를 지배하려고 하자 맞서 싸우기 시작했지. 당연히 역부족이었어. 누미디아는 기원전 46년 로마의 속주가 되고 말았단다. 이집트가 로마 땅이 된 것은 기원전 30년이지? 그래, 이 무렵 북아프리카는 모두 로마 제국의 영토가 됐어.

반투족의 이동

기원전 2400년 무렵, 사하라 사막이 마르기 시작했다고 했지? 북아프리카에 가까운 사람들은 물이 풍부한 나일 강 유역으로 이주했어. 수단 북부에 살던 사람들은 이집트로, 남부에 살던 사람들은 에티오피아로 이동하면 되겠지? 에티오피아에 정착한 사람들은 기원전 2000년 무렵부터 가축을 키웠어. 밀과 보리 같은 작물도 재배했지. 그래, 농경과 유목 생활을 한 거야.

농경과 유목 기술은 그 후 남쪽으로 전파됐어. 그러나 중부 이하의 아프리카 문명이 이집트 문명의 영향을 받아 발전한 건 아니야. 쿠시 왕국이 독자적으로 아프리카 문화를 발전시켰다고 했지? 게다가 쿠시 왕국은 우수한 이집트의 문화를 남쪽으로 전파하지 않았어. 이 때문에 아프리카의 동남부 지역에서는 북부의 이집트와 전혀 다른 형태의 문화가 발전했단다.

아프리카의 중부와 남부 내륙 지방에 대해서도 살펴볼게. 사실 이 무렵의 중앙아프리카와 남아프리카의 역사에 대해서는 알려진 게 별로 없어. 뒤에서 살펴보겠지만, 특히 아프리카의 내륙 지방은 16세기가 돼서야 외부 세계에 알려졌단다.

이 지역의 고대 시대를 추정해 보면 이런 모습일 거야. 수많은 부족이 자유롭게 살고 있었어. 그들 중 일부는 농사를 짓거나 유목 생활을 했겠지만, 대다수는 야생에서 열매를 따먹고 힘이 약한 동물을 잡아먹으면서 살았겠지. 원시 상태 그대로의 삶이었다는 얘기야. 그러나 이게 전부는 아니야. 무슨 일이 있었냐고? 그래, 큰 사건이 있었어. 바로 '반투족의 이동'이 있었단다. 반투는 '사람'이란 뜻이야.

광대한 아프리카 대륙에서 사용되는 언어는 종종 세 그룹으로 분류돼. 사하라 사막 아래 지역의 수단 기니안어족語族, 아프리카 남서부 일부 지역의 코이산어족, 그리고 나머지 가장 넓은 지역에서 사용되는 반투어족. 일반적으로 반투족은 이 반투어를 사용하는 종족과 부족을 가리킨다고 생각하면 돼.

중앙아프리카로 가볼까? 이곳에는 아주 오래전부터 반투어를 사용하는 흑인들이 정착해 살고 있었어. 기원전 1000년에서 기원전 800년 무렵 이들이 서서히 움직이기 시작한 것으로 추정하고 있어. 바로 반투족의 이동이 시작된 거야. 쿠시 왕국이 세력을 키워 누비아 지역을 점령하던 때였을 거야. 반투족은 가봉과 콩고분지를 떠나 남쪽으로 이동하기 시작했어. 남쪽으로 내려가던 일부 반투족은 오늘날의 나미비아에 도착했어. 그들 앞에 거대한 사막이 나

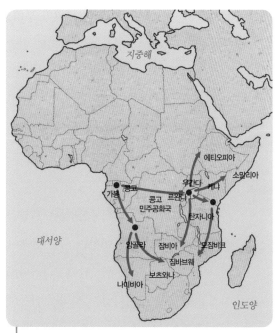

반투족의 이동 콩고 분지 일대에서 반투 언어를 쓰는 민족들이 수백 년에 걸쳐 동남부로 이동했다. 그 덕분에 오늘날 남아프리카와 동아프리카의 많은 민족이 반투족으로 바뀌었다.

타났지. 반투족은 할 수 없이 방향을 동쪽으로 틀었어. 그들은 탕가니카 호 일대에 도착했어. 이곳에서 반투족은 사방으로 다시 이동을 시작했어. 일부는 북쪽으로 올라가 수단의 남부와 에티오피아 등지에 정착했고, 또 다른 무리는 남쪽의 잠비아나 짐바브웨로 갔단다.

수단 남부의 문화는 북아프리카의 문화와 많이 달랐다고 했지? 쿠시 왕국이 북부의 문화를 남부에 전하지 않았고, 아프리카 토착 문명과 어울렸다고 했지? 그 토착 문명을 이룬 사람들이 바로 반투족이야. 곧 살펴보겠지만, 동아프리카에 정착한 반투족은 철기 문명을 발달시킨 주역이란다.

보통 '민족의 이동' 하면 4세기 무렵 유럽에서 있었던 게르만족의 대이동을 떠

올리게 돼. 이 사건으로 인해 로마가 무너졌고, 게르만족의 프랑크 왕국이 유럽의 중심으로 떠올랐어. 반투족의 이동도 이런 방식이었을까? 반투족의 이동으로 아프리카 역사에 큰 전환점이 생겼을까? 그렇지는 않아. 유럽의 민족 대이동과 어떻게 다른지 살펴볼까?

우선, 반투족은 게르만족처럼 대규모로 이동한 게 아니야. 부족 단위 또는 그보다 더 작은 씨족 단위로 움직였어. 어떤 무리는 100명도 되지 않았을 거야. 아무리 많아 봐야 천 명, 혹은 만 명을 넘지는 못했겠지.

둘째, 게르만족의 대이동은 많은 전쟁을 동반했어. 남의 영토를 차지하기 위해서였지. 반투족의 이동에서는 이런 전쟁이 극히 적었어. 반투족의 이동은 소규모의 무리가 아주 오랫동안 남아프리카와 동아프리카를 개척한 사건이야. 그들은 자기가 살 곳을 찾아다녔지. 따라서 이동하던 중에 만난 민족과 어울려 살거나, 잠시 머물다가 이동을 했어. 굳이 싸울 필요가 없었겠지? 아마 반투족은 다른 민족과 자기들을 구분하지 않았던 것 같아. 반투의 뜻은 앞에서 설명했지? '사람'이란 뜻이라고. 반투족은 자신과 비슷한 모든 민족을 '사람'이라고 불렀던 거지.

셋째, 반투족의 이동은 오랜 시간에 걸쳐 진행된 '최장기 민족 이동'이야. 반투족의 이동은 17세기까지도 진행되었어. 그 결과 오늘날의 남아프리카와 동아프리카의 민족 가운데 가장 많은 수를 차지하는 민족이 반투족이지. 사실 반투어를 쓰는 종족과 부족을 모두 반투족이라고 부르니 그럴 수도 있을 거야. 동아프리카의 대표적인 아프리카 토속어로 알려져 있는 스와힐리어도 반투어의 한 종류란다.

아프리카의 철기 문명

고대 아프리카 문명의 역사를 끝내기 전에 반드시 짚고 넘어가야 할 대목이 있어. 아프리카 대륙과 아프리카인을 무시하는 사람들은 아프리카가 자생적으로 발전하지 않았다고 주장한단다. 이런 사람들은, 아프리카의 모든 발전이 외부 세계로부터 비롯됐다고 주장해. 외부 세계에서 먼저 문명이 발달했고, 그 문명이 아프리카로 퍼져 아프리카가 발달할 수 있었다는 거야.

물론 이런 주장이 완전히 틀리다고는 할 수 없어. 그러나 이런 주장은 때로 위험한 이론으로 둔갑할 수 있으니 잘 살펴야 해. 훗날 유럽 열강의 침략을 합리화하는 데 이런 이론이 활용됐거든. 유럽의 제국주의자들은 자기들이 우수한 문화를 아프리카에 전파했기 때문에 아프리카가 근대화할 수 있었다고 주장

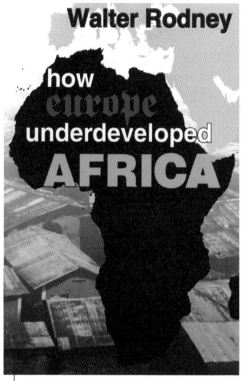

『유럽은 아프리카를 얼마나 퇴보시켰나』 아프리카의 역사학자 월터 로드니의 책. 서구의 아프리카 식민 지배를 강하게 비판했다.

했단다. 유럽 국가들이 얼마나 잔혹한 식민 지배를 했는지에 대해서는 한 마디도 언급하지 않고 말이야.

잠깐, 이 대목에서 알아둬야 할 사람이 있어. 탄자니아의 다르에스살람대학교 교수였던 학자 월터 로드니야. 그는 16세기 이후 서아프리카 노예무역 때 신대륙으로 끌려온 흑인의 후예이지. 자신의 명저 『유럽은 아프리카를 얼마나 퇴보시켰나 How Europe underdeveloped Africa』를 통해 그는 노예무역과 식민 통치, 열강의 영토 분할과 서구 문명의 무분별한 유입이 아프리카 고유의 문화와 문명을 얼마나 손상시

컸고 아프리카 자체의 발전에 걸림돌이 됐는지를 조목조목 비판했어. 이 책은 아프리카 사람들의 시각에서 역사를 이해하는 데 중요한 내용들을 담고 있지.

고대 문명에 대해서도 비슷한 맥락으로 아프리카를 바라보기도 해. 이를테면 이런 식이야. 페니키아가 카르타고에 식민지를 건설했지? 카르타고는 아프리카에서 가장 번영한 문명 가운데 하나였어. 카르타고 사람들은 곧 우수한 문명을 남부 지역으로 전파했어. 이 문명이 서아프리카와 남아프리카로 퍼졌다는 거야. 이 관점을 따르는 사람들은 동아프리카에서도 아랍인들이 홍해를 넘어 들어와 문명을 전파했다고 보지.

그러나 이런 관점이 꼭 옳은 것만은 아냐. 최근에는 아프리카에서 자생적으로 문명이 탄생했다고 주장하는 학자들이 많아. 외부에서 문명을 수입한 게 아니라 아프리카인들이 자체적으로 문명을 발전시켰다는 거지. 어느 주장이 옳은지는 역사학자들이 밝혀내야 할 숙제야. 다만 철기 문명에 대해서는 아프리카에서 자생적으로 발달했다는 주장이 꽤 설득력을 얻고 있어. 이 책에서도 그 주장을 따르도록 할게.

일부 지역을 빼면 아프리카 대륙은 청동기 시대를 거치지 않고 바로 철기 시대로 접어들었어. 오늘날까지 철기 문명의 흔적이 남아 있는 지역이 꽤 많아. 사하라 사막에 가까이 있는 니제르^{나이저}에서는 기원전 7세기에 이미 철을 제련한 것으로 추정되고 있어. 서아프리카의 나이지리아에서는 기원전 5세기에 만들어진 것으로 보이는 제철로가 여러 개 발견됐단다. 조금 더 남쪽으로 내려가면 가봉이 있어. 이곳에서는 기원전 6세기에 만든 것으로 추정되는 제철로가 발견됐지.

이들 지역에 남아 있는 철기 문화의 흔적을 어떻게 설명해야 할까? 만약 카르타고가 제철 기술을 이들 지역에 전파했다면, 그 시기는 적어도 기원전 5세기 이후가 될 거야. 뿐만 아니라 카르타고가 철기 문명을 전파하려면 사하라 사막을 건너야 돼. 카르타고가 어느 정도 번영한 후에 철기 문화가 퍼졌다고 볼 수 없는 이유이지. 이미 그 전에 사용했던 제철로가 발견됐잖아? 아무래도 서아프리카가 자체적으로 철기 문화를 발전시켰다고 보는 것이 과학적으로도 타당한 것 같아.

나이지리아에서는 아프리카 원주민들이 철기 문화를 바탕으로 뛰어난 문명을 만들기도 했단다. 기

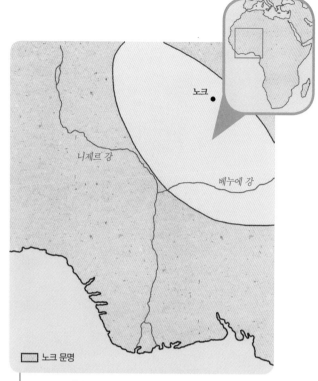

노크 문명 기원전 500여 년부터 나이지리아 중부에서 발달한 문명. 1930년대 이후 많은 예술 작품들이 출토됐다.

원전 400~200년경에서 기원전 120~280년경까지 발달한 이 문명을 노크 문명이라고 불러.

나이지리아 중부에는 니제르 강과 베누에 강이 흐르고 있어. 이 강이 만나는 지점에 노크라는 마을이 있지. 1931년 이곳에서 사람 얼굴 모양의 테라코타와 토기들이 발견됐어. 학자들이 본격적으로 이 지역을 탐사했는데, 수백여 개의 예술품을 발굴할 수 있었어. 이 예술품들은 오늘날까지도 서아프리카 최초의 예술 작품들로 여겨지고 있지.

이 발굴 작업을 하면서 예술품만 찾아낸 게 아니야. 철기를 제작할 때 꼭 필요한 제철로의 파편도 발견됐어. 학자들이 이 유물이 만들어지고 사용된 시기를 추적

노크 문명의 인물상 노크 문명은 기원전 400년 무렵부터 나이지리아 일대에서 발달한 문명이다. 1931년부터 시작된 발굴에서 수백여 종의 예술품이 발견됐다.

해 보니, 어떤 유물은 기원전 500년 무렵에 사용된 것으로 추정되기도 했어. 그러나 모든 유물이 사용된 시기가 같지는 않았어. 어떤 유물은 서기 300년의 것으로 조사되기도 했지. 학자들은 이런 점을 토대로 이 지역에 아주 오랫동안 문명이 지속됐다고 추정하고 있어. 그 시작은 물론 노크 문명이었지만, 노크 문명이 사라진 뒤에도 또 다른 문명이 뒤를 이었다는 거야. 그 문명이 바로 '이페 문명'이야. 이 문명에 대해서는 다음 장에서 살펴볼게.

동아프리카는 서아프리카보다 더 먼저 제철 기술을 발전시킨 것으로 추정돼. 기원전 800년 무렵에 탄자니아와 르완다 지역에서 철기를 제작한 것으로 보이는 유적이 발견됐단다. 이집트와 가까이 있으니까 그곳에서 문화를 수입한 것 아니냐고? 그렇지는 않은 것 같아.

아프리카에서 가장 먼저 제철 기술이 발달한 나라는 이집트로 알려져 있어. 아시리아와 그리스로부터 이 기술을 받아들인 게 기원전 1000년에서 기원전 700년 무렵이야. 물론 이집트에서 누비아로, 누비아에서 탄자니아와 르완다로 기술이 전파됐을 수도 있어. 실제 이집트에서 누비아로 철기 문화가 전파된 것도 사실이지.

그러나 이집트 문명은 누비아, 즉 오늘날의 수단을 넘어서지 않았어. 게다가 르완다와 탄자니아에서 발견된 제철로도 기원전 800년의 것이야. 어쩌면 이집트보다 더 일찍 철기 문명이 시작됐을 수도 있다는 얘기지. 설령 그렇지 않더라도 동아프리카의 원주민들은 이집트와 거의 비슷한 시기에 철기 문화를 시작한 셈이 돼. 워낙 오래전의 일이라 기록이 남아 있지 않으니 이 연대가 틀릴 수도 있어. 다만 동아프리카의 철기 문명이 외부로부터 수입되지 않았다는 증거로 볼 수는 있지. 그래, 동아프리카는 독자적으로 철기 문명을 발전시켰던 거야!

비非 반투족도 이동했다

반투족의 이동이 계속되고 있던 기원전 1세기에서 서기 14세기, 반투어를 쓰지 않는 민족들도 민족의 이동을 감행했단다. 이 무렵이면 일부 지역에는 반투족이 이미 자리를 잡은 상태였지. 특히 일찍이 철기 문명을 발전시킨 동아프리카에서는 반투족이 터줏대감이었어. 바로 이 동아프리카로 비(非) 반투족이 이동했단다. 대표적인 민족이 코이산족과 닐로트족, 그리고 쿠시트족이지. 코이산족은 반투족의 이동이 시작되기 전부터 남아프리카에 흩어져 살던 민족이야. 닐로트족은 수단과 에티오피아에, 쿠시트족은 소말리아와 에티오피아에 살던 민족이지. 이 민족들도 다른 민족들과 큰 전쟁을 일으키지는 않았단다. 어떤 민족이든 아프리카에서는 평화롭게 어울려 살았던 모양이야.

제3장

서기 1년 ~ 18세기 전후

중세
아프리카의
발전

COVER
STORY

15~16세기부터 유럽 국가들이 아프리카 대륙의 문을 두드리기 시작했어. 대항해 시대를 연 포르투갈의 개척자들이 선두에 섰고, 이어 영국과 프랑스 등 다른 나라들도 아프리카로 진출했어. 아프리카가 서방 세계에 알려진 것은 그때부터야. 아프리카가 본격적으로 세계사에 등장하는 것도 그때부터지. 하지만 서방 세계에 알려지지 않았을 뿐, 아프리카는 그전부터 자기들만의 역사를 발전시키고 있었단다.

이 책에서는 서기 1년 무렵부터 유럽 열강의 침략이 본격화한 18세기 전후까지를 중세 아프리카 시대로 규정했어. 세계사를 유럽 중심으로만 공부하다 보니 이 무렵의 아프리카 역사에 대해 알고 있는 사람은 많지 않아. 그러나 아프리카에도 수많은 나라가 흥망을 거듭했어. 유럽의 봉건제와 비슷한 정치 체제도 등장했지. 우선 기독교와 이슬람교가 전파된 후 아프리카가 어떻게 변화했는지를 살펴보고, 이어 각 지역별로 역사를 살펴볼게.

기독교와 이슬람교의 전파

아프리카 북부는 고대 시대 때부터 오리엔트 문명의 일부로 여겨졌어. 실제로 알렉산드로스 대왕이 오리엔트를 정복할 때 이 지역은 헬레니즘 제국에 편입됐고, 이어 로마 제국으로 주인이 바뀐 후에도 로마 세계에 포함돼 있었지. 그러니까 아프리카 북부에는 일찌감치 기독교가 전파됐어.

이집트에 전파된 기독교는 급속하게 퍼져 나갔어. 하지만 아프리카 북부를 벗어나지는 못했어. 중간에 사하라 사막이 가로막혀 있는 데다 다른 지역에는 아프리카 토착 종교가 훨씬 강했기 때문이야.

로마 제국이 기울고 난 후 이슬람교 세력이 아프리카로 진출했어. 아프리카는 기독교보다 더 빠른 속도로 아프리카 북부로 퍼졌고, 이어 사하라 사막을 넘어 남쪽으로 내려갔어. 왜 이런 결과가 나타났는지는 곧 살펴볼 거야.

두 종교가 아프리카에 전파되기 전에도 아프리카의 각 부족들은 자기들만의 토속 종교를 가지고 있었어. 토속 종교는 모두 무너진 것일까? 그렇지도 않아. 때로는 토속 종교와 유입된 종교가 교묘하게 어우러지기도 했어.

콥트 교회의 번영

313년 로마의 황제 콘스탄티누스는 기독교를 공인했어. 이때 이집트는 로마 제국의 속주였어. 그러니 이집트에서도 기독교가 널리 퍼지기 시작했어. 뿐만 아니라 콘스탄티누스 대제는 로마, 콘스탄티노플, 소아시아의 안티오키아^{안티오크}, 예루살렘과 더불어 이집트 알렉산드리아를 5대 교구로 선포했어. 이제 이집트가 북아프리카의 기독교 중심지가 된 거야.

사실 이집트에서는 기독교가 공인 전부터 이미 민중과 귀족의 사랑을 받고 있었어. 그런 사실을 입증하는 증거도 있지. 사도 바울의 개인 비서였으며 예루살렘의 교회를 일으켰던 성^聖 마르코^{마가}의 유골이 9세기쯤 이집트 알렉산드리아에서 발견됐단다. 사도 바울은 로마에 기독교를 전파한 성인이야. 그가 로마에 도착했을 때가 60년경이었어. 성 마르코는 사도

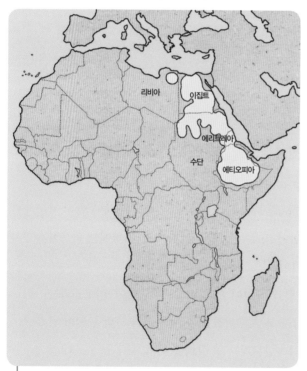

기독교 우세 지역 기독교는 이집트, 수단, 에티오피아 등 아프리카의 북동부 지역에서 특히 우세했다. 에티오피아는 오늘날까지도 기독교 인구가 많다.

바울과 늘 함께했지. 사도 바울은 64년 발생한 로마 대화재를 구실로 네로 황제가 기독교를 대대적으로 박해했을 때 순교했어. 이런 정황들을 모두 감안하면 성 마르코가 이집트에 들렀던 시점이 61년 무렵일 거라고 추정돼. 콘스탄티누스가 기독교를 공인하기 훨씬 이전에 이집트에 기독교가 퍼졌다고 볼 수 있겠지?

그러나 이때 이집트에 교회가 들어서지는 않았어. 교회는 3세기 중반에 처음 만들어진 것으로 알려져 있어. 이 또한 로마에서 기독교가 공인되기 전의 일이지. 이런 점을 보면 초기 기독교의 중심은 로마가 확실히 아니었던 것 같아. 예수 그리스도가 태어난 예루살렘이나, 같은 오리엔트 지역으로 분류됐던 이집트의 알렉산드리아에서 기독교가 훨씬 더 사랑을 받았던 거지.

처음에 기독교가 이집트에 전파됐을 때는 주로 이 지역에 사는 그리스인들이 신도가 됐어. 그러나 교회가 생기고 포교 활동이 활발해지면서 이집트 토착민 신도가 늘어났어. 토착민 신도가 많아지면 그들의 언어로 된 성서가 필요할 거야. 이 지역의 언어를 콥트어라고 하는데, 콥트어 성서가 만들어졌지. 이런 과정을 거치면서 이집트 교회는 점점 '로마 제국의 교회'가 아닌 '이집트의 교회'로 변신했어. 그러다가 451년 소아시아에서 열린 칼케돈 공의회^{종교회의}에서 교리 논쟁이 벌어진 후로 이집트 콥트 교회는 로마 교회와 갈라섰어. 교리가 너무 달랐기 때문이야.

이집트의 콥트 교회 오늘날 이집트에는 기독교 초기 시절 유행하던 콥트 교회의 흔적이 여전히 남아 있다. 수도 카이로에 위치한 콥트 교회의 전경.

안토니 수도원의 전경 교회가 활발히 활동하기 전에는 수도원이 교회의 역할을 했다. 그 선구자가 성 안토니우스가 만든 안토니 수도원이다. 이 수도원은 수에즈 근처에 오늘날까지 존재하고 있다.

이집트의 콥트 교회 이전에도 교회의 역할을 한 기관이 있었어. 바로 수도원이야. 이집트에 첫 교회가 생길 무렵이었어. 이집트 서부의 사막에서 한 수도사가 은둔 생활을 하고 있었어. 이 수도사가 성 안토니우스야. 그는 모든 종교 사제들이 금욕 생활을 해야 한다고 주장했어. 철저하게 교리를 따르며 수행하는 것이 종교 사제의 의무이자 도리라고 생각한 거지. 성 안토니우스는 305년 무렵 사막에서 나와 수도원을 만들었어. 이 수도원이 오늘날까지 남아 있는 성 안토니 수도원이란다. 이 수도원으로부터 콥트 교회가 출발했다고 봐도 무방해.

이집트의 기독교 신도는 점점 늘어났어. 기독교가 공인되고 채 100년이 지나지도 않았는데, 전체 이집트인의 90퍼센트가 기독교를 받아들였을 정도야. 열 명 중 무려 아홉 명이 기독교 신도가 됐다는 얘기인데, 정말 놀랍지 않니?

이집트와 누비아 지방, 즉 오늘날의 수단은 떼어놓을 수 없는 사이야. 고대 파라오 왕조 시절에도 이집트는 자주 누비아 지방을 정복했어. 쿠시 왕국이 누비아 남쪽으로 밀려나면서 아프리카 토착 왕국들과 교류했다지만, 수단 북부 지방은 여전히 이집트와 가까웠어. 이곳 상인들은 이집트와 무역도 많이 했단다. 약 4세기 후반에서 5세기 초반이었을 거야. 이집트 출신의 상인들은 수단을 오가며 무역을 하던 중 기독교를 전파했어. 수단 북부 지방은 이렇게 해서 기독교를 믿는 지역이 됐단다.

에티오피아에서도 기독교가 크게 번영했어. 다만 아프리카에서 기독교는 이들 몇몇 지역을 제외하고는 큰 인기를 끌지 못했어. 아프리카 서부로 쭉쭉 뻗어 나가지도 못했고, 사하라 사막을 넘어 남쪽으로 내려가지도 못했단다. 게다가 얼마 후 이슬람교가 들어오자 기독교의 세력은 크게 위축돼 버렸어.

기독교 왕국 에티오피아

오늘날 에티오피아는 아프리카 대륙에서 드물게 기독교 신도가 많은 나라 중 하나야. 전체 국민의 절반 이상이 기독교를 믿고 있지. 15세기 초반 포르투갈의 엔히크^{엔리케} 왕자는 아프리카 어딘가에 전설 속의 기독교 천상왕국이 있을 거라고 믿었어. 그 나라로 지목된 게 바로 에티오피아야. 물론 에티오피아가 그런 나라는 아니었어. 하지만 어쨌든 기독교 신도가 많은 나라인 것은 사실이었지.

에티오피아가 기독교를 받아들인 것은 4세기 초반의 일이야. 이집트 상인들이 수단에 기독교를 전파했던 시점보다 이르지? 수단의 남쪽에 있는 에티오피아가 어떻게 해서 수단보다 먼저 기독교를 받아들일 수 있었을까? 그건 에티오피아 왕의 결단이 있었기 때문이야. 물론 이집트로부터 수입한 것도 아니지.

콘스탄티누스 대제가 기독교를 공인할 무렵, 에티오피아를 통치하던 나라는 악숨 왕국이었어. 악숨 왕국의 왕 에자나는 325년 기독교를 공인했어. 로마 제국의 콘스탄티누스 대제가 기독교를 공인한 시기와 비슷해. 바로 그해 아시아의 상인이 악숨 왕국을 방문했어. 그 상인은 기독교를 믿고 있었는데, 왕에게 포교 활동을 허락해 달라고 부탁했어. 왕은 순순히 그 요청을 받아들였지. 이렇게 해서 에티오피아에서는 박해 과정 없이 쉽게 기독교가 공인됐단다. 다만 에자나 왕이 꼭 기독교를 믿어서 공인한 것은 아니라고 말하는 학자들도 있어. 당시 에자나 왕은 기독교 말고도 다른 종교들까지 모두 허용했거든.

어쨌든 기독교를 공인한 후 악숨 왕국은 이집트의 기독교를 본받기 시작했어. 그래, 콥트 교회를 정통으로 받아들인 거야. 칼케돈공의회에서 콥트 교회가 '독립'을 선언했을 때도 악숨 왕국은 콥트 교회의 편에 섰지.

7세기 초반 서아시아에서 이슬람교가 탄생했어. 그 후 아프리카 전역이 이슬람 세계가 됐지. 그러나 에티오피아만은 꿋꿋하게 기독교 왕국으로 남았어. 어떻게 이런 일이 가능했을까? 에티오피아 교회 안을 들여다보면 그 답을 알 수 있어.

에티오피아 교회는 말 그대로 아프리카식이야. 무슨 말이냐고? 에티오피아 교

| **에티오피아 교회의 전경** 에티오피아 기독교에는 아프리카 색채가 많이 녹아 있어 유럽의 기독교와 상당히 차이가 있다. 교회 건물도 전통적인 유럽 양식을 벗어나 있다.

회는 전 세계의 어떤 교회와 비교해도 다른 점이 많다는 뜻이야. 오로지 아프리카에서만 볼 수 있는 교회란 이야기지. 예를 들어볼까? 우선 에티오피아 기독교인들은 부적을 가지고 다닌단다. 어떤 부적일 것 같아? 악령을 쫓아내는 부적이야. 토속 신앙이나 미신을 믿는 사람들만 가지고 다니는 부적을 기독교인들이 모두 갖고 다니는 거지.

다른 점은 또 있어. 에티오피아 기독교에서는 종교의식이 축제와 비슷해. 대부분의 교회나 성당에서는 예배를 끝내면 종교의식이 끝나지? 그러나 에티오피아에서는 아니야. 종교의식에 참가한 사람들은 노래를 부르고 춤을 추면서 의식 자체를 즐겨. 마치 축제처럼 말이야.

에티오피아 기독교가 이런 모습으로 변한 것은 토속 종교와 어우러졌기 때문이야. 아프리카 전통과 기독교가 만나 새로운 형식의 기독교로 바뀐 셈이지. 에티오피아에서는 신부나 목사가 직접 신도들의 몸에 악령이 들어있다며 이를 쫓아내는 의식도 거행해.

다른 대륙의 기독교 성직자들은 이런 아프리카적인 기독교에 대해 어떻게 생각할까? 그 평가는 아주 다양할 거야. 그러나 확실한 것은, 만약 이런 식으로 변하지 않았다면 오늘날까지 에티오피아가 기독교 왕국으로 남지 못했을 거라는 점이야.

이슬람교, 북아프리카 장악하다

이제 7세기로 가볼까? 거센 파도처럼 이슬람교가 이 무렵부터 아프리카로 밀려온단다.

610년 무함마드가 아라비아 반도 메카에서 이슬람교를 창시했어. 무함마드는 우여곡절 끝에 이슬람교를 아라비아 반도에서 가장 유력한 종교로 발전시켰지.

그 무함마드가 632년 세상을 떠났어. 무함마드의 동료였던 아부바크르가 그 뒤를 이어 '칼리프'가 됐어. 칼리프는 무함마드를 이어받은 계승자로서 이슬람교의 최고 지도자를 가리키는 말이야.

2대 칼리프 우마르가 통치할 때였어. 이슬람 군대는 비잔티움^{동로마} 제국의 군대를 연이어 격파하며 서쪽으로 영토를 넓혔어. 이슬람 군대는 곧 이집트로 진격했어. 642년 마침내 이슬람 군대는 이집트를 정복하는 데 성공했어. 북아프리카 기독교의 중심이었던 이집트는 이슬람 세계로 바뀌었어. 한때 국민의 90퍼센트가 기독교를 믿었지만 이후로는 20퍼센트 정도만 기독교를 고수했고, 나머지는 모두 이슬람교로 개종했지.

이집트는 고대 문명의 중심지였어. 이 무렵에도 이집트는 북아프리카에서 가장 문명이 발달한 지역이었지. 물이 위에서 아래로 흐르듯이 문명은 발달한 곳에서 낙후된 곳으로 퍼져. 그 원리처럼 이슬람교는 순식간에 북아프리카 전역으로 확산됐어. 리비아, 튀니지, 알제리에 이어 모로코까지 이슬람 세계가 됐지. 북아프리카가 이슬람 세계로 바뀌는 과정을 살펴볼까?

661년 시리아의 총독인 무아위야가 쿠데타를 일으켰어. 그는 4대까지 이어진 정통칼리프 시대를 끝내고, 이슬람교의 첫 왕조인 우마이야^{옴미아드} 왕조를 창건했어. 이 우마이야 왕조는 본격적으로 유럽을 공략하기 시작했어. 우마이야 왕조의 군대는 이집트와 리비아와 튀니지를 넘어 오늘날의 모로코까지 완전히 정복해 버렸어. 그다음엔? 그래, 유럽 대륙이야.

이 정복전쟁 때 이슬람 군대의 주축이 됐던 민족이 베르베르족이야. 훗날 이 베르베르인들을 무어인이라고 불렀지. 무어인은 북아프리카의 토착 원주민인 베르베르인, 아라비아 반도에서부터 넘어온 아랍인, 사하라 사막 남쪽 지역에 살던 흑인의 혈통이 섞인 혼혈 민족이야. 일반적으로는 아랍계에 더 가까운 민족으로 분류되고 있어. 보통 무어인이라고 하면 이 혼혈 민족 중에 이슬람교를 믿는 민족을 가리켜. 이 무어인은 8세기 이후 북아프리카에 이슬람교가 확산되면서 흔히 볼 수 있는 민족이 됐지.

우마이야 왕조의 이베리아 반도 정복 당시 베르베르인이 병사로 동원됐지만, 베르베르인은 이 전쟁을 원하지 않았기에 우마이야 왕조에 협조하지 않았단다. 왜 전쟁을 원하지 않았을까? 베르베르인들은 북아프리카의 토착 원주민이라 그랬지? 반면 우마이야 왕조는 아랍인이 세운 왕국이야. 정통 베르베르인들은 아랍인이 모든 것을 장악하는 건 이슬람교의 평등 정신에 어긋나기 때문에 베르베르인의 나라도 세울 수 있게 해 달라고 주장했어.

이런 상황에서 750년 서아시아에서 이슬람 세계의 중심인 우마이야 왕조가 무너졌어. 우마이야 왕조의 후손들은 아프리카로 건너와 후(後)우마이야 왕조를 세웠어. 그렇다고 해서 후우마이야 왕조가 이슬람 세계의 주도권을 잡은 건 아니야. 새로 이슬람 세계의 중심이 된 왕조는 서아시아에 세워진 아바스 왕조였지.

이 아바스 왕조 시절에 이슬람교는 기독교와 마찬가지로 두 파벌로 분열됐어. 우마이야 왕조와 아바스 왕조는 모두 정통파인 수니파였어. 반면 이슬람교 창시자인

베르베르족의 아이들 베르베르족은 북아프리카의 서쪽 지대에서 현재까지 살고 있는 민족이다. 이슬람 군대가 유럽을 공략할 때 최전방에서 유럽과 싸운 민족이 바로 베르베르족이다.

무함마드의 혈족만이 칼리프의 자격이 있다고 주장하는 파벌도 있었어. 이 파벌을 시아파라고 부르지. 시아파는 무함마드의 사촌이자 사위로, 정통칼리프 시대의 4대 칼리프를 지낸 알리만 칼리프로 인정했어. 시아파는 칼리프를 이맘이라고 불렀는데, 알리가 초대 이맘이 되는 거지. 이 시아파를 믿는 베르베르인들이 반란을 일으켰어.

아바스 왕조가 당장 군대를 보냈을까? 아니야. 아바스 왕조의 칼리프는 자신의 말을 잘 듣는 총독을 아프리카로 보냈어. 그가 바로 아글라브야. 아글라브는 800년 튀니지에 아글라브 왕국을 세웠지. 이 왕국은 그 후 지중해의 시칠리아와 사르데냐를 정복하는 등 한때 크게 번영했단다. 그러나 100여 년 만에 시아파의 도전을 받고 멸망하고 말았어. 그 시아파가 누구인지 아니? 바로 파티마 왕조란다. 파티마 왕국에 대해서는 곧 살펴볼게.

이슬람교, 아프리카로 퍼지다

이슬람교가 매력적인 종교였을까? 아니면 어쩔 수 없는 선택이었을까? 북아프리카를 정복한 이슬람교는 그 후 아프리카 전역으로 확산됐어. 우선 서아프리카부터 볼까?

북아프리카에서 이슬람교가 전파되는 과정은 정복 역사와 떼어놓을 수 없어. 아라비아 반도에서 건너온 이슬람 군대가 무력으로 북아프리카를 정복했고, 그 과정에서 많은 민족이 이슬람교를 믿게 된 거지. 이슬람교는 다른 종교를 크게 억압하지 않았어. 대신 이슬람교를 믿지 않으면 인두세^{지즈야}라는 세금을 내게 했어. 처음에 기독교도들은 이 세금을 내면서 자기 종교를 고수했지만, 머잖아 종교를 바꿨지. 아무래도 경제적 압박이 심했던 모양이야.

이슬람 지배자들은 서아프리카에서는 이런 무력을 쓸 필요가 없었어. 이 지역에서는 군인이 아니라 상인들이 이슬람교를 전파했기 때문이야. 물론 북아프리카와 가까운 지역에서는 어느 정도 군대의 힘이 필요했겠지? 그러나 전체적으로는 상인의 역할이 훨씬 컸어.

이 역할을 한 대표적인 민족이 투아레그족이야. 이 민족은 사하라 사막, 나이지리아 등 서아프리카에 살고 있는 베르베르족의 일파야. 이 투아레그족은 유목 생활

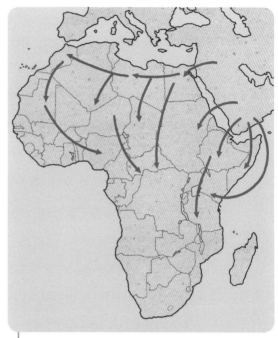

이슬람의 전파 이집트로 들어온 이슬람교는 곧 북아프리카 전역으로 퍼졌고, 이어 남아프리카로 전파됐다. 동아프리카에는 아라비아 반도에서 바로 이슬람교가 넘어왔다.

을 하면서 무역을 주업으로 삼았어. 투아레그족도 처음에는 이슬람 지배자에게 강하게 반발했어. 그러나 곧 이슬람교를 믿기 시작했고, 무역을 하면서 북아프리카의 이슬람교를 서아프리카로 전도하는 메신저 역할을 했던 거야.

아프리카의 북부와, 서부 또는 남부 아프리카가 교류할 수 있었던 건 바로 이 유목 민족의 상인들이 사하라 사막을 넘나들었기 때문이야. 이슬람교가 확산되면서 언제부턴가 이런 상인들의 대부분이 이슬람교를 믿게 됐지. 당연히 이슬람교의 전파 속도가 더 빨라졌겠지? 조금 있다가 지역별로 중세 아프리카의 역사를 자세히 살펴볼 거야. 그 전에 개괄적인 내용을 말하자면, 오늘날의 말리에 살고 있던 여러 민족이 1000년 무렵 이슬람교를 받아들였어. 그 후 이슬람교는 다시 남쪽으

로 확산됐어. 내륙과 남부 지방으로 내려갈수록 이슬람교는 그 지역의 토속 종교와 뒤섞여 독특한 형태로 바뀌었단다. 기독교가 그랬던 것처럼 말이야.

이번엔 동쪽으로 가볼까? 북아프리카의 이집트로부터 이 지역으로 이슬람교가 전파됐지. 물론 모든 지역에 이슬람교가 전파된 건 아니야. 그 과정을 살펴볼까?

이집트의 이슬람 군대는 곧 수단으로 진격했어. 수단에는 기독교 왕국이 있었지? 수단에 사는 누비아인들은 이슬람 군대에 저항했어. 하지만 이 무렵 이슬람 군대는 유럽 군대도 당해내지 못할 만큼 막강했어. 결국 이슬람 군대가 승리를 거뒀고, 누비아에는 이슬람 왕국들이 하나씩 들어서기 시작했지.

에티오피아는 어땠을까? 이미 살펴본 대로 에티오피아의 악숨 왕국은 기독교 왕국이었어. 악숨 왕국의 뒤를 이은 자그웨 왕국도 기독교를 고수했지. 그들은 끝끝내 이슬람교를 받아들이지 않았어. 다만 14세기 이후 에티오피아를 장악한 암하라 왕국은 이슬람교를 받아들였단다.

이 지역을 빼면 오늘날의 소말리아를 포함한 동아프리카 여러 지역이 이슬람 세계로 바뀌었어. 심지어 북아프리카보다 먼저 이슬람교를 받아들인 곳도 꽤 있어. 어떻게 그런 일이 있을 수 있냐고? 이런 지역들은 북아프리카로부터 이슬람교를 수입한 게 아니야. 아라비아 반도로부터 곧장 이슬람교를 수입했지. 아라비아 반도에 있던 이슬람 신도 가운데 우마이야 왕조나 아바스 왕조의 지배를 거부한 사람들이 홍해를 건너 이곳에 정착한 거야. 그들은 해안 지대를 중심으로 작은 이슬람 왕국들을 만들었어.

때로는 서아프리카와 북아프리카에서 활동하던 유목 민족이 동아프리카를 향해 이동하며 이슬람교를 전파하기도 했어. 그러나 그들은 아랍 사람들이 머무는 해안 지대까지 가지는 않았어. 어쨌든 북아프리카에서 서아프리카를 거쳐 동아프리카로 이슬람교가 확산되기도 했다는 점만 알아둬. 이렇게 해서 13세기 무렵이 되자 이슬람교는 동아프리카는 물론 남아프리카까지 확산됐단다.

자, 결론을 내려볼까? 이슬람교는 7세기 무렵 아프리카에 상륙했어. 이때까지만 해도 이집트, 수단, 에티오피아는 기독교를 믿고 있었지. 그러나 가장 먼저 이집트가 이슬람의 땅이 됐어. 이집트에 터전을 만든 이슬람 세력은 서쪽으로 나아갔어. 그 결과, 곧이어 북아프리카 전역이 이슬람 세계가 됐어. 사하라 사막을 횡단하는 상인들이 이슬람교를 서아프리카로 전파했고, 그다음에는 동아프리카와 남아프리카로도 확산됐지. 이에 앞서 아라비아 반도에서 직접 이슬람교도가 동아프리카로 가기도 했어. 그 결과는? 그래, 아프리카의 상당수 지역이 이슬람 세계로 변한 거야.

베르베르인의 변절

통박사의 역사읽기

　3세기 무렵 중국에서는 삼국 시대가 펼쳐졌어. 촉한의 전략가인 제갈공명은 남쪽 지방의 추장 맹획을 잡았어. 맹획을 자기 사람으로 만들어야 남쪽 지방을 차지할 수 있다고 생각한 제갈공명은 배신하지 않겠다는 약속을 받아낸 후에야 풀어줬어. 하지만 맹획은 무려 일곱 번을 배신했지. 이를 칠종칠금七縱七擒이라고 하지.

　북아프리카에도 비슷한 사례가 있단다. 이슬람 지도자는 이 지역을 장악하려면 베르베르인을 자기편으로 만들어야 한다고 생각했어. 그 때문에 그들이 배신하더라도 무력으로 누르지 않았지. 맹획은 일곱 번 배신했지? 베르베르인들은 무려 열두 번을 배신한 후에야 이슬람 지도자에게 복종을 맹세했어. 이를 '베르베르인의 변절'이라고 한단다.

북아프리카,
이슬람의 전성시대

    이슬람 군대가 북아프리카를 정복하고 있을 때 오늘날의 알제리와 모로코에는 베르베르인 말고도 또 다른 민족이 버티고 있었어. 게르만족의 일파인 반달족이지. 그들은 4세기경 에스파냐를 거쳐 이 지역으로 들어왔어. 로마는 게르만족을 엄청 두려워했어. 반달족은 야만족이란 뜻이야. 얼마나 두려웠으면 이름을 이렇게 지었겠니?

    그러나 반달족도 아랍인들에게는 당하지 못했어. 이슬람 군대는 순식간에 반달족을 쫓아내고, 그 땅에 이슬람 왕조를 세웠어. 아랍인들은 7세기 후반쯤 나일 강에서부터 대서양에 이르는, 북아프리카 전역을 이슬람 세계로 만들었단다. 유럽 사람들이 동방 지역을 오리엔트라 불렀듯이 이슬람 사람들은 알제리, 모로코, 튀니지 등 북서아프리카를 통틀어 해가 지는 서쪽을 뜻하는 '마그레브'라고 불렀어. 이 마그레브는 북부 이슬람 아프리카를 상징하는 말이 됐어.

    중세 아프리카가 끝날 때까지 북아프리카는 이슬람교를 버린 적이 없었어. 각 지역마다 크고 작은 왕조들이 흥망을 거듭했지만 대표 종교는 여전히 이슬람교였지. 이슬람 왕조들을 중심으로 북아프리카의 중세 역사를 살펴볼게.

파티마 왕국과 아이유브 왕국

909년 아프리카 북부 튀니지에 한 이슬람 왕국이 들어섰어. 이 이슬람 왕국은 이슬람 세계의 큰 형님인 서아시아의 아바스 왕조에 저항했어. 왜 그런지 아니? 시아파 이슬람교를 국교로 삼고 있었기 때문이야. 이 왕국을 세운 인물은 이스마일파의 지도자였던 사이드 빈 후세인이었어. 그는 자신이 이맘인 이스마일의 직계 후손이라고 주장했어. 이스마일은 시아파의 초대 이맘 알리의 7대 후계자야. 이 왕국이 바로 파티마 왕국909년~1171년이지.

파티마는 이슬람교를 창시한 무함마드의 딸이면서 알리의 부인이기도 했던 여

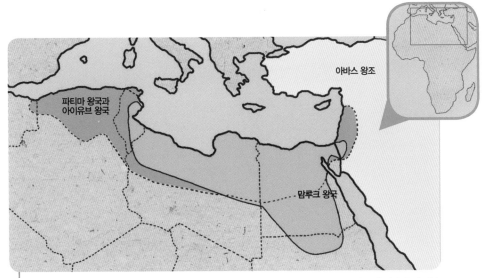

북아프리카의 3대 이슬람 왕국 파티마 왕국, 아이유브 왕국, 맘루크 왕국의 영역. 이 세 왕국이 한창일 때 이슬람교의 중심지는 서아시아가 아니라 북아프리카였다.

자의 이름이야. 자기 나라 이름을 왜 파티마라고 지었는지 알겠지? 파티마 왕국이 이슬람교의 유일한 계승자라는 점을 강조하고 싶었던 거야.

파티마 왕국은 처음에 튀니지에 왕국을 세웠어. 원래 이 지역에는 아글라브 왕국이 있었어. 이 왕국은 아바스 왕조를 큰 형님으로 모시던 수니파였어. 파티마 왕국은 바로 이 아글라브 왕국을 무너뜨리고 나라를 세운 거야. 그러니 아바스 왕조와 사이가 좋을 리 없겠지? 게다가 파티마 왕국은 시아파이기에 아바스 왕조의 칼리프를 지도자로 인정하지도 않았어.

파티마 왕국은 곧 북아프리카 전역을 정복하기 시작했어. 먼저 서쪽에 있는 모로코를 차지했고, 이어 이집트로 눈길을 돌렸어. 이집트를 정복하는 것은 물론 쉽지 않았어. 이집트는 다른 어느 곳보다 자원이 풍부했기 때문에 아바스 왕조도 절대 내놓을 수 없는 요지였거든. 아바스 왕조는 이집트의 수니파 왕국들을 전적으로 지원했어.

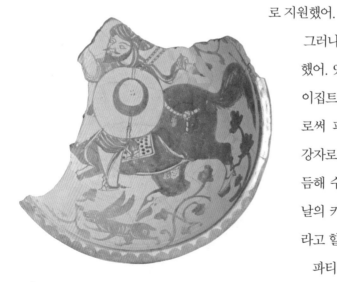

파티마 왕국에서 제작된 그릇 조각 말을 탄 전사의 모습이 그려져 있다. 파티마 왕국은 강한 군대를 바탕으로 주변 지역들을 정복했다.

그러나 파티마 왕국의 군대가 더 강했어. 963년 파티마 군대는 마침내 이집트를 정복하는 데 성공했어. 이로써 파티마 왕조는 북아프리카의 강자로 등극했어. 파티마 왕국은 이듬해 수도를 카이로로 옮겼어. 오늘날의 카이로가 바로 이때 건설된 거라고 할 수 있지.

파티마 왕국은 이집트 정복으로 만족하지 않았어. 파티마 군대가 곧 나일 강을 건너 서아시아로 진격했어. 얼마 지나지 않아 시리아가 파티마 군대의 수중에 떨어졌어. 또 다른 파티마 군대는 지중해를 건너 이탈리아 반도에 있는 시칠리아를 정복했어. 파티마 왕국은 곧 지중해 일대의 최강자가 됐어.

이슬람 세계가 수니파 아바스 왕조와 시아파 파티마 왕국의 양대 산맥으로 나뉜 거야. 파티마 왕국이 정말 강해졌지? 실제로 북아프리카의 다른 지역에 살던 많은 사람들이 이집트로 몰려들기 시작했어. 이집트의 수도 카이로는 불과 몇 년 사이에 인구 20만 명이 넘는 대도시가 됐단다. 카이로는 이슬람 세계의 중심지로 여겨졌던 바그다드와 비교해도 결코 뒤지지 않았어.

십자군전쟁의 영웅 살라딘 살라딘은 아이유브 왕조를 창시한 인물이다. 동시에 제1차 십자군전쟁 때 유럽에 빼앗긴 예루살렘을 되찾은 이슬람의 영웅이기도 하다.

이렇게 번영하던 파티마 왕국도 내리막길을 걷기 시작했어. 바로 십자군 전쟁이 원인이었지. 제1차 십자군 전쟁을 치르면서 파티마 왕국은 예루살렘을 비롯해 여러 지역을 유럽에 빼앗겼어. 이슬람 세계는 혼란스러워졌어. 유럽과의 종교 전쟁을 이끌 구세주가 필요해졌어. 바로 그때 살라딘이 등장해 파티마 왕국을 무너뜨렸어. 살라딘은 아이유브 왕국1169년~1250년을 세웠고, 파티마 왕국의 마지막 칼리프는 2년 후 세상을 떠났어. 이제 아이유브 왕국의 시대가 열린 거야.

오늘날까지 유럽 사람들이 가장 많이 기억하는 이슬람 영웅 중 한 명이 살라딘이야. 십자군 전쟁에서 보여 준 그의 활약은 유럽 사람들을 감동시킬 정도였어. 쟁쟁한 유럽의 영웅들이 모두 그의 앞에만 서면 작아졌거든. 살라딘이 참전한 십자군 전쟁은 제3차 전쟁이었어. 1187년 살라딘이 이끄는 아이유브 군대가 기독교 세력들로부터 예루살렘을 되찾았는데, 이에 격분한 유럽 여러 나라의 왕들이 복수를 다짐하면서 십자군을 만들었어. 그렇게 해서 1189년 만들어진 게 제3차 십자군이지. 신성로마 제국의 황제 프리드리히 1세, 프랑스의 왕 필립 2세, 영국의 왕 리처드 1세가 주축이 됐어.

이 제3차 십자군은 총 8회에 걸쳐 단행된 십자군 원정 가운데 최정예로 평가받고 있단다. 그러나 제3차 십자군도 살라딘을 이기지는 못했어. 신성로마 제국과 프랑스의 왕은 일찌감치 전투에서 탈락했어. 남아 있던 리처드 1세만이 이슬람 군대와 싸웠지. 승패는 쉽게 결정되지 않았어. 결국 리처드 1세와 살라딘은 평화조약을 체결하기로 했어. 이 조약에 따라 예루살렘은 이슬람의 영토로 결정됐어. 그 대신 기독교도들이 예루살렘을 자유롭게 순례할 수 있도록 허용하기로 했어. 십자군전쟁은 그 후로도 더 일어났지만 이 책에서 모두 살펴보지는 않을 거야. 북아프리카의 이슬람 왕국들과 연결된 것만 보도록 할게.

1250년 아이유브 왕국이 멸망했어. 유럽의 십자군이 무너뜨렸냐고? 아니야. 아이유브 왕국을 무너뜨린 사람들은 투르크족 노예 출신의 군인들이었어. 그들을 맘루크라고 불렀지. 이 때문에 그들이 세운 나라를 맘루크 왕국^{1250년~1517년}이라고 부른단다.

맘루크 왕국의 흥망

이슬람 세계에서는 최고 지도자를 칼리프라고 불렀어. 각 지역의 왕들은 술탄이라고 불렀지. 한 지역을 장악한 사람들은 이슬람 세계의 중심인 아바스 왕조로부터 왕에 올라도 좋다는 허락을 받았어. 이때 아바스 왕조의 칼리프가 내리는 칭호가 술탄이야.

보통 왕이 늙고 쇠약해지면 후계자를 정하는 게 관례야. 보통은 자기 자식 중 한 명을 후계자로 정하고 왕의 자리를 물려주지. 그러나 맘루크 왕국에서는 이런 관행이 잘 지켜지지 않았어. 물론 왕위를 세습하기도 했지만 무력과 폭력에 의해 왕이 바뀌는 경우도 많았어. 가장 힘센 맘루크가 술탄을 제거하고 그 자리를 차지하는 방식이었던 거야. 왕국이 금방 사라졌을 것 같

맘루크 왕국에서 제작된 유리 램프 이슬람교 사원인 모스크에서 쓰였다. 맘루트 왕국은 한동안 이슬람 세계의 중심 역할을 했다.

다고? 아니야. 군인들은 이 같은 정서가 몸에 맞았나 봐. 맘루크 왕국은 260년 이상 건재했단다.

아이유브 왕국의 살라딘은 십자군 전쟁에서 대활약을 펼쳐 명성을 얻었지? 맘루크 왕국에서도 그런 인물이 등장했어. 바로 바이바르스 1세야. 그는 1248년 시작된 제7차 십자군전쟁 때 프랑스의 왕인 루이 9세를 사로잡았어. 당시 십자군은 살라딘이 맞섰던 제3차 십자군처럼 강하지 않았어. 그렇다면 바이바르스 1세가 수월하게 업적을 쌓은 것 아니냐고? 천만에. 바이바르스 1세는 십자군보다 훨씬 무서운 적을 물리쳤단다. 그 적은 바로 몽골 군대야.

13세기 초반 몽골 초원에서 칭기즈칸이 몽골 제국을 건설했어. 몽골 제국은 곧 대대적인 정복전쟁을 펼쳤어. 몽골 군대는 얼마 지나지 않아 서아시아에 이르렀어. 이 몽골 군대는 우선 서아시아의 아바스 왕조를 멸망시켰어.

아바스 왕조의 칼리프가 이슬람 세계의 정신적 지도자라고 했지? 아바스 왕조가 무너졌으니 칼리프 제도도 사라졌을까? 꼭 그렇지는 않았어. 아바스 왕조의 칼리프가 아프리카 맘루크 왕국으로 도망쳤거든. 맘루크 왕국은 칼리프를 보호하기로 했어. 왜 그랬겠니? 칼리프를 보호하는 동안에는 모든 이슬람 왕국들이 맘루크 왕국을 건드리지 못하잖아? 그래, 맘루크 왕국은 칼리프를 데리고 있음으로써 이슬람 세계의 중심이 될 수 있었던 거야.

하지만 몽골 군대의 위협은 점점 현실로 다가왔어. 몽골 군대가 아프리카를 향해 진격하기 시작했지. 맘루크 왕국은 몽골 군대가 아프리카로 들어오지 못하도록 군대를 전면 배치했어. 맘루크 군대는 오늘날의 팔레스타인 지역에서 몽골 군대를 기다렸어. 1260년 마침내 양쪽의 군대가 팔레스타인에서 충돌했어. 이 전투를 지휘한 맘루크 군대의 사령관이 바로 바이바르스 1세였어.

당시 몽골 군대는 모든 전투에서 승리하는, 그야말로 불패의 신화를 자랑하고 있었어. 당연히 맘루크 군대도 격파할 거라고 몽골 황제는 생각했을 거야. 그러나 결과는 정반대였어. 신생국인 맘루크 왕국의 군대가 몽골 군대를 격파해 버린 거야! 바이바르스 1세는 이슬람 세계의 수호자로 추앙받기 시작했어.

이슬람의 진정한 영웅인 바이바르스 1세를 술탄의 자리에 앉혀야 한다는 목소리가 점점 커졌어. 바이바르스 1세는 지지자들과 함께 쿠데타를 일으켰어. 반란에 성공한 바이바르스 1세는 4대 술탄을 제거하고 5대 술탄이 됐어. 그는 술탄이 된 후로도 군사업적을 많이 남겼어. 당시는 십자군전쟁이 여전히 진행되고 있었던 때라서 38회나 십자군과 전투를 치렀지. 물론 대부분의 전쟁에서 승리를 거뒀어.

아이유브 왕국과 맘루크 왕국이 전성기를 누린 12세기에서 14세기가 아프리카 이슬람의 절정기였어. 이때 이집트는 이슬람 세계 전체를 통틀어 중심지 역할을 했어. 물론 서아시아에 아바스 왕조가 있기는 했어. 아바스 왕조의 칼리프는 명분상 1인자였지만 실질적인 힘은 아이유브 왕국과 맘루크 왕국이 모두 가지고 있었다고 해도 과언이 아니야. 특히 아바스 왕조가 몽골 군대에 멸망하고 난 후에는 칼리프를 보호하고 있는 맘루크 왕국에 상대할 이슬람 왕국이 전혀 없었어.

하지만 15세기 들어 이슬람 세계의 중심은 소아시아의 오스만 제국으로 이동했어. 오스만 제국의 군대는 사방으로 영토

오스만 제국의 정복자 오스만 제국의 술탄 셀림 1세. 그는 1517년 맘루크 왕국의 수도 카이로를 정복해 이슬람 세계를 완전히 통일했다.

를 확장했어. 1453년에는 비잔틴 제국도 그들의 손에 무너졌지. 그로부터 약 60년이 지난 후 맘루크 왕국도 같은 운명을 맞았어.

1517년 오스만 제국 술탄 셀림 1세가 이끄는 군대가 맘루크 왕국 수도 카이로를 점령했어. 이로써 맘루크 왕국은 공식적으로 멸망했고, 이집트를 비롯한 북아프리카의 여러 나라가 오스만 제국의 지배를 받게 됐어.

셀림 1세는 맘루크 왕국이 보호하고 있던 칼리프를 죽이지는 않았어. 그 대신 칼리프의 자리를 빼앗았어. 이때부터 오스만 제국의 왕은 술탄 자리와 칼리프 자리를 모두 차지했지. 이후 오스만 제국의 왕을 술탄 칼리프라 불렀단다.

북서아프리카의 왕국들

알제리, 튀니지, 모로코 등 마그레브 지방에도 여러 이슬람 왕국들이 있었어. 특히 모로코에 있는 이슬람 왕국들은 세력을 유럽으로까지 뻗기도 했단다. 오스만 제국이 세력을 키운 뒤에는 이 나라들도 대부분 오스만 제국의 속국이 됐어. 이 지역을 간단하게 살펴보고 넘어갈까?

튀니지에 파티마 왕국이 들어선 게 10세기 초반이야. 파티마 왕국은 동쪽으로 진격해 이집트로 거처를 옮겼지. 그 후 약 100여 년이 흘렀어. 11세기쯤 모로코에도 알 모라비드 왕국1056~1147년이 들어섰어. 무라비트 왕국이라고도 불러. 알 모라비드 왕국은 수니파 이슬람교도 가운데 급진적인 베르베르인들이 세운 나라야. 베르베르인들이 자발적으로 세운 첫 이슬람 왕국이기도 하지. 알 모라비드 왕국은 북으로는 이베리아 반도를, 남으로는 서아프리카를 공략했어.

곧 살펴보겠지만 알 모라비드 왕국이 들어설 무렵, 가나 왕국이 번영하고 있었어. 가나 왕국의 위치는 모로코 남쪽, 그러니까 오늘날의 모리타니와 말리 일대였어. 세력을 키운 알 모라비드 왕국은 가나 왕국을 수시로 침략했어. 그 결과 가나 왕국은 급격하게 약해졌고, 결국 멸망하게 되지. 이 역사는 조금 있다가 살펴볼 거야. 알 모라비드 왕국은

마그레브 지방 오늘날의 알제리, 튀니지, 모로코 일대를 마그레브라고 불렀다. 마그레브 지방은 북서아프리카 이슬람의 중심지였다.

이베리아 반도도 수시로 공격했어. 오늘날의 에스파냐 남부와 포르투갈 일대를 정복하기도 했지.

알 모라비드 왕국은 다른 이슬람 파벌들을 많이 핍박했어. 이 때문에 같은 베르베르인들 사이에서도 평판이 좋지 않았어. 이런 이슬람 파벌 가운데 신비주의적인 색채를 띤 부족이 있었는데, 그들은 알 모아데 왕국^{1130~1269년}을 세웠어. 알 모아데 왕국은 알 모라비드 왕국과 같은 튀니지 영토 안에 있었어. 무와히드 왕국이라고도 불러.

아이유브 왕조가 이집트에 세워질 무렵, 알 모아데 왕국은 알 모라비드 왕국을 공격해 멸망시켰어. 알 모아데 왕국은 그 후로도 한동안 승승장구했어. 그러나 십자군전쟁의 충격파를 피할 수는 없었어. 십자군과 크고 작은 전쟁을 치르다 보니 나라의 힘이 약해졌어.

13세기 후반 모로코에서 베르베르인의 또 다른 일파가 나라를 건설했어. 바로 마린 왕국^{1195~1470년}이야. 마린 왕국은 세력을 키워 알 모아데 왕국의 수도인 말라케시로 진격했어. 이 전투에서 마린 왕국이 알 모아데 왕국을 꺾었어. 알 모아데 왕국이 멸망하고, 아프리카 북부를 마린 왕국이 장악한 거야.

마린 왕국은 유럽의 기독교 세력과 겨루면서 크게 힘이 떨어졌어. 1415년, 포르투갈이 마린 왕국을 침략해 모로코의 세우타 지방을 공격해 정복했어. 그래, 전세

마린 왕국의 무덤 모로코의 도시 페스에 있으며, 오랜 역사를 가진 옛 시가지가 잘 보이는 언덕 위에 위치해 있다. 왕족이나 주요 관료들이 묻혔던 것으로 추정된다.

가 역전돼서 이제는 유럽 국가들이 아프리카 북부의 이슬람 왕국을 공격하고 있는 거야. 이때부터 북아프리카는 혼란에 빠졌어. 그런 틈을 타서 베르베르인의 또 다른 일파가 반란을 일으키면서 마린 왕국은 멸망하게 됐단다.

파티마 왕국이 탄생한 곳인 튀니지는 어땠는지 살펴볼까? 뚜렷하게 강한 왕국은 보이지 않아. 튀니지만 그런 게 아냐. 알제리와 리비아도 사정은 비슷해. 다만 리비아는 이집트에 가까웠기 때문에 파티마 왕국, 아이유브 왕국, 맘루크 왕국의 지배를 받았다고 볼 수 있어. 이 세 나라가 차례대로 북아프리카 이슬람의 큰 형님을 맡았지? 그다음에는? 그래, 소아시아에 있는 오스만 제국이었어.

이집트가 오스만 제국에 정복된 게 1517년이야. 2년 후에는 알제리가 오스만 제국에 정복됐어. 또 몇 년 후에는 튀니지까지 오스만 제국에 정복됐어. 모로코는 어떻게 됐을까? 오스만 제국과 멀리 떨어진 덕분이었을까? 강력한 왕국까지는 아니지만 나름대로 독립 왕국들이 존재하고 있었어. 마린 왕국도 그 중 하나였지.

오스만 제국에 정복된 지역은 어떻게 바뀌었을까? 이집트의 경우, 오스만 제국이 파견한 총독이 통치했어. 리비아도 마찬가지였지. 알제리와 튀니지의 경우 대체로 오스만 제국이 따로 통치자를 파견하지는 않았어. 그 지역에 있던 왕들을 허수아비로 내세워 통치하는 방식이었지. 아무래도 오스만 제국과 떨어져 있었기 때문일 거야. 물론 프랑스를 비롯해 지중해 일대에 거점을 둔 유럽 국가들과 충돌하지 않으려는 이유도 있었겠지.

알제리는 여러 이슬람 세력들이 왕이 되려고 싸웠어. 그에 반해 튀니지는 비교적 큰 혼란 없이 오스만 제국의 자치권을 받아들였지. 중간 과정은 이렇게 달랐지만, 두 나라의 결과는 같았어. 프랑스 군대가 19세기에 모두 점령했다는 거지. 이에 대해서는 뒤에서 다시 살펴볼 기회가 있을 거야.

통박사의
역사읽기

이슬람교가 기독교를 누른 이유는?

많은 학자들이 기독교가 중세 아프리카에서 '성공'하지 못한 이유는 기독교 내부에서 찾아야 한다고 주장하고 있어. 일반적으로 기독교는 다른 종교를 인정하지 않아. 반면 이슬람교는 세금만 낸다면 상관하지 않지. 이 때문에 토속 종교를 믿던 아프리카인들은 자기 종교를 유지할 수 있었어.

시간이 흐르면서 이슬람교가 아프리카의 토속 종교와 합쳐졌어. 그 결과 토속 종교의식을 따르는 이슬람교가 탄생했지. 아프리카 대부분 지역에서 이런 현상이 나타났어. 기독교의 경우 에티오피아에서만 이 현상이 나타났지. 결국 아프리카에서 기독교가 번영하지 못했던 것은 이슬람 세력이 강했기 때문이 아니야. 아프리카인들이 기독교를 배척했던 거지.

서아프리카,
황금 왕국의 시대

아프리카 대륙은 다른 대륙과 달리 현재까지도 국가에 소속되지 않고 살아가는 종족과 부족이 많아. 중세에는 지금보다 더하면 더했지, 덜하지는 않았을 거야. 여러 부족이 느슨한 공동체로 묶여 살면서 중앙집권적인 국가로는 발전하지 않았어. 바로 이런 점 때문에 아프리카 토착 문화가 다른 대륙보다 덜 성숙한 것처럼 보이기도 해. 하지만 그런 문화를 야만적이라거나 원시적이라고 부를 수는 없어. 그런 시각은 문명에 익숙한 사람들의 편견일 뿐이야. 그들이 더 행복하지 않다고 장담할 수 있겠니?

중세의 북아프리카 역사는 유럽이나 아시아 역사를 이야기할 때도 곧잘 등장해. 하지만 서아프리카, 남아프리카, 중앙아프리카, 동아프리카의 중세 역사를 다룬 책은 많지 않아. 일부러 이런 역사를 찾아 공부하지 않았다면 아마 거의 알지 못할 거야. 앞으로 등장할 나라의 이름부터 아주 생소할걸.

이제부터 서기 1년부터 16세기 정도까지의 역사를 살펴볼 거야. 우선 아프리카

서부로 가 볼까? 서아프리카의 대표적인 왕국은 가나, 말리, 송가이야. 물론 더 작은 왕국은 훨씬 더 많았을 거야. 어쩌면 이 세 왕국보다 더 큰 왕국이 있었을지도 몰라. 다만 이런 나라들은 너무 짧은 시간에 생겨났다 사라지는 바람에 역사에 기록되지 않을 수도 있지. 어쨌든 이 세 나라의 역사만 알아도 중세 서아프리카의 역사를 충분히 이해할 수 있을 거야. 서아프리카에 이어 중앙아프리카, 남아프리카를 거쳐 동아프리카로 갈게.

토착 흑인 왕국, 가나

가나 왕국은 오늘날 서아프리카의 모리타니, 말리, 세네갈에 걸쳐 광대한 영토를 지배하던 왕국이야. 가나 왕국이 세워진 시기는 7세기 초반으로 알려지고 있어. 이 무렵 동아프리카에서는 악숨 왕국이 기울기 시작하고 있었어. 악숨 왕국의 역사는 곧 살펴볼 거야. 하여튼 동부에서 한 왕국이 질 때 서부에서는 새로운 왕국이 떠오르는 상황이었다는 점만 기억해둬.

가나 왕국은 7~13세기에 서아프리카에서 활약한 흑인 왕국이었어. 오늘날에 가나 공화국이 있긴 하지만 두 나라 사이에는 아무런 연결고리가 없어. 1957년 탄생한 가나 공화국은 중서아프리카에 있는데 가나 왕국이 통치했던 지역은 그보다 더 북쪽이었지. 나라가 있던 지역이 다르니 가나 공화국과 가나 왕국이 같은 혈통일 가능성은 그리 높지 않아. 쉽게 말하자면, 역사적으로 가나 공화국은 가나 왕국의 후손이 아니라는 거야. 그런데 가나 공화국은 왜 나라 이름을 가나로 정한 것일까? 가나 왕국이 서아프리카의 첫 흑인 왕국으로서, 최고의 번영을 누렸다는 점을 본받기 위해서였다는구나.

가나 왕국의 원래 이름은 와가두 왕국이었어. 우리말로 옮기면 '목동의 땅'이란 뜻이야. 가나는 왕을 가리키는 칭호였지. 이슬람교에서 정신적 지도자를 칼리프라고 부르는 것처럼 와가두 왕국에서는 왕을 가나라고 불렀어. 당시 이 왕국은 지중해 주변의 도시들과 무역을 활발히 했어. 유럽 상인들은 이 나라를 와가두가 아니라 가나라고 더 많이 불렀어. 이 때문에 나라 이름이 가나로 알려진 거지.

가나 왕국은 아주 부자였어. 얼마나 부자였으면 유럽에서 가나를 '황금의 땅'이라고 불렀겠니? 가나를 부자로 만들어준 것은 무역이었어. 직접 무역을 했냐고? 물론 그러기도 했어. 가나의 무역상은 금, 소금, 상아 등을 사고팔았어. 때로는 서아시아까지 진출해서 무역활동을 했지. 그러나 이런 무역으로 큰돈을 벌지는 못했어. 가나를 부유하게 해준 것은 무역 자체가 아니라, 다른 민족의 무역상인들에게 받은 통행료였단다. 무슨 말이냐고?

이 무렵 북아프리카의 아랍 상인들은 소금을 들고 사하라 사막을 건너 남쪽으로 내려갔어. 적도아프리카에는 소금이 귀했거든. 아랍 상인들은 소금을 가져가 그곳에서 팔았어. 아랍 상인들이 소금의 대가로 받은 게 바로 금이야. 그런데 아랍 상인들이 무역을 하려면 어느 지역을 거쳐야 하는지 생각해 봐. 그래, 가나 왕국이야. 11세기 중반 무렵 가나 왕국은 무려 20만 명의 병사를

가나 왕국의 유적 가나 왕국은 자기 영토를 지나는 다른 민족 무역상들에게 통행료를 걷었다. 이 통행료를 바탕으로 막대한 부를 이룰 수 있었다.

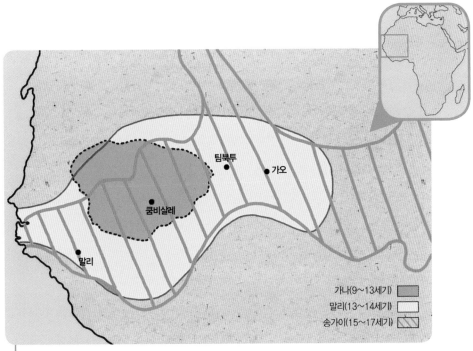

서아프리카의 중세 왕국들 가나, 말리, 송가이가 대표적이다. 가나 왕국은 이슬람교에 굴하지 않았지만 나머지 두 나라는 모두 이슬람교를 받아들였다.

보유하고 있던 군사 강국이었어. 그런 나라를 통과하려면 공짜로는 안 됐겠지? 무역 상인들은 막대한 통행료를 감수해야 했어. 이 돈이 바로 가나 왕국의 수입이었던 거야.

　가나 공화국이 가나의 이름을 가져다 쓴 것은, 이처럼 가나 왕국이 강했기 때문만은 아니야. 가나 왕국을 이해하는 핵심 포인트는 따로 있어. 바로 정통 흑인 왕국이었고, 토속 종교를 고수했다는 거야. 북아프리카에서 폭풍처럼 내려온 이슬람교를, 가나의 지배 민족인 소닌케족과 왕들은 받아들이지 않았어. 물론 일반 평민들이 이슬람교를 받아들이는 것까지 막지는 않았지.

　바로 이 이슬람교를 둘러싼 갈등이 가나 왕국을 기울게 한 첫 번째 요인이었어. 모로코에서 탄생한 알 모라비드 왕국이 11세기 중반 가나를 공격하기 시작했단다. 알 모라비드 왕국은 가나 왕국이 이슬람교를 받아들이지 않는 것에 화가 나 있었어. 가나 왕국을 개종시키려면 우선 토착 종교를 고집하는 왕부터 몰아내야 하지 않겠어? 왕을 몰아내려면? 그래, 가나 왕국의 상인들이 다니는 무역 길을 공격하면 돼. 그러면 가나 왕국이 가난해질 테니까 말이야. 나라가 가난해지면 국민들은 왕을 더 이상 받들지 않을 거야.

알 모라비드의 공격을 받자 정말로 가나 왕국은 위축되기 시작했어. 반대로 알 모라비드 세력은 점점 커졌지. 1076년 무렵 마침내 알 모라비드 세력은 가나 왕국의 수도를 공격하기에 이르렀어. 이 공격으로 가나 왕국이 당장 멸망하지는 않았지만 사실상 알 모라비드 왕국의 지배를 받기 시작했지.

이런 상황에서 자연환경마저 가나 왕국에 불리해졌어. 기후가 건조해지면서 많은 지역이 점점 사막으로 바뀌고 있었던 거야. 정말 먹고살기 힘들어졌지? 곧 망할 것 같던 가나 왕국이 끝까지 버틸 수 있었던 건 알 모라비드 왕국이 분열했기 때문이야. 앞에서 살펴봤지? 알 모아데 왕국이 알 모라비데 왕국을 멸망시켰다고 했어. 덕분에 가나 왕국의 수명은 조금 더 길어졌단다.

그러나 일단 기울기 시작한 왕국이 다시 강성해지는 것은 쉽지 않아. 소닌케족이 가나 왕국의 지배권을 반짝 되찾기는 했지만 그걸로 끝이었어. 가나 왕국은 13세기 초반 세워진 말리 왕국에게 덜미를 잡히게 돼. 1240년경 말리의 군대는 가나 왕국의 왕을 몰아냈어. 이로써 가나 왕국은 역사 속으로 사라졌지. 가나 왕국의 수도였던 것으로 추정되는 쿰비살레는 아직까지도 완전히 발굴되지 않았단다.

황금의 나라, 말리

가나 왕국의 지배 민족은 소닌케족이었지? 말리 왕국의 지배 민족은 말링케족

말리 왕국의 젠네 모스크 오늘날 말리의 젠네에 위치한 이슬람 사원으로, 세계에서 가장 큰 진흙벽돌 건물이다. 이슬람 문화의 영향을 받은 대표적인 아프리카 건축물 중 하나다.

이었어. 때로는 만딩고족이라고도 불러. 말링케족은 원래 소닌케족의 지배를 받았는데, 서서히 세력을 키워 13세기 초반에는 가나 왕국의 봉건제후국으로 말리 왕국을 세웠어.

말리 왕국은 13~16세기 서아프리카에서 맹활약한 나라야. 이미 말한 대로 처음에는 가나 왕국의 동생뻘이었지. 유럽의 봉건제를 떠올리면 이해하기 쉬울 거야. 가나 왕국은 여러 작은 왕국을 통치했고, 각 왕국에 자치권을 줬어. 그 대신 각 왕국의 왕들은 가나 왕국의 왕에게 충성을 맹세했지. 말리 왕국도 가나 왕국의 신하 나라가 될 것을 맹세했을 거야. 그러나 말리 왕국은 곧 큰 형님을 뒤엎고 패권을 차지했어. 그 후 가나 왕국은 말리 왕국의 속령으로 전락했단다.

말리 왕국은 가나 왕국의 종교 전통을 따르지 않았어. 처음 나라가 만들어지던 시점부터 말리 왕국은 이슬람교를 믿었단다. 말리 왕국 때부터 서아프리카의 나라들은 대부분 이슬람교를 국교로 삼았어. 더 이상 가나 왕국처럼 아프리카 토속 종교를 따르는 나라는 등장하지 않았어. 물론 수많은 소국小國 가운데 아프리카 토속 종교를 믿는 나라가 아예 없지는 않았겠지. 그러나 패권을 차지한 왕국 가운데 이슬람교를 믿지 않는 나라는 거의 없었어. 이제 서아프리카도 모두 이슬람 세계가 된 셈이지.

가나 왕국이 무역을 했던 주요 상품은 금, 소금, 상아였지? 사실 또 하나의 무역 상품이 있었어. 그건 바로 노예야. 사하라 사막 남쪽에 사는 흑인을 잡아다 광산이나 지중해 연안의 유럽 국가로 수출했어. 노예무역인 셈이지. 어? 노예무역은 훗날 유럽 국가들에 의해 자행된 것 아니냐고? 맞아, 그러나 엄밀하게 말하면 아프

황금의 왕 만사무사 14세기 초반 말리 왕국을 통치한 만사무사. 이 왕은 메카 순례 때 수많은 황금을 뿌렸다. 덕분에 일시적으로 세계 금값이 폭락하기도 했다고 전해진다.

리카의 노예무역은 고대 시대 때부터 이미 존재했어. 물론 유럽의 노예무역과 차원이 많이 달라. 이때는 노예를 사들인 사람들도 노예를 가족의 일원으로 받아들였거든. 훨씬 덜 야만적이지?

말리 왕국도 가나 왕국과 똑같은 무역을 했고, 똑같이 돈을 벌었어. 오히려 장사는 더 잘됐다고 할 수 있지. 그 덕분에 말리 왕국의 중심도시인 통북투^{팀북투}는 북아프리카와 서아프리카, 지중해 유럽 일대에서 가장 부유한 도시 가운데 하나가 됐어. 이곳에는 수백 개의 이슬람 사원이 세워졌고, 대학도 여러 개가 세워졌어. 도시가 발달하니까 멀리 유럽까지 소문이 퍼져서, 수많은 학자와 상인들이 통북투까지 찾아왔단다.

말리 왕국은 대서양 연안에서부터 니제르 강 중류에 있는 나이지리아까지 영토를 넓혀 대제국을 건설했어. 짧은 기간에 세력을 키운 걸 보면 말리 왕국도 군사력이 꽤나 강했던 것 같아. 가나 왕국이 황금의 땅이라고 불렸지? 말리 왕국도 '황금의 나라'라고 불렸단다. 원래 '말리^{Mali}'란 단어 자체가 부^富나 재화를 의미하는 말이었어. 왜 황금의 나라라고 불렸는지 이해가 되지?

말리 왕국이 진정한 황금의 나라라는 사실을 알 수 있는 사례가 있어. 말리 왕국에서는 왕을 만사라고 불렀어. 1312년부터 1335년까지 20년 넘게 말리 왕국을 통치한 9대 왕인 만사 무사의 이야기를 해 줄게.

만사 무사는 무척이나 독실한 이슬람 신도였어. 이슬람 신도들에겐 죽기 전에 반드시 해야 할 5대 의무가 있어. 그 가운데 하나가 성지 메카^{무함마드 출생지} 순례야. 만사 무사가 이 메카 순례를 떠날 때였어. 만사 무사는 아내 800명과, 자신과 아내를 수행할 노예 1200명을 함께 데리고 출발했어. 수천 명이 성지 순례 행렬에 나선 셈이야.

이 순례 행렬에는 사람 말고도 또 다른 게 있었어. 그게 뭔지 아니? 바로 황금이야. 만사 무사는 무려 11톤이나 되는 금을 수레에 싣고 메카로 향했어. 그는 가는 곳마다 금을 뿌렸어. 그 돈으로 이슬람 사원을 지으라는 거야. 얼마나 많은 금을 뿌렸는지 순례를 마치고 돌아올 때는 빈털터리였다는구나. 또 서아시아, 아프리카, 유럽의 금값도 일시적으로 폭락했대. 정말 대단한 왕이야.

말리 왕국은 경제적으로뿐만 아니라 정치적으로도 상당히 안정돼 있었어. 당시 말리 왕국을 다녀온 여행객들이 남긴 기록을 보면 그 점을 알 수 있어. 그 기록들에 나타난 공통점은 법이 매우 엄격하고 범죄자가 별로 없다는 거야. 그런 기록 가운데 하나를 볼까?

"말리 왕은 내국인, 외국인을 가리지 않고 범법자에게 냉정하다. 그 때문에 치안 상태가 매우 좋아 여행 도중에 강도를 만날 위험이 없다."

중세의 마지막 왕국, 송가이

말리 왕국의 전성기는 만사 무사가 통치하던 14세기 초반이었어. 만사 무사가 죽은 후 말리 왕국은 서서히 약해지다가 이후엔 내리막길을 타기 시작했지. 15세기 중반이 됐을 때는 눈에 띄게 약해졌어. 가나, 말리로 이어진 서아프리카의 중심 왕국이 또다시 바뀌게 될까? 맞아. 말리 왕국의 바통을 이어받은 나라는 송가이 왕국이야.

송가이 왕국은 14~16세기에 서아프리카에서 활약한 나라야. 송가이 왕국을 건설한 송가이족은 사실 훨씬 이전부터 이 지역에 살고 있었어. 오늘날의 기준으로 본다면 말리의 도시 가오가 송가이족의 근거지였지. 가오는 말리 왕국의 수도인 통북투에서 약간 동쪽으로 떨어져 있었어. 송가이족은 이곳에 살면서 이슬람교를 받아들였어. 어쩌면 말리 왕국을 건설한 말링케족보다 송가이족이 더 먼저 이슬람교를 받아들였을지도 몰라.

말리 왕국은 송가이족을 크게 의식하지 않았어. 오래전부터 그곳에 살았는데도 왕국을 건설하지 못한 무능력한 민족이라고 생각했을 거야. 그러나 송가이족은 15세기부터 힘을 키우기 시작했어. 15세기 중반에는 말리 왕국과 대결하기도 했지. 시간이 흐를수록 송가이 왕국은 강해졌고, 말리 왕국은 약해졌어.

송가이 왕국은 16세기에 절정기를 맞이했어. 이때까지도 말리 왕국이 완전히 망해서 사라진 건 아니야. 그러나 겨우 명맥만 유지할 뿐 사실상 독립적인 왕국의 역할은 하지 못했지. 송가이 왕국은 이런 말리 왕국을 수시로 공격해서 원하는 만큼 약탈했고, 원하는 만큼 파괴했어. 말리 왕국은 시나브로 사라져 갔지.

이제 서아프리카에서 송가이 왕국에 맞설 나라는 존재하지 않았어. 송가이 왕국의 영토는 점점 커졌어. 한때 가나 왕국과 말리 왕국의 영토였던 지역까지 모두 정복해 버렸어. 이렇게 해서 송가이 왕국의 영토는 동서를 직선으로 그었을 때 무려 1200킬로미터나 됐단다.

송가이 왕국은 영토만 넓었던 게 아냐. 이전까지의 두 왕국이 누렸던 경제적 번영을 고스란히 물려받았어. 금과 소금의 무역을 중개하면서 큰돈을 벌었을 뿐만 아니라 직접 소금 광산을 운영하기도 했어. 그 덕분일까? 말리 왕국에 이어 송가이 왕국의 수도 역할을 했던 통북투는 훨씬 더 번

송가이 왕국의 문서 송가이 왕국의 왕에게 이슬람 율법을 엄격히 적용해야 한다고 충언하는 내용의 글이다. 이 문서는 통북투에서 발굴되었다.

영했단다. 이곳에 거주하는 사람만 8만여 명에 이르렀고, 학교는 무려 200여 개나 됐어. 북아프리카와 남아프리카에서 몰려온 사람들로 통북투의 무역시장은 발 디딜 틈 없을 정도로 성황을 이뤘지.

송가이 왕국의 왕은 독재 정치를 하지 않았어. 많은 주민들이 밤마다 노래 부르고 춤추며 놀았다는 기록이 남아 있어. 밤새 거리를 돌아다니면서 연주하는 악사들도 있었대. 아마 문화적으로도 많은 자유가 주어졌던 것 같아.

하지만 이렇게 발전하던 송가이 왕국도 16세기 후반이 되면서 점차 약해지기 시작했어. 송가이 왕국을 위협한 세력은 북부에 있는 모로코의 이슬람 왕국들이었어. 이 나라들은 송가이 왕국이 가진 소금 광산과 금광을 빼앗기 위해 군대를 보냈어. 수만 명의 모로코 병사들이 사하라 사막을 건너 송가이 왕국의 영토로 쳐들어왔지.

결과는 뻔해. 모로코의 이슬람 왕국은 에스파냐, 포르투갈 등 유럽과 접촉이 잦은 나라였어. 그렇다 보니 모로코 병사들은 총으로 무장해 있었고, 말을 탄 기마병도 섞여 있었어. 그들의 군대는 대포를 갖고 있었지. 반면 송가이 병사들은 활과 창으로 무장했어. 기껏해야 독침 정도가 강력한 무기였다고 하니, 이런 군대로 모로코 병사를 이길 수는 없었겠지?

1591년 큰 전쟁이 터졌어. 예상대로 모로코가 승리했고, 통북투를 빼앗아갔어. 모로코는 북쪽 지역에 있는 소금 광산까지 가져가버렸어. 그러나 남쪽에 있는 금광은 빼앗기지 않았어. 모로코는 이 금광마저 빼앗기 위해 여러 차례 송가이 왕국을 침략했어. 전쟁은 아주 지겨울 정도로 오래 계속됐어. 무려 10년 이상 끝나지 않았다는구나.

송가이 왕국은 용케 망하지 않았어. 침략을 근근이 막아냈던 거야. 그러나 더 이상 재기할 수는 없었어. 이때부터 송가이 왕국은 점차 여러 부족들로 나뉘어 뿔뿔

이 흩어지기 시작했어. 그러다가 어느 샌가 왕국이 해체되고 말았단다. 중세 서아
프리카 최대의 왕국이 역사 속으로 사라진 거야.

사하라 사막의 강자 투아레그족

통박사의 역사읽기

중세 아프리카의 역사를 다루면서 사하라 사막에 대해 토막토막 살펴볼까 해. 사하라 사막
은 중세 아프리카 역사의 갈림길마다 등장하기 때문이야. 사하라 사막이 건조해지기 전, 그
러니까 초원이던 시절에는 아프리카 흑인들이 주로 살았어. 그러나 사막이 건조해지자 그들
은 남부 지역으로 내려갔어. 그 자리에는 베르베르인들이 정착했지. 아랍인들이 넘어온 다음
에는 아랍인, 베르베르인, 무어인이 사하라 사막을 장악했어.

이 가운데 가장 강인한 민족은 투아레그족이야. 그들은 알제리, 리비아 남부, 니제르, 말리,
차드 등에 모여 살았어. 사하라 사막을 자기 집 안방처럼 드나들었지.

하지만 20세기에는 많은 투아레그족이 유목 생활을 포기했어. 그 때문에 오늘날에는 전통
투아레그족을 별로 볼 수 없어.

투아레그족 투아레그족은
베르베르족 계열의 민족이
다. 사막을 횡단하면서 전
투를 자주 치르다 보니 강
한 전사들이 많았다.

중서아프리카,
노크 문명의 후예들

가나 왕국, 말리 왕국, 송가이 왕국, 이 세 나라의 역사는 그나마 좀 알려진 편이야. 특히 만사 무사 이야기는 여러 역사책에서 볼 수 있어. 이 세 나라의 역사가 알려진 것은 바로 황금 때문이 아니었나 싶어.

이 세 나라가 있었던 지역에서 조금 아래로 내려가 볼까? 중서아프리카가 보일거야. 훗날 유럽 국가들이 황금, 상아, 노예를 무역했던 곳이 바로 이곳의 해안 지대란다. 오늘날의 가나, 토고, 베냉, 나이지리아는 모두 해안에 인접해 있어. 나이지리아 북쪽으로는 니제르와 차드가 있지. 이 지역을 중서아프리카로 볼 수 있어.

바로 이 나라들의 역사를 지금부터 살펴볼 거야. 노크 문명은 앞에서 이미 다룬바 있지? 중서아프리카의 중세 역사는 이 노크 문명의 연장선상에 있어. 그래, 노크 문명이 계속 이어진 거야. 그들의 후예가 이 일대의 중세 문화를 건설했다고 보면 되지.

이페 왕국과 베닌 왕국

중서아프리카에 어떤 민족이 살고 있었는지부터 살펴볼까? 우선 오늘날의 가나 공화국에서 출발할게. 가나에서는 아샨티족을 볼 수 있을 거야. 이윽고 해안을 따라 동쪽으로 가다 보면 요루바족, 이보족, 다호메족을 만날 수 있어. 그들과의 만남을 뒤로하고 다시 해안을 따라 동쪽으로 더 걸어볼까? 그러면 오늘날의 나이지리아 해안 지대에서 이페족과 베닌족을 만날 수 있을 거야.

해안을 모두 탐색했지? 그럼 내륙 지방으로 들어가볼까? 이페족과 베닌족이 있는 곳을 떠나 북쪽으로 가다 보면 니제르 강 중류에서 살고 있는 풀라니족과 하우사족을 만나게 될 거야. 그리고 다시 더 내륙 지방으로 가면 차드 호 주변에서도 하우사족을 볼 수 있을 거야. 하우사족은 차드 호의 북쪽과 서쪽 일대에 넓게 포진해 있었거든.

지금까지 만났던 민족을 잘 기억해둬. 이 민족들이 중서아프리카의 중세 시대를 빛낸 민족이거든. 물론 더 많은 민족들이 있었지만 다 살펴볼 수는 없으니 이들 민족이 세운 나라 위주로 역사를 따라가 볼게.

나이지리아는 오늘날까지도 민족 간에 내전이 자주 발생하는 나라야. 이 나라의 민족 구성을 보면 그 이유를 알 수 있어. 노크 문명이 일어났던 남부 지역에는 이보족과 요루바족이 많지만, 북부 지역에는 하우사족과 풀라니족이 많지. 이보족과 요루바족은 기독교를 믿는 반면, 하우사족과 풀라니족은 이슬람교를 믿어. 얼마나 서로를 싫어했는지, 1960년대에는 이보족이 비아프라공화국이란 이름으로 독립을 선언하기도 했단다. 그 때문에 내전이 일어나기도 했지. 이 부분은 뒤에서 다시 살펴보기로 하고, 먼저 중세 시대의 나이지리아 남부 지역을 볼까?

노크 문명을 기억하지? 니제르 강과 베누에 강이 교차하는 지점에서 발달한 문명이야. 이 노크 지역에서 발견된 토기와 테라코타들은 서아프리카 최초의 예술품이었지. 노크 문명은 기원 후 200년 무렵까지 이어졌어. 그다음은 어떻게 됐을까? 약 600년 이상의 시간이 흘렀어. 그사이에 서아프리카에서는 소닌케족이 가나 왕국을 세워 발전하고 있었지. 가나 왕국이 세워지고도 100여 년이 더 지난 9세기 무렵, 니제르 강 하류의 삼각주 지대에 한 무리가 나타났어. 바로 요루바족이었지.

요루바족은 오늘날까지도 나이지리아 남서부 지방에서 가장 많은 비중을 차지하는 민족이야. 이 요루바족이 해안에 가까운 도시인 이페란 곳에 정착했어. 하지만 당장은 큰 왕국을 건설할 정도로 힘이 강하지는 못했어. 나중에도 이페는 큰 왕국으로까지 발전하지는 못한 것으로 추정돼. 그래도 그들의 예술혼은 정말로 놀라웠어. 과거 노크 문명을 일궈냈던 조상들이 만든 예술 작품에 버금가는 작품들을 만들었지. 그래, 요루바족이 노크 문명의 후계자로서 문명을 되살려 낸 셈이야. 이 때문에 이페 지역의 문명을 노크 문명에 빗대 이페 문명이라고도 부른단다. 일단 여기서는 이페 왕국이라고 부르도록 할게.

서아프리카에서 송가이 왕국은 15세기 중반부터

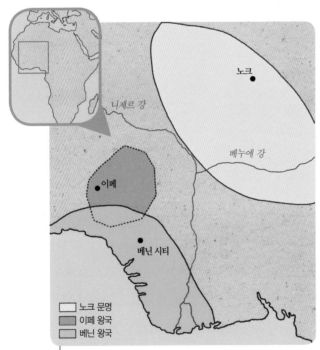

이페 왕국과 베닌 왕국 이 두 왕국은 나이지리아 해안 지대를 중심으로 발달했으며 노크 문명을 이어받은 후손으로 평가받고 있다. 베닌 왕국의 영토가 더 컸다.

절정기를 맞이했지? 그러나 이페 왕국은 이 무렵부터 쇠퇴하기 시작했어. 지는 해가 있으면 뜨는 해도 있는 법. 이페 왕국으로부터 150킬로미터 정도 떨어진 곳에서 살던 요루바족이 한데 뭉치기 시작했어. 그들은 이페 왕국의 문명을 받아들였고, 영토를 더 넓혀나갔어. 이제야 비로소 요루바족이 왕국다운 왕국을 건설한 셈인데, 이 나라가 베닌 왕국이야.

베닌 왕국은 이페 왕국과 여러모로 비슷해. 베닌 왕국 또한 금속이나 나무로 된 많은 조각품을 만들었고, 상아에 문양을 새겨 넣은 작품도 만들었어. 다만 다른 점이 있다면, 베닌 왕국은 노예무역에 아주 적극적이었다는 거야.

이 무렵 유럽 사람들이 중서아프리카의 해안 지대에 도착했어. 그들은 베닌 왕국의

베닌 왕국의 조각상 약 24센티미터 높이의 마스크로, 코끼리 상아로 만들어졌다. 이 외에도 베닌 왕국은 수준 높은 조각품들을 많이 남겼다.

왕들과 노예무역을 같이하기로 합의했지. 베닌 왕국의 전사들은 아프리카의 내륙 지방에서 흑인을 사냥해 유럽 사람들에게 노예로 넘겨줬어. 그 덕분에 베닌 왕국은 많은 돈을 벌어들였어. 베닌 왕국은 16세기에 최고의 절정기를 맞이했고, 나이지리아 해안 지대를 거의 대부분 장악할 수 있었단다.

베닌의 왕들은 노예무역의 대가로 무기를 받았어. 그들은 유럽의 첨단 무기에

흠뻑 빠져 있었어. 그 총을 얻기 위해 아프리카 흑인들을 마구 잡아다 팔았지. 총을 가지고 있으면 다른 나라들과 전쟁을 벌일 때 유리했겠지? 그러나 이 선택은 치명적인 결과로 이어졌어.

우선 노예무역을 둘러싸고 유럽 사람들과의 갈등이 시작됐어. 유럽 사람들은 더 많은 노예를 원하는데, 더 이상 노예를 공급할 수 없었기 때문이지. 그러자 유럽 사람들은 곧 베닌 왕국을 공격했어. 게다가 주변의 다른 왕국도 베닌 왕국처럼 유럽 사람들로부터 총을 수입했어. 그 나라들도 총을 가졌으니 아프리카 왕국끼리의 전쟁도 아주 격렬하게 변했어. 결국 이 지역의 아프리카 왕국들은 모두 몰락할 수밖에 없었어. 18세기쯤에는 왕국이라고 부르기에 민망할 정도로 힘이 약해지고 말았단다.

하우사 왕국과 카넴 왕국

이번엔 나이지리아의 북부, 그러니까 오늘날 차드 호가 있는 주변으로 가볼까? 이 지역에는 이페 문명이 등장하기 전부터 이미 나라가 세워져 있었어. 서아프리카에 가나 왕국이 세워질 무렵인 7세기, 차드 호 주변에는 카넴 왕국이 탄생했어. 카넴 왕국을 시작으로 보르노 왕국, 동골라 왕국 등이 잇달아 생겨났어. 이 왕국들은 모두 하우사족이 세운 나라야. 이 가운데 카넴 왕국이 가장 먼저 건설된 것으로 추정되고 있지.

하우사족은 11세기 후반 이슬람교를 받아들였어. 서아프리카의 역사를 떠올려 봐. 이 무렵 북아프리카의 이슬람 상인들이 사하라 사막을 건너가 이슬람교를 전파했지? 서아프리카의 만딩케족과 송가이족이 이때 이슬람교를 받아들였고, 머잖아 만딩케족이 세운 말리 왕국이 가나 왕국을 멸망시켰어. 기억하지? 이들에게 이슬람교를 전파했던 상인들이 차드 호 주변에 있는 하우사족에게도 이슬람교를 전파한 거야.

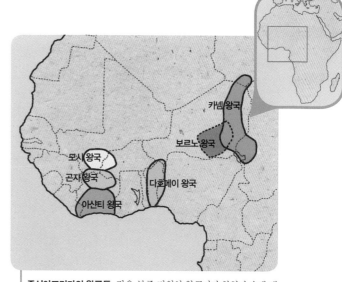

먼저 보르노 왕국을 볼까? 보르노 왕국은 아주 두드러지지는 않았지만, 그래도 나름대로 제법 번영했어. 그런 보르노 왕국이 쇠퇴하기 시작한 것은 15세기 중반부터야. 북서

중서아프리카의 왕국들 작은 부족 단위의 왕국까지 합치면 수백 개의 나라가 이 무렵 존재했다. 카넴, 보르노, 아샨티, 모시, 다호메이 왕국이 비교적 큰 편이었다.

쪽에 있던 송가이 왕국이 보르노 왕국을 침략했기 때문이야. 송가이 왕국은 당시 서아프리카의 절대 강자였어. 규모가 작은 보르노 왕국이 막기에는 역부족이었지. 보르노 왕국은 영토의 대부분을 송가이 왕국에 빼앗기고, 사실상 식민 지배를 받았단다.

다행히 카넴 왕국까지는 송가이 왕국의 군대가 미치지 않았어. 카넴 왕국은 조용히 힘을 키웠어. 언젠가는 송가이 왕국과 싸워야 하는 날이 올 거라고 생각한 거지. 그러나 카넴 왕국은 송가이 왕국과 싸울 필요가 없었어. 앞에서 살펴봤지? 16세기 말 모로코의 이슬람 군대가 송가이 왕국을 공격했잖아? 송가이 왕국은 시들시들해졌어. 바로 이 틈을 타 하우사족의 보르노 왕국도 독립할 수 있었어. 그 후 카넴 왕국과 보르노 왕국은 다시 번영했어. 특히 카넴 왕국은 17세기로 접어든 뒤 나이지리아, 니제르, 리비아, 수단에 걸쳐 대형 왕국을 세웠단다.

카넴 왕국과 보르노 왕국은 무역을 통해 주로 돈을 벌었어. 금과 상아? 아니야.

카넴 왕국의 왕 19세기 독일의 탐험가 하인리히 바르트의 책에 수록된 삽화이다. 카넴 왕국은 강한 군대를 키워 북쪽의 아랍인들을 상대로 노예 무역을 했다.

이 두 나라는 드러내 놓고 노예무역을 했단다. 주로 남쪽의 아프리카 흑인을 잡아 북쪽의 아랍인들에게 팔았어. 이런 무역은 이익이 컸기 때문에 그만큼 위험부담도 컸어. 따라서 두 나라의 지배자들은 대부분 호전적인 전사들이었어. 군대는 철저히 왕에게만 복종하도록 했어. 부하들도 강한 전사로 키웠지. 이런 정치는 백성의 삶에는 큰 도움이 되지 않아. 오히려 정치인들 사이에 권력투쟁만 유발할 뿐이지. 실제로 그랬어. 유럽 사람들이 자주 드나들기 시작한 18세기부터 권력다툼이 치열하게 벌어졌단다.

19세기 초반에 보르노 왕국이 무너졌어. 보르노 왕국을 무너뜨린 민족은 하우사족이야. 어? 하우사족이 하우사족을 무너뜨린 건가? 맞아. 왕에게 반발한 하우사 족이 풀라니족과 결탁해 정권을 전복시킨 거야. 이들은 독자적인 이슬람 왕국을 세웠어. 소코토 칼리프가 바로 그 나라야. 칼리프는 이슬람 세계의 정신적 지도자를 가리키는 칭호야. 따라서 이슬람 전체를 통틀어 딱 한 명밖에 존재할 수 없어. 그런데도 이들은 스스로 칼리프라고 불렀단다. 이 나라도 머잖아 유럽 사람들의 수중에 들어가고 말았지. 카넴 왕국은 어떻게 됐을까? 보르노 왕국보다는 좀 더 오래 버텼어. 그러나 19세기 말, 이 나라도 결국 무너지고 말았어. 누가 그 자리를 대신했을까? 바로 유럽 사람들이란다.

중세 말기에 등장한 왕국들

유럽 사람들이 중서아프리카에 등장한 것은 15세기 초중반이었어. 이때부터 아프리카는 중세에서 근대 시대로 접어들었다고 할 수 있지. 유럽 사람들이 아프리카 해안에 도착한 이후 들어선 왕국에 대해서도 마저 살펴보도록 할게.

이페 왕국이 서서히 몰락하고 있을 때였어. 서아프리카에서는 송가이 왕국이 최고의 절정기를 맞고 있었지. 바로 15세기야. 이때 요루바족의 한 파벌인 다호메족이 오늘날의 베냉 남부 지역에 나라를 만들었어. 이 나라가 바로 다호메이 왕국이야. 이 나라가 훗날 유럽 열강으로부터 독립한 후 베냉이 됐단다.

다호메이 왕국의 조각상 반은 인간, 반은 상어의 형태를 하고 있다. 다호메이 왕국의 마지막 왕이었던 베한진을 나타내는 것으로, 상어는 그의 가문을 상징하는 동물이었다.

다호메이 왕국은 다른 왕국들이 그랬던 것처럼 노예무역의 중심지였어. 16세기 이후 서아프리카와 중서아프리카가 모두 그랬어. 당연히 여러 민족들이 노예를 조금이라도 더 확보하려고 피 튀기는 경쟁을 했겠지? 결과도 모두 똑같아. 왕의 자리를 놓고 왕족과 귀족들 사이에 권력다툼이 심했어. 나라는 어수선해졌고, 그때를 틈타 유럽 사람들이 식민지로 만들어 버렸어. 결국 유럽 사람들에게 이용만 당한 셈이지.

그러나 다호메이 왕국은 이 밖에도 색다른 역사를 가지고 있어. 여성 전사 그룹을 운영했다는 게 바로 그거야. 이 나라는 이슬람 왕국이었어. 이슬람 세계에서 여성들의 지위는 아주 낮아. 전사가 된다는 것은 꿈도 못 꿀 일이지. 하지만 아직 다호메이 왕국이 프랑스의 식민지가 되기 전인 19세기 초반, 이 여성 전사들은 중서아프리카 일대에 크게 용맹을 떨쳤어. 그들의 활약으로 다호메이 왕국은 주변의 작은 부족들을 모두 제압했지. 이때는 노예무역이 이미 쇠퇴한 후라서 다호메이 왕국은 돈을 벌기 위한 새로운 수단을 찾아야 했어. 그게 바로 코코넛이란다. 왕은 해안 지대를 따라 쭉 코코넛을 심도록 지시했어. 이때부터 코코넛이 베냉의 주요 작물이 됐지.

베냉의 해안에서 북서쪽으로 조금만 이동하면 가나의 중부 지역이 나와. 이곳에도 16세기 말부터 여러 왕국들이 생겨났어. 그 가운데 몇 개만 살펴볼게.

우선 곤자 왕국이 있어. 이 왕국은 엄밀하게 말하면 독립된 왕국이 아니야. 여러 부족들이 공통의 왕을 모시는 형태였지. 이런 정치 형태를 봉건제라고 해야 할까, 아니면 연방제라고 해야 할까? 어쨌든 이 곤자 왕국도 한때 번영했어. 그러나 19세기 후반부에 영국의 식민지가 됐단다. 곤자 왕국 외에도 다곰바 왕국, 모시 왕국 등 여러 나라가 있었어. 이 나라들에 대해서는 생략하고, 마지막으로 한 나라만 살펴볼게. 바로 아샨티 왕국이야.

아샨티 왕국은 17세기 후반 오늘날 가나의 삼림 지대에 세워졌어. 아샨티 족이 만든 나라지. 이 왕국도 처음에는 여러 부족들의 연합체로 시작했어. 그 때문에 힘이 아주 약했어. 주변의 강국에게 조공을 바쳐야 하는 신세였지. 아샨티 왕국이 강해지기 시작한 것은 17세기가 거의 끝나갈 무렵이야. 그 후 아샨티 왕국은 주변의 모든 나라를 장악하는 강대국이 된단다. 그 과정을 살펴볼까?

아샨티 왕국의 방패 오세이 투투의 등장으로 아샨티 왕국은 절정기를 맞았다. 황금으로 만들어진 이 방패는 당시 아샨티 제국의 국력을 잘 보여 준다.

17세기 후반 아샨티의 여러 부족 중 한 부족에 오세이 투투라는 추장이 있었어. 그는 주변 나라로부터 군사 기술을 배우기 시작했어. 은밀히 힘을 키운 거야. 그는 얼마 후 부족 국가의 왕이 됐고, 주변에 있는 아샨티 부족을 하나씩 흡수하기 시작했지. 18세기로 접어들 무렵에는 주변의 강국들에게 아샨티 왕국의 독립을 선포했단다.

오세이 투투가 죽은 뒤에도 한동안 아샨티 왕국은 번영했어. 그전까지 아샨티 부족들에게 조공을 받았던 많은 나라들이 오히려 아샨티 왕국에 조공을 바쳐야 했지. 전세가 완전히 역전된 거야. 곤자 왕국도 그런 나라 중 하나였지.

아샨티 왕국은 분명 강했던 것 같아. 그러나 그것도 아프리카 민족들 사이에서나 통했던 말이었어. 유럽 국가들에게는 상대가 되지 않았던 거야. 물론 아샨티 왕국은 강력하게 유럽에 저항했어. 하지만 영국은 무력으로 아샨티 왕국을 짓밟았어. 그래, 아샨티 왕국도 영국의 식민지가 됐단다.

통박사의
역사읽기

사하라 사막과 사헬 지대

사하라 사막은 온통 모래로 뒤덮여 있을까? 일 년 내내 비 한 방울도 오지 않을까? 풀도 자라지 않을까? 물론 그럴 수도 있어. 그러나 사막을 넘어서면 아주 살기 좋은 곳이 나온단다. 바로 사하라 사막 남쪽에 있는 사헬 지대야.

사헬 지대는 대서양 연안에서부터 홍해 연안까지 긴 띠 모양으로 연결돼 있어. 스텝과 사바나 지역이 대부분이야. 그래, 대초원이 펼쳐진 곳이지. 수천수만 종류의 동식물이 살고 있어. 여기에는 우리나라의 장마철과 비슷한 시기도 있어. 매년 6월에서 8월이 되면 200밀리미터 내외의 비가 내리지. 니제르 강과 차드 호 주변에서 농사를 짓는 유목민도 많단다.

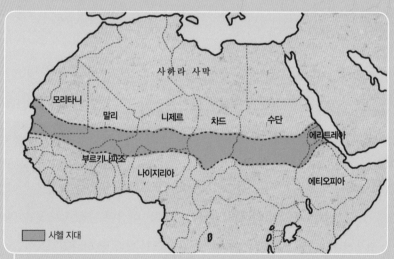

사헬 지대 사하라 사막 남쪽 지역에 있는 스텝과 사바나 지역을 말한다. 모리타니에서 시작해 에리트레아까지 긴 띠처럼 연결돼 있다.

남아프리카,
위대한 석조 문명의 탄생

자, 다시 여행지를 옮겨 볼까? 이번에는 더 남쪽으로 내려갈 거야. 카메룬 남부, 가봉, 콩고, 앙골라가 첫 여행지야. 그래, 아프리카 중남부 지방이지. 사실 이 지역의 중세 역사에 대해 알려진 것은 그리 많지 않아. 당시의 원주민들은 아마도 수렵과 채집 활동을 하며 살아갔을 거라고 추정돼. 그 때문에 오늘날까지 알려진 이 지역의 중세 역사는 주로 15세기 이후 왕국들의 것이란다.

그다음에는 남부로 갈 거야. 나미비아, 남아프리카공화국, 보츠와나의 중세 역사에 대해서도 알려진 게 별로 없어. 중부 내륙 지방과 비슷한 삶이 있었을 것이라고 짐작돼. 다만 꼭 기억해둬야 할 역사가 있어. 바로 짐바브웨에서 탄생한 위대한 석조 문명이야. 짐바브웨 왕국이 남긴 위대한 작품들은 오늘날까지도 많은 사람들을 감탄하게 만든단다. 그 때문에 이때의 짐바브웨 왕국을 위대한 짐바브웨 왕국Great Zimbabwe Kingdom이라고 불러. 자, 그럼 여행을 시작해 볼까?

중앙아프리카의 국가들

먼저 콩고로 가볼까? 정식 명칭은 콩고공화국이야. 이 나라와 별도로 내륙 지방에는 콩고민주공화국이 있어. 콩고민주공화국은 원래 자이르라고 불렸어. 콩고와 콩고민주공화국은 다른 나라니까 헷갈리지 마.

콩고는 가봉과 함께 반투족의 민족 이동이 시작된 진원지야. 그만큼 반투족이 다른 민족보다 많았겠지? 13세기 후반부, 콩고 지역에 반투족의 왕국이 탄생했어. 그 나라가 콩고 왕국이야. 오늘날 콩고라는 나라 이름도 바로 이 콩고 왕국에서 비롯된 거지.

콩고 왕국은 북쪽에서 내려온 상인들과 무역을 했어. 15세기부터는 포르투갈 상인들과 거래를 텄지. 이때 가장 많이 거래된 물품이 뭔지 아니? 바로 노예야. 콩고 왕국은 내륙 지방의 원주민을 잡아다 포르투갈 상인에게 팔아넘겼어. 노예를 구하기 힘들어지자 콩고 왕국의 백성을 팔았지. 그래도 노예가 부족했어. 그다음엔? 콩고 왕국의 신하들이 먼저 팔려 나갔고, 이어 왕족들까지 팔려 나갔단다.

콩고 왕국의 왕은 포르투갈과 돈독한 관계를 유지했었어. 심지어 이름도 포르투갈식으로 바꿨을 정도야. 그러나 이용만 당했지. 결국 콩고 왕국은 17세기 중반 이후 여러 부족으로 뿔뿔이 흩어지고 말았어. 사실상 멸망한 거라고 봐야겠지? 유럽 국가들과의 갈등은 다음 장에서 한꺼번에 다룰 거야. 그러니 여기서는 이 정도만 얘기하고 넘어갈게.

15세기 이전의 중앙아프리카 역사는 알려진 게 그리 많지 않아. 우리가 알고 있는 역사는 대부분 16세기 이후의 것이지. 그제야 유럽 사람들에게 알려졌기 때문이야. 콩고 왕국의 사례가 그랬지? 은동고 왕국의 사례도 마찬가지야. 은동고 왕국은 16세기 후반 오늘날의 앙골라에 들어선 나라야. 은동고 왕국을 세운 민족도 반투족이었지.

콩고 왕국은 이 무렵 콩고와 앙골라 일대를 장악한 최고 강국이었어. 특이한 점은, 콩고 왕국이 강력한 중앙집권제를 구축했다는 거야. 콩고 왕국의 왕은 영토를 모두 6개 주로 나누고, 모든 지역에 왕의 지시가 먹혀들도록 했어. 탄탄한 정치 기반을 바탕으로 주변 지역도 모두 복속시켰어. 은동고 왕국도 이런 나라 가운데 하나였지.

은동고 왕국의 왕은 응골라라고 불렸어. 이름이 많이 익숙하지 않니? 그래, 이 응골라라는 이름에서 오늘날의 앙골라가 탄생한 거야. 은동고 왕국은 콩고 왕국과 마찬가지로 노예무역을 많이 했어. 당연히 유럽 국가들과의 접촉이 잦았겠지? 은동고 왕국과 콩고 왕국의 역사는 여러 면에서 비슷하단다. 두 나라 모두 노예무역으로 번성했고, 왕들이 모두 기독교로 개종했어. 처음에는 유럽 열강들과 우호

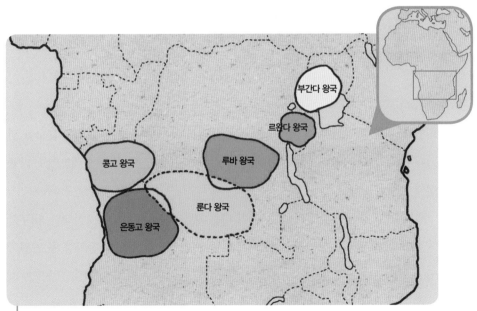

중앙아프리카의 왕국들 아프리카 내륙 세계의 역사는 비교적 덜 알려져 있다. 콩고, 은동고, 룬다, 루바, 르완다, 부간다 등의 왕국이 존재했다.

콩고 왕국 왕과 포르투갈 상인의 만남 콩고 왕국은 포르투갈과 무역 활동을 활발히 했고, 특히 노예무역에 열을 올렸다. 잡을 노예가 부족해지자 왕족까지 팔아넘길 정도였다.

적인 관계를 유지했지. 그러다가 노예무역의 후반기에 유럽 열강들과 갈등을 벌였어. 그 결과 두 나라 모두 유럽 열강의 식민지가 됐지. 이 부분에 대해서도 다음 장에서 살펴볼게.

워낙 콩고 왕국이 강해서, 이 무렵의 다른 왕국 역사는 모두 비슷하단다. 대부분의 나라들이 은동고 왕국이 그랬던 것처럼 콩고 왕국의 지배를 받거나 콩고 왕국에 조공을 바쳤어. 그러다가 16세기 이후 하나둘씩 독립하기 시작했지. 포르투갈 사람들이 이 지역에서 세력을 키우면서부터는 유럽 사람들과 싸워야 했지. 이런 외중에도 여러 민족들은 서로 전쟁을 벌였단다. 결과는? 자중지란自中之亂이며, 자멸이었어. 마탐바 왕국, 로앙고 왕국, 음분두 왕국이 이런 나라들이었지.

조금만 더 내륙 지방으로 들어가볼까? 그곳에도 16세기 무렵 여러 왕국들이 세워졌어. 루바와 쿠바 왕국이 그런 나라들이었지. 비슷한 시기에 우간다에는 후투족의 왕국이 생겼고, 브룬디 지역에는 투치족의 왕국이 생겼어. 이 두 민족은 훗날 서로를 대량 학살하는 '인종 청소'를 하게 되지.

위대한 짐바브웨 문명

서아프리카에서 가나 왕국이 쇠퇴할 무렵이었어. 알 모라비데 왕국이 가나 왕국을 괴롭히던 11세기였지. 말리족, 송가이족, 하우사족이 순순히 이슬람교를 받아들이던 때이기도 해. 곧 살펴보겠지만, 동아프리카에서는 악숨 왕국이 무너지고 얼마 지나지 않은 시점이었어.

바로 이 무렵, 오늘날의 짐바브웨 지역에 위대한 석조 문명이 탄생했단다. 돌로 만들어진 건축물이 많기 때문에 석조 문명이라고 부르는 거야. 쇼나족이 문명의 주역이었기 때문에 쇼나 문명이라고도 부르지.

쇼나족이 이 지역에 나타난 것은 9세기 초반으로 추정돼. 이 민족도 반투족에 속하지. 기원전 1000년 무렵 시작된 반투족의 민족 이동이 이 지역에도 영향을 미친 거야. 오늘날까지도 쇼나족은 짐바브웨에서 가장 인구가 많은 민족이야. 반면 남아프리카공화국을 포함해 남아프리카의 나라들은 백인이 비교적 많은 편이지. 왜 백인이 많은지는 다음 장을 보면 알 수 있으니 기다려 봐. 짐바브웨 또한 남쪽에 있지만 백인 인구는 1퍼센트 정도밖에 되지 않아. 다시 말해 남아프리카공화국에는 쇼나 문명의 영향이 미치지 않았지만 짐바브웨에는 영향이 컸다는 의미지.

짐바브웨란 이름도 쇼나족의 말에서 나온 거야. 석조 가옥이란 뜻이지. 쇼나족

짐바브웨 문명의 돌탑 마스빙고 계곡에 남아 있는 돌탑들. 출입구 위에는 인방(가로놓여 벽을 지지하는 나무 등의 수평재)을 놓아 시멘트 같은 것이 없어도 충분히 견고했다.

은 돌을 잘 다뤘어. 모든 건축물을 화강암으로 만들었지. 오늘날의 하라레에서 남쪽으로 200킬로미터를 조금 더 가면 마스빙고 계곡이 있어. 이 계곡 주변에 석조 문명의 유적들이 많아. 계곡을 따라 세워진 거대한 돌담이 인상적이야. 이 담의 길이는 약 250미터나 돼. 담 안에는 돌탑들이 있는데 높이만 10미터에 가까워.

돌도 아주 정교하게 쌓였어. 돌 사이를 시멘트 같은 걸로 붙이지도 않았어. 유적의 규모도 엄청났어. 이 모든 점 때문에 유적을 처음 발견했을 때 유럽 탐험가들은 짐바브웨 원주민이 만든 게 아니라고 생각했다는구나. 고대 이집트의 피라미드에 비교해도 전혀 뒤지지 않는 건축물이니까 그렇게 생각했을 수도 있어. 이 유적은 오늘날 '대 짐바브웨Great Zimbabwe'라고 불린단다.

당시에 이런 돌 궁전을 짓고 살았던 왕국이 200여 개가 넘었을 것으로 추정되고 있어. 그렇다면 하나의 나라가 아니라 여러 나라들이 이 시기에 존재했다는 이야기가 돼. 학자들은 이 유적이 만들어진 시기를 대략 11~15세기로 보고 있어. 이즈음에 활약했던 나라로는 모노모타파 왕국이 있어. 모노모타파 왕국은 오늘날의 짐바브웨 일대에서 11~19세기에 번영했지. 보통 전기[11~15세기], 후기[15~19세기]로 나누는데, 유적지의 중심이 모노모타파 왕국의 전기 역사에서 수도였을 거라고 학자들은 보고 있지.

모나모타파 왕국은 쇼나족이 세운 나라야. 쇼나족은 반투족이라 그랬지? 그렇다면 쇼나족이 처음부터 이곳에 살던 민족은 아니었을 거야. 원래 이 지역에 살던 원주민은 산족이었어. 쇼나족은 이 지역에 정착한 이후로 산족을 쫓아냈어. 이윽고 무력을 사용해 주변의 다른 민족까지 정복했지. 모나모타파 왕국은 동쪽으로 세력을 넓혀, 오늘날의 모잠비크 해안 지대까지 진출했어.

이처럼 위대했던 모나모타파 왕국은 15세기 초반까지만 해도 전성기를 누렸어. 그러나 15세기 중반으로 접어들면서 국력이 약해지기 시작했어. 서아프리카에서는 가나와 말리에 이어 강력한 송가이 왕국이 영토를 늘리던 때였어. 송가이 왕국 때문에 보르노 왕국은 크게 위축돼 있었지? 비슷한 시기에 동아프리카에서는 아랍인이 주도하는 작은 이슬람 왕국들이 마지막 번영기를 누리고 있었어.

모나모타파 왕국이 약해진 이유는 주변 왕국들과의 교역이 신통치 않았기 때문이야. 동부 해안 지대에는 아랍인들이 버티고 있었어. 아랍인들은 내륙 지방의 상아, 금, 노예를 집중적으로 사들였고, 모나모타파 왕국 말고도 여러 흑인 왕국이 중간 상인 노릇을 했지. 수많은 상인이 난립하면서 모나모타파 왕국의 경제력은 오히려 떨어졌어. 그 후 모노모타파 왕국의 후기 역사가 이어지는데, 그다음은 다른 나라들과 비슷한 역사가 펼쳐져. 그래, 유럽의 식민 통치가 시작된 거지.

모노모타파 왕국의 후기 역사를 대략적으로 살펴볼까? 이때도 모노모타파 왕국은 주로 무역을 통해 돈을 벌었어. 아프리카 내륙의 금과 상아를 동아프리카 해안으로 가져가 팔았고, 물건을 판 돈으로는 향료나 중국의 도자기 같은 것을 샀지.

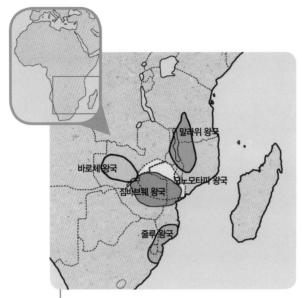

남아프리카의 왕국들 짐바브웨 왕국과 그 뒤를 이은 모노모타파 왕국이 특히 강했다. 돌을 쌓아 만든 거대한 유적은 오늘날까지 전해지고 있다.

이 무렵의 역사는 곧 다룰 동아프리카의 역사와 비슷해. 포르투갈이 무역전쟁에 뛰어들었고, 아랍인들이 반발했지. 다만 다른 점은, 모노모타파 왕국은 17세기로 접어들면서부터 포르투갈의 지배를 받았다는 거야. 동아프리카 해안의 아랍인들은 그보다 더 늦게 무너졌지.

이제 잠비아를 포함한, 남아프리카의 다른 지역을 볼까? 잠비아는 예로부터 여러 흑인 민족들이 한데 어울려 살았던 것 같아. 짐바브웨 왕국이 무너진 후 로지족이 바로체 왕국을 잠비아에 세웠다고 했지? 로지족뿐 아니라 북쪽의 콩고와 앙골라, 남쪽의 남아프리카공화국으로부터 여러 흑인 민족이 이곳으로 들어왔어. 오늘날 잠비아에서 가장 많은 수를 차지하고 있는 흑인 종족인 통가족은 12세기 무렵 들어온 것으로 추정돼.

보츠와나는 10세기 무렵 이 지역에 들어온 츠와나족의 이름을 본떠 만들어진 나라야. 원래 이 지역에는 예로부터 유럽인들에 의해 붙여진 비하된 이름인 부시맨Bushman, 즉 산족이 있었어. 그래, 짐바브웨에 살았던 바로 그 산족이야. 츠와나족이 산족을 칼라하리 사막으로 쫓아내고 그 영토를 빼앗았지.

잠깐, 이 민족의 이동을 어디에서 본 것 같지 않니? 그래, 이 모든 게 반투족의 이동에 따른 거란다. 반투족의 민족 이동은 남아프리카에도 영향을 미쳤어. 오늘날의 남아프리카공화국에는 4세기 초반 반투족이 들어온 것으로 추정돼. 보츠와

나와 짐바브웨에 넓게 퍼져 살던 산족이 이곳에서도 살고 있었지. 산족 말고도 호텐토트족이라 불리는 코이코이족도 있었어.

남아프리카공화국 땅에 들어온 반투족은 다른 지역의 반투족이 그랬듯이 이 원주민들을 몰아냈어. 그들은 지금의 케이프타운과 나미비아로 쫓겨났지. 그 후 17세기가 될 때까지 여러 반투족이 오늘날의 남아프리카공화국으로 들어왔어. 이 가운데 가장 인구가 많고 오늘날까지 남아프리카공화국의 최대 민족으로 남아 있는 민족이 줄루족이란다.

가봉과 슈바이처

가봉은 콩고 바로 위쪽에 있는 작은 나라야. 이 나라는 슈바이처의 병원이 있는 걸로 유명하지. 슈바이처는 독일인이었어. 어렸을 때는 천재 소리를 듣는 음악가였고, 대학에서는 철학을 공부해 박사 학위를 땄어. 그는 1913년 의사가 된 후 가봉의 랑바레네 지역으로 갔어. 닭장을 개조해 진료실을 만들었고, 주변 사람들에게 돈을 빌려 약을 샀지.

그러나 제1차 세계대전 이후 가봉은 프랑스령이 됐고, 슈바이처는 졸지에 전쟁 포로가 됐어. 왜? 독일인이니깐! 유럽에서 풀려난 그는 1924년 다시 랑바레네로 돌아갔

영원한 인도주의자 죽을 때까지 아프리카 오지에서 환자를 돌본 슈바이처는 오늘날까지도 영원한 인도주의자라는 평을 받고 있다.

어. 그 후 죽을 때까지 그곳에 머물며 환자를 돌봤지. 1952년 그는 노벨 평화상을 받았어. 아프리카인들은 오늘날까지도 영원한 인도주의자 슈바이처를 기리고 있단다.

동아프리카,
아랍인과 흑인이 공존하다

에티오피아, 소말리아, 케냐, 탄자니아…. 오늘날 아프리카의 동부 지역에 있는 나라들이야. 일찍부터 아랍 지역과 무역을 활발하게 했다는 공통점이 있는 지역이지. 그러나 이런 특징만 있는 게 아냐. 중세 동아프리카의 역사는 거의 없었다고 말하는 사람이 많아. 훗날 유럽 열강이 이 지역의 문을 강제로 열기 전까지는 원시 부족 공동체밖에 없었다는 거야.

그러나 이런 생각은 편견에 불과해. 이 지역에도 꽤 많은 왕국들이 존재했고, 일부 왕국은 크게 번영했어. 특히 4세기부터 10세기까지 에티오피아 지역에 존재했던 악숨 왕국은 동로마 제국과 페르시아 제국들과도 당당히 경쟁했단다.

또 하나 알아둬야 할 왕국이 있어. 선진적인 정치—행정 조직체계를 갖춘 나라인데, 바로 우간다 지역의 부간다 왕국이야. 1600년경 이 지역에는 크고 작은 왕국들이 명멸했어. 그중 하나가 부간다 왕국이지. 부간다 왕국은 중앙집권제 체제를 갖췄어. 왕의 자리를 세습하면서 절대권력을 갖는 카바카가 있었고, 그 밑으로 국무총리격인 카티키로, 도지사격인 바쿵구 등이 있었지. 이런 정치 체제는 오늘날의 관점에도 보더라도 아주 선진적인 것이야. 보통 우간다 하면 폭군 대통령인 이디 아민을 먼저 떠올릴 수 있는데, 그보다 훨씬 오래전에 이미 선진적인 통치 체제를 갖췄다는 사실도 알아두는 게 좋겠지?

악숨 왕국의 흥망

아프리카의 동쪽 끝으로 가볼까? 다른 지역에서는 이슬람교가 전파된 7세기 이후부터 살펴봤지? 그러나 동아프리카에서는 그보다 더 과거로 거슬러 올라가야 해. 앞장에서 잠시 언급했던 악숨 왕국의 역사를 살펴봐야 하거든.

오늘날 수단의 남쪽, 에티오피아에 악숨 왕국이 어떻게 탄생했는지는 이미 살펴봤어. 기억하지? 악숨 왕국은 솔로몬 왕과 시바 여왕의 후손들이 정착해 만든 나라였어. 이 전설이 사실인지는 모르겠지만, 당시 상황이 어떠했는지는 분명하게 말해 주고 있어. 아라비아 반도에 사는 사람들이 홍해를 건너 지금의 에티오피아에 도착했다는 거야. 바다를 오가며 해상 무역이 활발하게 이뤄졌다는 사실도 추측할 수 있지.

북아프리카의 카르타고가 지중해 일대를 장악했다면, 악숨 왕국의 사람들은 홍해 일대를 장악했다고 할 수 있어. 실제 악숨 왕국은 로마와 무역을 했을 뿐만 아니라 멀리 인도와도 무역을 했어. 주로 상아와 금을 내다 팔았고, 향신료를 사왔지. 지역을 가리지 않고 무역을 하다 보니 다양한 문화가 이 지역으로 수입됐어. 기독교도 그렇게 해서 수입된 문화 중 하나지.

자, 4세기 무렵의 동아프리카 상황을 살펴볼까? 이때 악숨 왕국의 위쪽, 그러니까 수단 지역에는 쿠시 왕국이 있었어. 쿠시 왕국은 한때 이집트를 정복할 만큼 힘

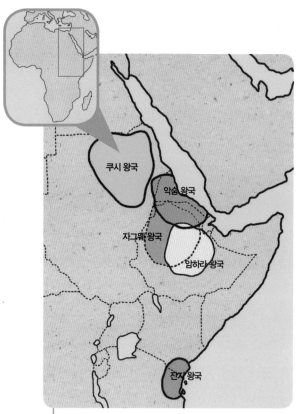

이 강했지. 그러나 이 무렵에는 국력이 크게 떨어져 있었어. 악숨 왕국은 신생국이었지만, 순식간에 쿠시 왕국의 경쟁자가 됐어.

악숨 왕국은 자주 쿠시 왕국을 습격했어. 그러다가 기원후 350년쯤 악숨 왕국의 대대적인 공격이 시작됐어. 이미 약해진 쿠시 왕국은 이 공격을 막아내지 못했지. 악숨의 군대는 곧 쿠시 왕국의 수도인 메로에를 점령했어. 그 결과는 이미 알고 있는 대로야. 그래, 쿠시 왕국이 멸망

동아프리카의 왕국들 나일 강을 따라 발전한 쿠시 왕국은 악숨 왕국에 의해 멸망했다. 에티오피아 지역에는 자그웨, 암하라 왕국 등이 존재했다.

한 거야. 쿠시 왕국은 몇 개의 소국으로 분열되고 말았어.

이제 악숨 왕국은 동아프리카의 절대 강자가 됐어. 사실 이 무렵 아프리카의 그 어느 곳에도 악숨 왕국만큼 큰 왕국은 존재하지 않았어. 이미 살펴본 대로 서아프리카의 첫 왕국인 가나가 탄생한 건 7세기쯤이었어. 중서아프리카의 해안 지대에 이페 문명이 탄생한 것은 9세기 무렵이었지. 남아프리카에 위대한 짐바브웨 문명이 탄생한 것도 11세기였어.

물론 중서아프리카에서 이페 문명의 조상 격인 노크 문명이 기원전 6세기 무렵 탄생하기는 했어. 그러나 노크 문명은 고대 역사로 봐야 해. 북아프리카와 동아프

리카에도 찬란한 고대 문명이 있었지? 이집트에서는 파라오 왕조의 역사가 수천 년간 계속됐어. 이집트의 남쪽 수단에서도 쿠시 문명이 발달했고. 이 모든 점을 감안하면 시대와 상관없이 아프리카에서 가장 먼저 문명이 발달한 지역은 북동아프리카라고 할 수 있겠지?

이미 살펴본 대로 악숨 왕국은 기독교 국가였어. 그래서 4세기 이후에는 비잔티움 제국과 우호적인 관계를 유지했어. 이 무렵 서아시아는 사산 왕조 페르시아가 장악하고 있었어. 페르시아는 세력을 넓히기 위해 비잔티움 제국을 수시로 침략했어. 비잔티움 제국과 페르시아 제국은 쉴 틈도 없이 전쟁을 벌였어. 대체로 페르시아 제국이 우세했어. 그러나 악숨 왕국은 비잔티움 제국의 편을 들었단다.

악숨 왕국의 입장에서 보면, 비잔티움 제국보다 페르시아 제국이 훨씬 미웠을

악숨 왕국의 유적 악숨 왕국의 왕들은 자신의 권력을 과시하고 무덤의 위치를 표시하기 위해 높다란 석주를 세웠다. 가장 높은 석주는 33미터에 달했으나, 현재는 무너졌다.

거야. 중세 시대에는 세력을 키우려면 우선 영토를 넓혀야 해. 그래야 무역도 장악할 수 있지. 페르시아 제국은 신생국이었지만 서아시아와 북아프리카, 지중해 일대의 나라들이 모두 두려워하던 강국이었어. 페르시아 제국은 당연히 영토를 늘리고 무역을 증대하려고 했어. 그러기 위해 주변의 모든 바다에서 해상 무역을 장악하려고 했지. 악숨 왕국은 오랫동안 해상 무역으로 부를 축적했던 나라야. 그러나 페르시아 제국의 세력이 커지면서 해상 무역에 막대한 차질을 빚고 있었어. 바로 이 점 때문에 악숨 왕국은 페르시아를 물리쳐야 했던 거야.

게다가 비잔티움 제국은 악숨 왕국과 마찬가지로 기독교를 국교로 삼고 있었잖아? 아무리 페르시아가 강하다고 해도 비잔티움 제국과 힘을 합치면 페르시아를 물리칠 수 있을 거라고 악숨 왕국의 왕들은 생각했겠지.

잘나가던 악숨 왕국은 7세기부터 약해지기 시작했어. 바로 이슬람 세력 때문이야. 동아프리카의 경우 홍해를 건너 아랍인들이 바로 건너와 이슬람교를 전파했다고 했지? 그 때문에 이곳은 북아프리카와 서아프리카보다 일찍 이슬람교를 접했어. 앞에서 설명했는데 기억하고 있지?

이슬람 상인들은 페르시아 상인들보다 더 엄격하게 악숨 상인들의 무역을 제한했어. 그들로 인해 악숨 상인은 해안 지대로 나갈 수 없었어. 원래 해상 무역을 통해 힘을 키워왔던 악숨 왕국이었잖아? 무역을 하지 못하니 힘이 약해질 수밖에 없지. 그나마 지중해 동쪽에서는 무역을 할 수 있었지만 규모는 크게 작아졌어. 돈줄이 막히면 궁핍할 수밖에 없어. 악숨 왕국은 점점 약해졌지.

자그웨 왕국 VS 암하라 왕국

기독교를 믿는 많은 악숨 상인들은 무역을 포기할 수밖에 없었어. 이슬람 왕국

통치자들의 박해를 견딜 수 없었기 때문이야. 이슬람 통치자들은 기독교도가 자기 종교를 그대로 믿어도 된다고 허락해줬지만, 그 대신 지즈야라는 인두세를 내게 했어. 기독교도들은 처음에는 그 세금을 다 내면서도 자기 종교를 지켰어. 그러나 갈수록 세금의 부담이 커지자 많은 기독교도들은 이슬람교로 개종할 수밖에 없었지.

끝까지 기독교를 고수한 사람들도 적지 않았어. 그들은 이슬람교 세력의 박해를 피해 산으로 들어갔어. 이렇게 해서 악숨 왕국은 여러 파벌로 나뉘게 됐지. 그 후 악숨 왕국의 운명은 내리막길로 이어졌어. 점점 약해지던 악숨 왕국은 가나 왕국이 번성하고 이페 왕국이 막 터전을 잡은 10세기 중반, 유대인의 공격을 막지 못한 채 멸망하고 말았어. 그 후 작은 왕조들이 악숨 왕국을 대신했지만 크게 번성하지는 못했어.

악숨 왕국이 무너지고 100년이 조금 더 지났을 거야. 11세기 초반, 기독교를 믿는 사람들이 다시 에티오피아를 장악했어. 이 나라가 자그웨 왕국이야. 자그웨 왕국의 왕은 악숨 왕국의 왕과 비교가 되지 않을 만큼 독실한 기독교 신도였단다. 이 점을 알 수 있는 증거가 있어.

기독교의 최고 성지는 단연 예루살렘이야. 예수 그리스도가 묻힌 곳이니까 당연히 그렇겠지? 자그웨 왕국은 바로 이 예루살렘과 똑같은 도시를 아프리카에도 건설하겠다는 계획을 세웠어. 계획만 세운 게 아니야. 실제로 자그웨 왕국의 왕은 도시를 건설하기 위한 장소를 찾도록 했어. 결국 사람의 손길이 거의 닿지 않은 숲을 찾았어. 오늘날의 도시 개발처럼 나무를 베고, 바닥을 다졌어. 그러고는 모두 11개의 교회를 지었어. 이렇게 해서 정말로 '아프리카의 예루살렘'이 탄생했단다.

그러나 아프리카의 예루살렘은 오래 지속되지 못했어. 지금까지 살펴본 중세 아프리카의 역사를 떠올려 봐. 강력한 중앙집권체제를 구축한 왕국은 별로 없었지?

전국을 연결한 도로망이 없었기 때문에 중앙정부의 명령을 빨리 전달할 수도 없었고, 지방의 실력자들을 제압할 만큼 강력한 왕의 군대도 없었어. 자그웨 왕국도 마찬가지라서, 여러 민족을 통치한다고는 하지만 실제로는 일종의 봉건체제 형태를 벗어나지 못했지.

자그웨 왕국의 봉건통치를 받는 여러 민족 가운데 암하라족이 있었어. 암하라족은 기독교 신도가 아니었어. 그들은 이슬람교를 믿고 있었지. 당연히 자그웨 왕국의 통치를 받는 게 싫었겠지? 암하라족의 제후들은 자그웨 왕국의 세력이 약해지기만을 기다렸어. 정말로 그런 날이 왔단다. 13세기 후반, 암하라족은 자그웨 왕국을 공격했어. 이 공격을 막지 못하고 자그웨 왕국은 무너지고 말았지.

에티오피아를 차지한 암하라 왕국은 이윽고 주변으로 영토를 넓혀가기 시작했어. 14세기부터 남동쪽에 있는 작은 이슬람 왕국들을 하나씩 정복한 결과, 암하라

자그웨 왕국의 교회 산맥의 암석을 파고 들어가 만든 11개의 교회들 중에서도 가장 대표적인 것으로, 위에서 보면 십자가 형태를 하고 있다.

왕국은 동아프리카의 강자가 됐단다.

1498년 포르투갈 탐험대가 에티오피아에 도착했어. 암하라 왕국이 정복전쟁을 벌였던 것처럼, 무장한 포르투갈 사람들도 작은 왕국의 술탄들을 공격했어. 몇몇 술탄이 무릎을 꿇었지. 그러나 포르투갈은 암하라 왕국까지 손을 댈 수 없었어. 물론 처음에는 어느 정도 성공하는 것처럼 보였어. 17세기 초반, 암하라의 왕을 기독교로 개종시키는 데 성공했거든. 그러나 그걸로 끝이야. 암하라 왕국의 가족들이 왕을 끌어냈단다. 왜? 그 왕에게 계속 권력을 맡겼다간 나라가 망할 거라고 생각했던 거야.

암하라를 포함해 에티오피아 주변에 있었던 많은 나라들이 유럽 국가들의 위협을 잘 견뎌냈어. 그러나 세력을 키우지는 못했어. 오히려 17세기 중반이 되면 각 지방마다 제후들이 독립 국가를 세웠기 때문에 중앙정부는 있으나 마나 한 존재가 됐지. 그다음은 충분히 예상할 수 있을 거야. 그래, 이곳도 유럽 사람들의 세상이 돼 버렸지.

에티오피아에서 좀 더 동쪽으로 가면 아프리카의 끝이 나와. 그곳에 소말리아가 있어. 소말리아 또한 예로부터 해상 무역을 했던 나라야. 향료, 상아, 기린 같은 것을 이집트나 서아시아에 내다 팔았지. 에티오피아는 기독교 국가에서 이슬람 국가로 바뀌는 등 변화가 많았지? 소말리아는 안 그랬어. 이곳에는 일찍부터 아랍인들이 많이 살고 있었어. 그 때문이었을까? 소말리아인들은 12세기 초반, 별 거부감 없이 이슬람교 수니파를 받아들였단다. 그 후 이곳은 이슬람 세계로 변했지.

동남부의 변화

7세기에 아프리카 이집트에 상륙한 이슬람교는 그 후 아프리카 전역으로 확산

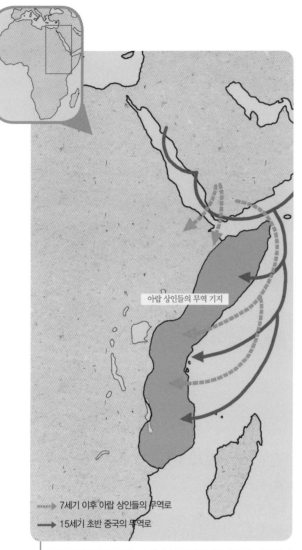

아랍 상인들의 무역 기지

===== 7세기 이후 아랍 상인들의 무역로

→ 15세기 초반 중국의 무역로

동아프리카의 무역 발달 11세기 이후 아라비아 반도의 상인들이 동아프리카 해안 지대에 무역 기지를 건설했다. 15세기 초반에는 중국에서 무역상들이 이곳을 찾아오기도 했다.

됐어. 다만 동아프리카에서는 아라비아 반도에서 직접 아랍인들이 넘어와 이슬람교를 전파하기도 했어. 악숨 왕국의 사례만 보더라도 아주 오래전부터 아라비아 반도에서 홍해를 건너 아프리카 대륙으로 넘어오는 사람이 적지 않았다는 사실을 알 수 있을 거야.

아랍인, 페르시아인, 그리스인은 3세기 무렵에도 이 일대에 자주 등장했어. 그러나 본격적으로 아랍인들이 동아프리카의 해안을 따라 도시를 세운 것은 약 11세기부터야. 오늘날의 소말리아, 케냐, 탄자니아에 아랍과 페르시아 사람들이 기지를 만들었어. 해안을 따라 아랍풍의 도시들이 세워졌고, 이 도시에서는 모두 이슬람교를 믿었지.

오늘날까지도 이 지역에는 아랍 문화의 흔적을 많이 찾아볼 수 있단다. 약 11세기부터 15세기까지 번영했던 국가들로는 잔지 왕국이나 말린디 왕국이 대표적일 거야.

이 도시국가들은 왕성하게 해상 무역을 했어. 15세기로 접어든 다음에는 멀리 중국과도 무역을 했지. 이때 중국 명나라의 정화 사령관이 이 지역을 찾아왔어. 이 무역 원정을 '남해 원정'이라고 불러.

해안의 도시들을 아랍인이 장악했지만 내륙 지방에는 토속 아프리카 흑인들이 주로 살고 있었어. 앞에서 반투족의 민족 이동에 대해 살펴봤지? 서아프리카와 중앙아프리카를 출발한 반투족이 어디로 향했지? 그래, 바로 동아프리카야. 정확히 말하자면, 동아프리카의 내륙 지방이지.

이들 흑인과 아랍 상인들은 어떤 관계였을까? 두 가지 관계를 맺고 있었어. 첫째, 무역의 동반자였어. 해안에 있는 아랍 상인들은 내륙 지방에서 가져온 코끼리의 상아와 금을 샀어. 그 대신 중국에서 가져온 비단이나, 인도에서 가져온 면화 같은 것을 팔았지. 이런 무역은 15~16세기 때 매우 번성했어.

1498년 바스코 다가마가 케냐에 도착한 뒤 포르투갈이 해안 지대를 장악했어. 포르투갈은 곧 아랍 상인들을 물리치고 그 지역의 무역을 독점했어. 포르투갈은 이를 통해 상당히 많은 수익을 가져갔어.

그러나 포르투갈의 무역 독점권은 100년 이상 지속되지 않았어. 아랍인들의 반발이 아주 강했기 때문이야. 포르투갈에 무역 이권을 빼앗긴 아랍인들은 필사적으로 저항했어. 그 결과 포르투갈은 17세기 들어 동아프리카 해안 지대에서 철수할 수밖에 없었어. 17세기 후반부터는 다시 아랍인들이 동아프리카 해안 지대를 차지했어.

아랍인들은 왜 그토록 이 지역에 집착했던 것일까? 상아와 금 무역 때문에? 아니야. 더 많은 돈을 벌어 주는 상품이 있었기 때문이야. 그건 바로 노예였어. 아프

잔지바르 술탄의 옛 궁전 잔지바르는 동아프리카의 노예무역 중심지로 19세기 초중반까지 최고의 전성기를 누렸다. 당시 술탄의 궁전을 보면 얼마나 번영했는지를 짐작할 수 있다.

리카 내륙 지방의 흑인을 잡아다 노예로 팔아넘긴 거지. 이 노예들은 인도나 아라비아 반도로 끌려갔어. 바로 이것이 아랍인과 흑인이 맺은 두 번째 관계야. 아랍인들은 흑인들에게 노예사냥꾼이었던 거야.

이런 관계는 대서양 연안의 서아프리카에서도 똑같이 일어났어. 다음 장에서 더 자세히 살펴보겠지만, 서아프리카에서도 유럽 열강들에 의한 노예무역이 활발했단다. 비슷한 시기에 아프리카의 동부와 서부에서 동시에 노예무역이 이뤄진 셈이지.

동아프리카의 노예무역 중심지는 탄자니아의 잔지바르 섬이었어. 이 섬 자체가 거대한 노예시장이었지. 잔지바르는 흥청망청 도시가 됐어. 돈은 모두 잔지바르 섬으로 모인다는 얘기가 나올 정도였지. 1830년대 이후 한동안 잔지바르는 동아프리카에서 가장 부유한 도시로 여겨졌단다. 잔지바르의 아프리카 노예시장은 그 후로도 40년 이상 번영하다가 1873년 문을 닫았단다.

아프리카의 젖줄, 나일 강

통박사의
역사읽기

'나일 강' 하면 어느 나라가 가장 먼저 떠오르니? 아마 이집트일 거야. 이집트 문명이 나일 강을 따라 발전했잖아? 그러나 나일 강은 이집트를 넘어 아프리카 전체의 젖줄이라고 하는 게 옳을 거야.

나일 강의 모든 모습을 보려면 탄자니아로 가야 해. 탄자니아, 우간다, 부룬디에 걸쳐 있는 빅토리아 호가 바로 나일 강의 출발점이거든. 여기에서 시작된 강이 지중해 쪽으로 흘러가는데, 중간에서 왼쪽으로 중앙아프리카공화국, 오른쪽으로 에티오피아 방향에 지류가 있어. 에티오피아부터 흐르는 강을 청나일 강이라고 하지. 나일 강의 본류는 곧 수단을 거쳐 이집트까지 이르러. 좁게 보더라도 나일 강이 7~8개국의 젖줄이라는 걸 알겠지?

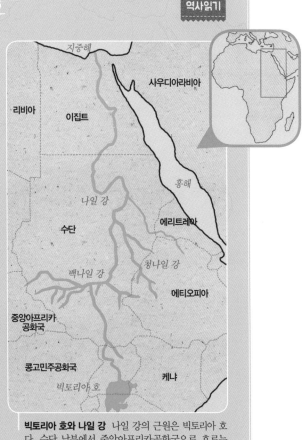

빅토리아 호와 나일 강 나일 강의 근원은 빅토리아 호다. 수단 남부에서 중앙아프리카공화국으로 흐르는 지류는 백나일 강, 에티오피아로 흐르는 지류는 청나일 강이라고 부른다.

제4장

15세기 ~ 20세기 전반

유럽,
아프리카를
파괴하다

COVER STORY

15세기에서 20세기 전반까지 600여 년간 아프리카의 역사는 유럽 국가들과 밀접한 관련이 있어. 이 시기에 아프리카의 상당수 지역이 유럽 국가들의 식민지가 됐기 때문이야.

유럽 나라들 가운데 포르투갈이 가장 먼저 아프리카의 문을 두드렸어. 포르투갈 탐험가들은 처음에는 서아프리카의 해안까지만 항해했지만, 이윽고 용기를 내 뱃머리를 남쪽으로 돌렸어. 나중에는 아프리카를 휘돌아 인도까지 이르렀어. 이 뱃길을 여는 과정에서 아프리카가 유럽에 널리 알려지게 됐지.

아프리카는 많은 걸 유럽 사람들에게 줬어. 항해 중인 선박이 잠시 쉴 수 있도록 항구를 내줬고, 연료와 식량을 줬어. 그러나 유럽 사람들은 더 많은 걸 원했어. 금과 상아를 요구했고, 이어 노예를 요구했어. 나중에는 이걸로는 부족하다며 대륙 전체를 내놓으라고 했어. 그렇게 해서 아프리카의 불행한 식민지 역사가 시작된 거란다.

아프리카의 문이 열리다

아프리카의 문을 연 나라는 포르투갈이야. 15세기 초반부터 포르투갈 탐험대가 서아프리카 해안을 돌면서 시작된 역사적 사건이 바로 '대항해'야. 이 항해의 목적이 신항로를 찾으려는 것이었기에 이 시기를 '신항로 개척 시대'라고 부르기도 해. 유럽 사람들은 '대 발견 시대'라고 부르기도 하는데, 지나치게 유럽 중심적인 시각이 느껴지는 말이라 많이 사용되지는 않아. 참고로만 알아 둬.

어쨌든 신항로 개척 시대가 열리면서, 아프리카에도 사람이 살고 있으며 많은 자원이 있다는 것을 유럽 사람들도 알게 됐어. 사실 처음에는 아프리카를 항해의 중간기지 정도로만 여겼어. 사실 포르투갈 탐험가들도 저 멀리에 있던 인도에 더 큰 관심이 있었어. 그곳의 향료를 직접 사서 유럽에 가져가 팔면 큰돈을 벌수 있었기 때문이야.

포르투갈이 아프리카의 문을 연 이후 유럽 여러 나라들이 앞 다퉈 아프리카로 진출했어. 대부분은 큰돈을 벌기 위해서였어. 그러니 아프리카가 황폐해질 수밖에 없었지. 아프리카의 문이 열리면서 아프리카 사람들에게는 고통이 시작된 셈이야.

포르투갈, 첫 문을 열다

1415년 포르투갈의 엔히크^{엔리케} 왕자가 북서아프리카 해안으로 탐험대를 보냈어. 이 탐험은 유럽 국가들이 아프리카를 지배하게 된 신호탄이 됐어. 이때부터 채 100년이 안 돼 여러 유럽 국가들이 우르르 아프리카로 몰려갔거든.

포르투갈의 탐험대는 오늘날의 서사하라 맞은편에 있는 카나리아 제도에 도착했어. 첫 항해인데 꽤 멀리 간 것 같지? 그러나 이제부터가 진짜야. 질 에아네스가 이끈 탐험대는 1434년 마의 북회귀선이라 불리는 보자데 곶까지 진출했어. 탐험대는 더 남쪽으로 내려갔을까? 아니야. 그러지는 못했어. 이때만 해도 바다의 끝에는 절벽이 있다는 미신이 뱃사람들 사이에 널리 퍼져 있었어. 그러니 선원들이 무서워 더 이상 항해를 강행하지 않았어.

이런 상황에서 로마 교황이 포르투갈에 큰 선물을 줬어. 아프리카 서해안을 포르투갈이 가져도 좋다고 허락한 거야. 아프리카 사람들에게 물어보았냐고? 천만에. 아프리카 사람들은 포르투갈에 자기 땅을 넘겨줄 생각이 손톱만큼도 없었어. 그냥 유럽 사람들끼리 마음대로 아프리카 땅을 선물로 주고, 선물로 받은 거야. 그런데 로마 교황은 왜 이 탐험에 관심을 보였을까? 엔히크의 탐험대가 종교적 성격이 강했기 때문이야.

엔히크는 기독교 신앙을 널리 전파하겠다는 종교적 열정이 강했어. 이때 기독교인들 사이에는 프레스터 존이란 인물이 아시아 또는 아프리카 어딘가에 영원한 기독교 제국을 세웠다는 소문이 퍼져 있었어. 바로 그 나라를 찾으려는 것도 항해의 큰 목적이었어. 이 점 때문에 엔히크의 초기 탐험대는 노예무역을 크게 염두에

두지 않았어. 물론 귀국하면서 기니에서 금과 노예를 가지고 오긴 했지만 말이야. 하지만 시간이 흐르면서 이 종교적 순수성은 변질됐어. 나중에 유럽 사람들은 아프리카에서 노예사냥과 금과 상아 착취에 혈안이 된단다.

다시 포르투갈 함대 얘기로 돌아갈까? 교황의 응원에 힘을 얻은 포르투갈 함대는 계속 남쪽으로 항해했어. 이윽고 세네갈과 기니비사우까지 진출했지. 그 후로도 항해를 멈추지 않았는데 엔히크가 세상을 떠나는 1460년 무렵에는 오늘날 기니의 수도인 코나크리 근방까지 진출했단다. 아프리카 서해안의 대부분을 누빈 거야.

잠시 주춤하던 포르투갈의 항해가 1469년 다시 시작됐어. 함대는 아프리카 서해안을 따라 남쪽으로 항해하면서 해안 지대 여러 곳에 무역 요새를 만들었어. 오늘날의 코트디부아르,

희망봉의 발견자 바르톨로뮤 디아스 1488년, 오늘날 남아프리카공화국의 희망봉까지 처음으로 항해한 인물이다. 그는 10여 년 후 희망봉 앞바다에 빠져 세상을 떠났다.

가나를 지나 적도아프리카에 도착했고, 10여 년 후에는 오늘날의 앙골라에 도착했지. 선원들은 아마도 앙골라 북부 지역에 흐르는 콩고 강을 바라보며 땀을 닦았

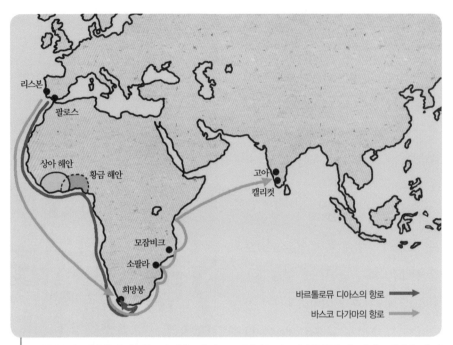

포르투갈의 아프리카 항해 바르톨로뮤 디아스와 바스코 다가마는 아프리카를 돌아 인도양에 도착했다. 이 과정에서 상아 해안과 황금 해안 등의 아프리카가 유럽에 알려졌다.

을 거야.

1487년 바르톨로뮤 디아스가 포르투갈 왕의 명령을 받아 또 항해에 나섰어. 그의 함대는 선배들이 개척해 놓은 항로를 따라 남하했어. 마침내 1년 후 바르톨로뮤 디아스는 오늘날의 남아프리카공화국 포트엘리자베스 부근에 이르렀어. 아프리카의 최남단까지 온 거야! 대단한 업적을 남긴 셈인데, 사실 바르톨로뮤 디아스의 목적지는 인도였어. 그는 인도양으로 나아가자며 선원들을 독려했어. 그러나 선원들은 그와 생각이 같지 않았어. 오랜 항해로 몸과 마음이 지쳐 있었던 거야. 결국 선원들의 반발로 항해는 중단됐어.

바르톨로뮤 디아스의 꿈을 이뤄준 인물은 바스코 다가마야. 꼭 10년이 지난

1497년, 바스코 다가마는 포르투갈 리스본을 출발했어. 그는 바르톨로뮤 디아스의 안내를 받아 남아프리카공화국의 희망봉까지 항해했어. 그다음에는 바스코 다가마가 항해를 지휘했어. 바스코 다가마는 오늘날의 남아프리카공화국 나탈 지역을 거쳐 인도양으로 항해했어. 항해를 시작한 지 1년. 마침내 바스코 다가마의 함대가 인도 캘리컷에 도착했어. 이로써 포르투갈은 인도양 항로를 가장 먼저 개척하는 데 성공했단다.

지금까지 언급했던 사실을 종합해 보면, 15세기까지만 해도 유럽 나라들 가운데 포르투갈이 거의 유일하게 아프리카를 방문했다는 걸 알 수 있을 거야. 그러나 16세기로 접어들면서 상황은 완전히 달라졌어. 영국, 프랑스, 네덜란드, 벨기에, 독일 등 다른 나라들도 모두 아프리카로 진출한 거야. 이 나라들은 대체로 1530년 이후 아프리카의 해안에 도착했어. 무역 상인들이 대부분이었지. 그들은 주로 해안 지대에 무역기지를 만들었어. 처음에는 금과 상아 같은 게 가장 중요한 무역 상품이었어. 그러나 이 품목은 곧 노예로 바뀌게 돼. 맞아, 인간 사냥이 시작된 거야.

잔인한 노예무역

1451년 포르투갈 군대가 지브롤터 해협을 건너 아프리카 북부 모로코로 진격했어. 그곳에는 세우타라는 항구도시가 있었지. 포르투갈 군대는 이 항구를 단숨에 정복해 버렸어. 15세기 중반 이뤄진 이 정복으로 유럽 국가는 아프리카에서 첫 영토를 얻었어. 물론 아직까지 유럽 국가들이 본격적으로 아프리카 정복 활동을 벌인 건 아니야. 본격적인 정복전은 아프리카 서해안 지대에서 시작됐단다.

유럽의 여러 나라에서 온 무역상들은 우선 아프리카의 해안을 탐색했어. 유럽 상인들은 해안에 무역기지를 만든 후에 내륙에 사는 아프리카 흑인들과 무역을 했어. 처음에는 주로 금과 상아를 거래했어. 이것들을 유럽에 가져가서 팔면 이익이 많이 남았기 때문이야. 하지만 주요 무역 품목이 나중에는 '사람'으로 바뀌었어. 유럽 상인들, 또는 그 상인들과 결탁한 아프리카 사람들이 흑인을 사냥해서 거래한 거야.

노예무역이란 사람을 사고파는 행위야. 오늘날에도 세계 구석진 어느 곳에서는 노예매매가 행해지고 있어. 노예무역은 고대 시대에도 존재했어. 아프리카에서도 노예무역이 오래전부터 있어왔지. 신항로 개척 시대 이전에 아프리카의 일부 부족은 다른 부족을 잡다가 유럽이나 북아프리카, 아라비아 반도의 상인들에게 팔아왔어. 그러나 고대의 노예들은 16세기 이후 아메리카로 팔린 노예들과 다른 삶을 살았어. 고대의 노예들은 나름대로 가족의 구성원으로 받아들여졌고, 마음씨 좋은 주인을 만나면 해방되기도 했지. 해방된 노예는 자유를 얻었어. 그에 반해 16세기 이후의 노예무역은 수준이 달랐어. 노예들은 더 이상 인간이 아니었어. 그들

노예사냥 재현 그림 노예사냥꾼들은 사람을 굴비 엮듯이 묶어 항구로 이동했다. 항구에 모인 노예들은 짐짝 취급을 당하며 '신대륙'으로 팔려나갔다.

은 손과 발에 족쇄가 채워진 채로 짐짝처럼 배에 올라야 했어. 그리고 아메리카로 옮겨져 죽을 때까지 광산이나 농장에서 일만 해야 했단다.

노예무역이 탄생하기까지의 과정을 볼까? 가장 먼저 아프리카 대륙에 닿은 나라가 어디였지? 포르투갈이었지? 노예무역을 가장 먼저 시작한 나라도 당연히 포르투갈이야. 포르투갈 함대는 아프리카 서해안에 닻을 내릴 때마다 많은 노예를 붙잡았어. 그 노예들은 모두 포르투갈 본국으로 끌려갔지. 이때까지만 해도 아메리카에 포르투갈의 식민지는 거의 없었어. 아메리카 식민지는 에스파냐가 주로 개척했거든. 바로 이 점 때문에 포르투갈이 잡은 노예는 모두 유럽에 가서 팔린 거야. 1550년쯤에는 포르투갈 인구의 10퍼센트 정도가 아프리카에서 건너온 노예였다는구나.

에스파냐의 지원을 받은 콜럼버스가 1492년 아메리카를 '발견'했어. 그 후 남아메리카는 브라질을 뺀 거의 대부분 지역이 에스파냐의 수중에 떨어졌지. 에스파냐는 아메리카를 정복하는 과정에서 그들이 인디언이라 부르는 원주민들을 많이 죽였어. 게다가 유럽 사람들이 옮긴 병도 많은 인디언을 죽게 했어. 에스파냐는 아메리카에서 광산이나 플랜테이션 농장을 운영했어. 인부가 많이 필요한 산업이지? 그렇지만 인디언이 많이 죽어 버렸으니 어디에서 인부를 충당하겠어?

1510년 아메리카의 첫 선교사가 된 에스파냐의 라스카사스가 아이디어를 냈어. 그는 인디언의 처지가 너무 불쌍하다고 생각했어. 인디언이 행복하게 살도록 뭔가 조치를 취할 필요를 느꼈나 봐. 그는 기독교 정신이 살아 있는 식민지를 만들어 보겠다고 결심했어. 라스카사스가 이때 제안한 게 바로 노예야. 건강한 아프리카 흑인을 인부로 쓰면 인디언의 삶도 나아지고, 인건비도 줄어든다는 거지.

마침 아메리카에서 인디언을 노예로 부리지 못하도록 하는 법이 실시됐어. 에스파냐 식민지에서는 1530년, 포르투갈 식민지인 브라질에서는 1570년에 이런 법

바르톨로메 데 라스카사스 아메리카에 아프리카의 흑인들을 데려와 노예로 쓰자는 아이디어를 낸 장본인이다.

이 통과됐어. 이런 상황이니 실제로 라스카사스의 제안 말고는 노동력을 확보할 대안도 없었어. 에스파냐 정부는 결국 라스카사스의 제안을 받아들였어.

라스카사스는 나름대로 괜찮은 아이디어를 냈다고 자부했을 거야. 그러나 노예무역의 비인간성까지는 미처 생각하지 못했던 것 같아. 노예무역의 결과를 예측했더라면 그런 제안을 하지는 않았겠지?

16세기 이후 영국, 프랑스, 네덜란드도 아메리카에 식민지를 확보했어. 이세 나라는 에스파냐, 포르투갈과 아메리카 식민지 쟁탈전을 벌였지. 이와 동시에 아프리카 서해안을 놓고 쟁탈전을 벌이기도 했어. 왜 그랬겠니? 그래, 그곳에 무역기지를 만들어놓고 노예들을 더 많이 확보하기 위해서였어.

유럽 상인들은 배에 노예들을 태워 아메리카로 항해했어. 그곳에서 노예를 팔고, 그 돈으로 담배와 설탕을 샀지. 유럽 상인들은 그것들을 싣고 유럽으로 건너갔어. 담배와 설탕은 유럽에서 비싼 값에 팔렸지. 아프리카, 남아메리카, 유럽을 선으로 연결하면 삼각형이 되지? 그래서 이런 무역을 삼각무역이라고 불러.

16세기 후반 이후 포르투갈과 에스파냐의 세력이 약해졌어. 그 빈자리를 네덜란드와 영국이 차지했지. 네덜란드가 먼저 브라질에 사탕수수 농장을 운영했지만, 얼마 지나지 않아 영국이 네덜란드를 제압하고 자메이카를 사탕수수 농장의 중심지로 키웠어. 영국으로서는 농장에서 일할 많은 노예가 필요했을 거야. 1672년 영국은 삼각무역을 전담하는 왕립아프리카회사를 만들었어. 이때가 노예무역의 절정기였지.

아메리카로 팔려가는 노예는 해마다 늘어났어. 인간성은 완전히 파괴됐지. 뜻있는 사람들이 노예무역을 중단하라는 목소리를 내기 시작했어. 이런 노력은 19세기 초반에 가서야 결실을 맺었어. 영국이 1839년, 프랑스가 1848년, 미국이 1863년 노예제도를 공식적으로 폐지했단다. 이때까지 약 1500만 명의 아프리카 흑인이 노예로 아메리카에 팔려갔어. 그들이 얼마나 비참하게 살았는지는 굳이 얘기하지 않아도 잘 알 거야. 하나의 사례만 들어볼까? 당시 노예 대금을 치를 때는 한

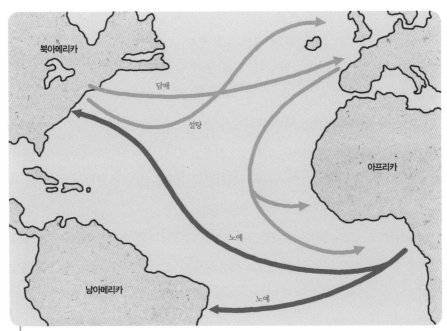

삼각무역 영국을 포함한 유럽 상인들은 아프리카에서 노예를 사다 아메리카에 팔았다. 그 돈으로 설탕과 담배를 사다 유럽에서 팔아 큰돈을 벌었다.

사람당 얼마 하는 식으로 계산하지 않았어. 1톤, 2톤 하는 식으로 계산했지. 사람이 아니라 짐짝에 불과했던 거야. 정말 너무하지 않니?

유럽에 배신당한 아프리카 지도자

유럽 상인들은 아프리카 현지로 가서 흑인 노예를 샀어. 유럽 사람들이 직접 아프리카 대륙을 누비며 노예를 사냥했냐고? 아니야. 유럽 사람들은 주로 해안 지대에 머물러 있었어. 내륙으로는 들어가지 않았지. 노예사냥꾼은 대부분 아프리카 사람이거나 돈을 보고 달려든 아랍 상인이었단다.

결국 유럽 사람들은 손에 피 하나 묻히지 않고 노예를 얻었어. 손도 대지 않고 코를 풀었다고 해야 할까? 같은 아프리카인 사람을 사냥한 아프리카 사람들은 도대체 뭐냐고? 이런 사람들 중에 의외로 부족장이 많았어. 부족장들은 특히 유럽 상인들이 가져온 총에 흠뻑 빠졌어. 그래, 총과 동족을 바꾼 셈이야. 이런 사실을 알 수 있는 사례가 있어.

15세기 후반이었어. 포르투갈 상인들이 콩고 강 유역에 도착했어. 곧 그들은 이 지역에 있던 바콩고 부족들과 교류하기 시작했어. 당시 바콩고 부족은 여러 작은 나라들로 쪼개져 있었어. 그 나라들은 평화롭게 어울려 살고 있었지. 이런 나라 가운데 가장 힘이 강했던 나라가 콩고 왕국이었어.

콩고 왕국의 왕과 귀족들은 포르투갈에 매우 호의적이었어. 그 덕분에 포르투갈 사람들은 콩고 왕을 설득해 기독교로 개종시킬 수 있었지. 콩고 왕은 직접 세례를 받기도 했어. 세례를 받으면서 이름도 유럽식으로 바꿨어. 그 전의 이름은 은징가 은벰마였는데, 세례를 받은 후로는 알폰소 1세라 했지. 알폰소 1세는 궁궐도 유럽식으로 바꿨어.

여기까지는 큰 문제가 없지? 두 나라는 평화롭게 지내는 듯했어. 알폰소 1세는 포르투갈 왕 마누엘 1세를 형제라고 불렀지. 포르투갈 왕 마누엘 1세는 콩고 왕 알폰소 1세에게 노예를 모아 달라고 부탁했어. 형제가 부탁하는 건데, 그쯤이야…. 게다가 포르투갈 왕은 총까지 선물로 줬잖아? 알폰소 1세는 부하들을 시켜 노예를 잡아오라고 했어.

포르투갈은 노예들을 넘겨받은 후 처음에는 유럽에 팔았어. 그런데 포르투갈이 얼마 후 서아프리카 해안에서 멀리 떨어지지 않은 상투메 섬에 설탕 농장들을 만들면서 상황이 달라졌어. 이 설탕 농장에서 일할 노예가 많이 필요해진 거야. 마누엘 1세는 알폰소 1세에게 노예를 더 잡아달라고 부탁했어. 알폰소 1세는 포르투갈의 요청이 있을 때마다 노예를 바쳤지. 매년 수천 명의 노예가 상투메 섬으로 끌려갔어.

이쯤 되면 알폰소 1세도 뭔가 이상하다는 낌새를 느껴야 했어. 그러나 그는 마누엘 1세를 여전히 형제로 생각하고 있었어. 뿐만 아니라 마누엘 1세가 자주 보내오는 신식 무기에 흠뻑 빠져 있었지. 자기가 이용당한다는 생각을 단 한 번도 못한 거야. 포르투갈은 상투메 섬의 농장에 쓸 노예를 웬만큼 확보하자 남미로 팔아넘기기 시작했어.

마누엘 1세는 매년 더 많은 노예를 요구했어. 그러나 노예를 사냥하는 것도 점점 어려워졌어. 노예로 쓸 만한 사람이 바닥이 났기 때문이지. 알폰소 1세는 정중하게 노예를 더 이상 조달할 수 없다고 말했어. 포르투갈이 단념했을까? 아니야. 마누엘 1세는 알폰소 1세의 신하들마저 노예로 팔아넘겼어. 머잖아 신하들의 상당수가 노예로 끌려가게 됐지. 알폰소 1세는 마누엘 1세에게 애원했어. 더 이상 노예사냥을 하지 말라고 빌었지.

마누엘 1세가 이 부탁을 들어줬을까? 아니야. 그는 콧방귀를 뀌었어. 오히려 더 노골적이고 대담하게 노예사냥을 했지. 나중에는 알폰소 1세의 친척까지 노예로 팔아넘겼어. 알폰소 1세는 경악했어. 그제야 포르투갈의 음모를 깨달았지만, 이미 너무 늦은 깨달음이었어. 알폰소 1세의 반대파들이 왕을 몰아내려고 반란을 일으켰어. 이때부터 콩고 왕국은 급격하게 기울기 시작했어. 16세기 중반, 알폰소 1세가 세상을 떠났어. 그러자 여러 파벌들이 제각각 "내가 왕이다!"라며 날뛰었어. 콩고 왕국이 사실상 멸망한 거야.

콩고 왕국의 사례는 아프리카 사람들이 얼마나 순진했는지를 잘 보여 주는 대목이야. 유럽 사람들의 행패는 당연히 비난받아야 하지만 그들의 야욕을 읽지 못한 알폰소 1세도 책임이 없는 건 아니야. 결국 스스로 나라를 넘긴 셈이잖아.

노예들이 세운 국가

19세기 초반과 중반, 여러 나라에서 노예제도를 폐지했다고 했지? 이런 결과가 저절로 만들어진 것일까? 그건 아니야. 16세기 이후 오랫동안 노예들이 목숨을 걸고 투쟁했고, 많은 사람들이 그 투쟁을 지지했기 때문에 가능했던 거야. 19세기 중반에 있었던 한 노예의 투쟁 이야기를 해볼까?

1839년이었어. 서아프리카의 시에라리온에서 노예를 실은 배가 출항했어. 이 배에는 셍베 피에라는 이름의 건장한 20대 중반 흑인 노예도 탑승해 있었어. 이 배는 오랜 항해 끝에 중앙아메리카의 쿠바에 도착했지. 노예들은 굴비처럼 엮인 채 배에서 내렸어. 선착장에서 노예들이 분류되기 시작했어. 화물을 다시 분류하는 풍경을 떠올리면 돼.

셍베 피에는 50여 명의 다른 흑인 노예들과 함께 다시 아미스타드 호라는 배에 올랐어. 이 배는 농장이 있는 지역에 가기로 돼 있었지. 배가 항구를 떠나고 얼마

셍베 피 시에라리온에서 붙잡혀 아메리카로 끌려가던 중, 배 위에서 노예반란을 일으켰다. 법정에서 스스로를 변호하여 유명해졌다.

지나지 않았을 때였어. 셍베 피에가 반란을 일으켰어. 흑인들은 선장을 위협해 뱃머리를 아프리카로 돌리게 했어. 겁에 질린 선장은 그들이 시키는 대로 뱃머리를 돌렸지.

흑인들은 만세를 불렀어. 고향으로 갈 수 있으니 얼마나 기뻤겠니? 그러나 그들은 고향으로 가는 게 아니었어. 선장이 그들을 속인 거야. 선장은 뱃머리를 미국으로 향하게 했어. 배는 미국의 롱아일랜드에 이르렀고, 미국 군대가 배를 습격해 흑인들을 제압했지.

이 사건은 미국 전역을 떠들썩하게 했어. 노예 폐지론자들은 흑인들을 석방하라고 요구했어. 재판이 열렸는데, 흑인들을 돕기 위해 미국 대통령이었던 존 퀸시 애덤스가 변호사를 자처했어. 결과는 흑인들의 승리였단다. 1842년 흑인들은 본국으로 돌아가기 위해 배에 올랐어. 53명이 모두 살아 돌아간 건 아니야. 최종적으로 자유를 얻은 사람은 35명이었단다. 나머지는 고향을 보지 못하고 도중에 죽음을 맞이했지.

곧 살펴보겠지만 유럽 열강들은 아프리카 구석구석까지 식민지로 삼았어. 그 과정

존 퀸시 애덤스 전직 미국 대통령으로 흑인 노예의 해방에 큰 공헌을 했다. '셍베 피의 반란'을 변호해 재판에서 이겼다.

에서 흑인 노예를 위한 도시를 세우기도 했지. 대표적인 것이 18세기 후반에서 19세기 초반 사이에 만들어진 시에라리온의 프리타운과 콩고의 리브르빌이야. 프리타운은 영국이, 리브르빌은 프랑스가 해방된 흑인 노예를 위해 만든 자유도시였지. 이 도시들에 대해서는 뒤에서 다시 얘기할 기회가 있을 거야.

여기서는 노예들이 세운 나라에 대해 얘기해 볼게. 이 나라가 바로 시에라리온의 동남부에 있는 라이베리아 공화국이야. 라이베리아는 훗날까지 아프리카 대륙에서 유일하게 단 한 번도 유럽 열강의 지배를 받지 않은 나라란다.

생베 피에의 반란이 일어나기 20여 년 전이었어. 해방된 노예들의 재활을 돕는 미국식민협회가 라이베리아 땅을 샀어. 해방된 노예들을 이 땅에 정착시켜 살도록 하기 위해서였지. 미국식민협회는 이 땅을 몬로비아^{Monrovia}라고 불렀어. 당시 미국 대통령인 제임스 먼로^{Monroe}의 이름을 딴 거지.

1821년 처음으로 미국에서 해방된 노예들이 몬로비아로 건너왔어. 이들은 새로운 땅에 잘 적응했을까? 아니야. 그전부터 그곳에서 살아왔던 원주민들이 강하게 반발했기 때문이야. 해방 노예들은 원주민과 싸우며 세력을 키웠어. 몬로비아는 이윽고 주변의 여러 세력과 연합했어. 이때부터 이들은 몬로비아라는 이름 대신 라이베리아라는 이름을 썼어. 라이베리아는 '자유의 나라'라는 뜻이란다. 그러나 라이베리아는 아직 자유의 나라가 아니었어. 미국식민협회의 통치를 받고 있었기 때문이지. 라이베리아는 1847년에 가서야 마침내 진정한 자유의 나라가 됐어. 바로 그해에 라이베리아가 미국식민협회로부터 벗어나 완전한 독립을 선언하면서 라이베리아 공화국이 탄생했지.

라이베리아는 출범 후에 한동안 혼란스러웠어. 나라를 세운 주요 세력들이 귀족처럼 그 지역의 원주민을 노예로 부렸기 때문이야. 노예의 설움을 그 누구보다 잘 알면서 어떻게 노예를 부릴 수 있었을까? 라이베리아의 노예제도는 1930년대까지 이어졌단다. 이 때문에 라이베리아는 다른 아프리카 나라들과 서방국가들로부터 비난을 받았지.

　라이베리아의 재정 상태도 좋지 않았어. 19세기 후반에는 파산을 선포할 만큼 재정이 악화됐지. 영국과 미국의 도움이 없었다면 아마 라이베리아는 없어졌을지도 몰라. 이 때문이었을까? 라이베리아는 제2차 세계대전 때 연합국의 편에서 싸웠어. 미국의 군사기지 역할도 했지. 또 연합국에 고무를 보급하는 역할도 했어. 오늘날에도 라이베리아의 최대 작물이 바로 고무란다.

노예무역이 영국을 흔들었다?

통박사의 역사읽기

　1713년 3월 영국은 에스파냐와 계약 하나를 체결했어. 영국이 30년간 11만 4000명의 노예를 에스파냐 식민지에 독점으로 공급할 수 있도록 에스파냐가 허락하는 계약이었지. 이를 1년 단위로 환산하면 약 4800명이 돼. 이 독점권을 '아시엔토'라고 불렀단다.

　영국의 왕은 이 독점권을 한 회사에 줬어. 그 회사가 바로 남해회사야. 큰 건을 따낸 남해회사의 주가는 하늘 모르고 치솟았어. 투기꾼들도 남해회사에 돈을 대려고 혈안이 됐지.

　영국은 에스파냐와 노예무역 때문에 자주 갈등을 벌이기도 했어. 영국이 노예를 독점으로 공급하기로 합의했으면서 에스파냐가 몰래 노예무역을 했거든. 이 때문에 두 나라는 전쟁을 벌이기도 했단다.

　남해회사는 얼마 후 몰락하고 말았어. 투기꾼들이 몰려들어 주가를 키워놓았지만 결국에는 거품에 불과했다는 게 증명됐기 때문이야. 남해회사가 영국 경제에서 차지하는 비중은 상당히 컸어. 그래서 남해회사가 휘청거리면서 영국 경제도 휘청거리게 됐지. 노예무역이 영국 경제를 쥐고 흔든 셈이야.

혼란 속의
이집트 근대사

이집트는 찬란한 고대 4대 문명의 발상지야. 하지만 그런 이집트도 근대의 역사는 그리 떳떳하지 않아. 아주 오랫동안 오스만 제국의 지배를 받았을 뿐 아니라 프랑스와 영국의 사이에서 이러지도 저러지도 못하는 신세가 되기도 했지. 이집트가 유럽 열강으로부터 독립한 것은 20세기 초반이야. 하지만 무늬만 독립이었지, 실제로는 여전히 영국의 지배를 받았어.

이집트는 오늘날 중동 아랍 국가들의 구심점이 되고 있어. 이 지역의 정치, 경제, 문화를 주도하고 있는 나라가 바로 이집트지. 따라서 이집트의 근대사는 북아프리카 역사를 이해하는 데 아주 중요해. 뿐만 아니라 이집트가 유럽 열강의 식민지로 전락하는 과정은 아프리카 근대사의 축소판이기도 해. 따라서 우선 18세기부터 20세기 중반까지의 이집트 근대사부터 집중적으로 살펴볼게.

근대 이집트의 아버지 무함마드 알리

이집트 일대는 중세 시절에 이슬람 세계로 편입됐어. 파티마 왕조나 아이유브 왕조, 맘루크 왕조가 모두 이집트를 중심으로 발달한 나라들이지. 16세기 초반까지 맘루크 왕조가 이집트 일대를 통치했어. 하지만 맘루크 왕조는 곧 서아시아에서 넘어온 오스만 제국의 군대에 무너졌어. 이때가 1517년. 이집트는 오스만 제국의 영토에 포함돼 버렸어.

그 후 오스만 제국의 황제술탄는 이집트에 태수총독를 파견했어. 태수는 오스만 술탄의 명령에 따라 이집트를 통치했지. 이집트는 지중해와 접해 있어서 유럽 국가들이 바다만 건너면 이집트를 정복할 수도 있어. 하지만 오스만 제국의 해군은 강했어. 기독교 세력의 유럽은 이집트를 넘볼 수 없었지.

18세기로 접어들 무렵에는 오스만 제국의 세력이 크게 약해졌어. 그러자 이집트 내부와 외부 모두에서 변화가 일어났어. 우선 내부적으로는 무장한 군인들, 즉 맘루크들이 마음대로 권력을 휘둘렀어. 태수도 별 힘이 없었지. 백성들은 고통에 빠졌어. 이집트는 사실상 무정부 상태가 됐어.

더 중요한 변화는 외부에서 나타났어. 본격적으로 유럽 국가들이 이집트를 노리기 시작한 거야. 가장 먼저 이집트를 공격한 나라는 프랑스야. 이 무렵 영국은 한창 인도를 식민지로 만들기 위해 공을 들이고 있었어. 프랑스는 이집트를 정복하면 지중해와 홍해를 잇는 무역 항로를 장악할 것이고, 그러면 인도를 먼저 차지할 수 있을 거라고 생각했지. 프랑스 정부는 나폴레옹에게 군대를 이끌고 이집트를 치라고 했어.

1798년 나폴레옹은 함대를 이끌고 이집트로 향했어. 이때 나폴레옹이 이끈 병력만 3만 명이었어. 4월에 나폴레옹 군대는 이집트 알렉산드리아에 도착했어. 맘루크들이 맞섰지만 강력한 대포를 앞세운 프랑스 군대를 이길 수는 없었어. 이집트는 곧 프랑스의 수중에 떨어졌어.

그러나 프랑스는 이집트를 오래 점령할 수 없었어. 4개월 후에 영국 해군이 프랑스 함대를 격퇴했기 때문이지. 나폴레옹이 본국 프랑스와 연락을 취할 수 있는 방법이 끊겨 버린 거야. 이런 상황에서 오스만 제국은 영국, 러시아와 동맹을 맺고 프랑스에 "이집트에서 철수하라!"며 선전포고를 했어. 게다가 이집트 민중의 저항도 거셌지. 결국 3년 만인 1801년, 프랑스는 이집트에서 물러날 수밖에 없었단다.

프랑스의 이집트 점령이 이집트에 전혀 도움이 안 됐던 건 아니야. 점령 기간에 프랑스 혁명 사상이 이집트 민중에게 전파됐거든. 이집트 민중은 "백성을 외면하는 맘루크와 오스만 제국 통치자들은 물러가라!"며 봉기했어. 깜짝 놀란 태수가 막으려 하자 민중은 그 태수를 끌어내렸어.

민중은 민중의 편에 선 정치인을 원했어. 마침내 그런 정치인을 찾아냈지. 그 인물은 바로 알바니아에 머물고 있던 군사령관 무함마드 알리였어. 1805년 무함마드 알리가 이집트 민중의 추대를 받고 태수 자리에 올랐어.

무함마드 알리는 대대적인 개혁에 돌입했어. 오스만 제국과 충돌하지 않기 위해 술탄의 지배를 받아들이는 척하면서 실속 있는 정치 개혁을 시작했어. 우선 이집트를 혼란 속에 빠뜨린 맘루크를 모두 제거하고 군대를 현대식으로 바꿔 놓았어. 유럽 열강들과도 원만한 관계를 유지했지. 서방 세계

무함마드 알리 근대 이집트 왕조의 창시자가 되었다. 군대, 행정, 교육 제도를 개혁하는 등 근대화 정책을 펼쳐 상당한 성과를 올렸다.

를 본받아 학교를 만들고 공장을 세웠어. 많은 돈을 벌 수 있는 담배와 면화 같은 작물을 재배할 것을 농민들에게 권했어. 이런 여러 노력들로 이집트의 정치, 경제가 모두 안정되기 시작했어. 바로 이 때문에 무함마드 알리를 '근대 이집트의 아버지'라 부른단다.

이 무렵 그리스가 오스만 제국으로부터 독립하려고 투쟁하고 있었어. 오스만 제국의 술탄은 무함마드 알리에게 "그리스 반란을 진압해주면 시리아 영토를 주겠다"라고 약속했어. 이 약속을 믿고 무함마드 알리는 군대를 보내 그리스 반란을 제압하기도 했어. 하지만 얼마 후 영국과 프랑스의 지원을 받은 그리스는 독립에 성공했어.

오스만 제국 술탄은 그리스가 독립했으니 시리아를 이집트에 넘겨줄 수 없다고 했어. 무함마드 알리는 "당초 약속과 다르다"며 1831년 시리아로 군대를 보냈어. 이곳에서 오스만 군대와 이집트 군대가 격돌했어. 결과는 이집트 군대의 승리였지. 이때부터 이집트 군대는 곳곳에서 전투를 벌이며 오스만 제국의 영토를 빼앗았어.

그냥 두면 오스만 제국이 이집트에 먹힐 상황이었지. 당황한 나라는 오스만 제국뿐만이 아니었어. 오스만 제국을 견제하기 위해 이집트를 지원했던 영국과 프랑스 같은 열강들도 크게 놀랐어. 열강들은 이때부터 정책을 바꿔 이집트를 공격하고 오스만 제국을 지원하기 시작했어.

1840년 열강들의 군대가 시리아로 진격했어. 이집트는 군대를 철수시킬 수밖에 없었지. 그 후 영국 런던에서 여러 나라들이 모여 협상을 벌였는데, 결과는 "이집트는 오스만 제국으로부터 빼앗은 땅을 모두 반납하라!"였단다. 무함마드 알리는 분했지만 어쩔 수 없었어. 그 결정을 따를 수밖에 없었지.

그 대신 무함마드 알리는 이집트의 왕에 오를 수 있었어. 물론 오스만 제국의 지배는 인정했어. 하지만 이후로 무함마드 알리의 후손들이 왕의 자리를 세습했어. 그래, 사실상 이집트가 독립한 거나 마찬가지인 거야.

수에즈 운하를 건설하다

1854년 무함마드 알리의 아들인 무함마드 사이드가 이집트의 태수에 올랐어. 이미 말했지만 직위가 태수일 뿐이지, 실제로는 이집트의 왕이었어. 그는 무함마드 알리 왕조의 네 번째 왕이었단다.

무함마드 사이드 또한 아버지에 이어 이집트를 근대화하려고 노력했어. 수도인 카이로에서 수에즈까지 철도를 건설했고, 나아가 수에즈 운하를 건설했지. 수에즈 운하는 지중해와 홍해를 잇는, 160킬로미터에 이르는 세계 최대의 운하야. 이 운하를 이용하면 지중해에서 바로 홍해로 나갈 수 있어. 영국 런던에서 싱가포르까지 약 1만 5000여 킬로미터만 항해하면 돼. 그 전에는? 남아프리카를 빙 돌아서 가야 하기 때문에 2만 4000여 킬로미터를 항해해야 했단다. 거의 절반 정도가 단축되는 거야. 아 참, 수에즈 북쪽의 항구 도시 포트사이드는 그의 이름을 따서 지은 거야.

무함마드 사이드 무함마드 알리와 마찬가지로 서구화 정책을 취했다. 그러나 잘못된 판단으로 국가 재정을 외채에 의존하게 되는 결과를 초래했다.

이 수에즈 운하를 구상한 인물은 프랑스 사람인 페르디낭 드 르셉스였어. 그는 무함마드 알리 통치 시절부터 이집트와 인연을 맺고 있었어. 무함마드 알리와도 친한 사이였고, 어린 사이드의 교육과 훈련을 전담하기도 했지. 이 때문에 사이드와도 절친한 사이였어.

무함마스 사이드가 왕이 되자 르셉스는 "수에즈 운하를 만듭시다"라고 제안했어. 사이드는 조금 꺼려졌나봐. 막대한 돈이 들어갈 것이 분명한데, 그 운하가 이집트에 큰 도움이 될지 확신하지 못했기 때문이야. 르셉스는 "운하를 쥐고 있으면 유럽 열강과 오스만 제국으로부터 자주 독립을 이룰 수 있다"라고 말했어. 결국 사이드는 운하 건설 허가를 내줬어.

르셉스는 1858년 운하 건설을 담당할 회사를 이집트에 만들었어. 이 회사가 만국수에즈해양운하회사야. 회사의 자본금은 2억 프랑이었어. 우리 돈으로 환산하면 2000억 원이 넘어. 150여 년 전에 이 정도라면 실로 어마어마한 규모의 회사야. 회사는 사업 자금을 프랑스와 영국의 금융기관으로부터 빌렸어. 회사의 지분은 프랑스가 54퍼센트, 이집트 왕실이 46퍼센트를 가졌어.

이집트는 그 회사에 상당히 많은 특권을 내줬어. 만국수에즈해양운하회사는 이집트 민중 수만 명을 마음대로 동원해 공사를 진행했지. 사이드는 어떤 생각을 했을까? 혹시 이렇게 생각하지 않았을까?

'이집트 정부는 공사비를 부담하지 않아도 되잖아. 외국 자본을 유치해서 대형 국책 사업을 벌이니 이보다 좋은 방법은 없어. 그들에게 빌린 돈은 나중에 운하가 완공되면 여러 나라로부터 통행료를 받아서 갚으면 되지. 우린 누워서 떡이나 먹으면 돼.'

이런 생각이 옳은 것일까? 물론 이집트의 근대화를 위해 유럽의 자본을 유치한 것까지 문제 삼을 수는 없어. 하지만 그 자본은 결국 이집트가 갚아야 할 빚이야. 만약 빚을 못 갚으면 수에즈 운하를 통째로 잃어버릴 수도 있다는 걱정도 했어야 해. 자칫 유럽 열강들이 수에즈 운하는 물론 이집트를 통째로 노리는 상황이 나올 수도 있지. 결과는 어떻게 됐냐고? 곧 알 수 있을 거야.

수에즈 운하 공사에는 생각보다 많은 돈이 들어갔어. 이집트가 갚아야 할 돈은 슬슬 불어나기 시작했어. 설상가상으로 이집트 왕실의 씀씀이도 헤퍼졌고, 사치도 심해졌어. 공사에 강제 동원된 이집트 민중의 반발도 커졌지.

1863년에 사이드의 조카인 이스마일이 태수에 올랐어. 그러자 영국이

이스마일 수에즈 운하가 개통될 당시 이집트의 술탄이었다. 그러나 그는 영국에 밉보여 10여 년 만에 술탄의 자리에서 쫓겨나는 운명에 처했다.

이스마일에게 "운하 건설을 중단하라!"며 압력을 넣었어. 왜 영국이 나선 것일까? 만약 프랑스가 수에즈 운하를 손에 넣는다면 영국은 인도로 가는 가장 짧은 길을 빼앗기게 돼. 그 경우 프랑스가 먼저 인도를 식민지로 만들 수도 있지.

하지만 공사는 예정대로 진행됐어. 그리고 마침내 1869년 수에즈 운하가 완공됐어. 성대하게 개통식이 열렸지. 겉으로 보기에는 이집트가 놀라운 속도로 발전하는 것처럼 보였어. 물론 안을 들여다보면 그렇지 않았지. 그동안 수많은 이집트 민중이 공사 현장에서 죽었어. 이집트 정부는 거의 파산 상태라 유럽에 진 빚을 갚을 수 없었어. 프랑스에서 공채를 발행해 돈을 더 끌어들이려 했지만 이마저도 실패했어.

바로 이때 영국이 이스마일에게 접근했어. 이 무렵 이집트 왕실이 보유하고 있

는 만국수에즈해양운하회사의 지분은 44퍼센트 정도였어. 1875년 영국 정부는 이 지분 전량을 이스마일로부터 사들였어. 이렇게 해서 영국이 이 회사의 최대 주주가 됐지. 쉽게 말해서 수에즈 운하를 마음대로 할 수 있는 권리를 영국이 가진 거야.

결국 이집트는 세계 최대의 운하를 건설하고도 그 운하를 소유할 수 없게 됐어. 여기에서 발생하는 경제적 열매도 전혀 맛보지 못했어. 영국과 프랑스가 북 치고 장구 치고, 나아가 이익까지 독차지한 셈이야. 이집트는 이로부터 80여 년이 지난 1956년에야 수에즈 운하를 되찾게 돼. 이집트 대통령이 수에즈 운하를 국유화한다고 선언했거든. 그 이야기는 뒤에서 다시 다룰 거야.

19세기 수에즈 운하 이집트는 막대한 비용을 들여 수에즈 운하를 완성했다. 이 과정에서 유럽에 진 빚이 이집트의 발목을 잡아, 수에즈 운하는 영국과 프랑스의 소유로 넘어갔다.

영국 지배 시작되다

영국과 프랑스는 본격적으로 이집트 경제에 간섭하기 시작했어. 명분이 있냐고? 물론이지. 이집트가 빌려간 돈을 제대로 갚지 못하고 있잖아. 그러니까 두 나라의 금융 전문가가 이집트 경제를 총지휘하겠다는 거야. 이집트 정부의 경제 관련 고위직에도 영국과 프랑스 사람이 임명됐어. 사실상 경제적으로 유럽 열강의 식민통치가 시작된 셈이지.

이집트 사람들이 이를 쉽게 받아들이겠어? 이집트 왕인 이스마일부터 두 나라의 간섭이 부당하다며 항의했어. 이집트 군대의 젊은 장교들도 저항운동을 시작했지. 하지만 영국과 프랑스는 눈도 깜짝하지 않았어. 오히려 오스만 제국의 술탄에게 "이스마일 태수를 끌어내리고 열강의 말을 잘 듣는 사람을 태수에 임명하라!"고 요구했단다. 두 나라는 실제로 1879년 이스마일 태수를 끌어내렸어. 전 세계에서 식민지 확보 경쟁을 벌이는 영국과 프랑스가 이집트에서는 명콤비처럼 호흡이 딱딱 맞는 것 같지?

이집트 민족주의자들은 새로운 태수가 열강의 꼭두각시 노릇을 한다며 반대 입장을 분명히 했어. 영국과 프랑스 지배에 대한 젊은 장교들의 저항운동도 거세졌지. 특히 장교들의 시위는 이집트 전역을 들썩이게 할 정도로 대단했어. 장교들은 "이집트인을 위한 이집트를 건설하자!"고 외

아흐마드 우라비 1882년 영국의 군사 간섭을 반대하는 데 앞장섰다. 민족주의적 결사를 조직하여 오늘날 '이집트 독립 운동의 아버지'로 불린다.

쳤어. 이집트 정치는 대혼란에 빠졌어. 결국 새로운 태수가 결심을 내렸어. 민족주의자들을 받아들여 내각을 구성한 거야.

영국과 프랑스는 이 내각을 인정하지 않았어. 태수에게 "내각을 해체하라!"고 명령했지. 내각을 해체하지 않으면 가만 안 두겠다고 협박했어. 이 태수는 열강에 맞설 배짱이 없었나 봐. 그래, 영국과 프랑스의 지시에 따라 내각을 해체한 거야.

이 사실이 알려지자 이집트 민중이 마침내 폭발했어. 곳곳에서 시위가 일어났어. 영국 영사관이 있는 알렉산드리아에서도 민중의 시위가 일어났는데, 이때 영국 총영사가 부상을 입고 피해야 할 정도였어. 영국 정부는 즉각 군대를 투입하기로 했어. 하지만 프랑스는 이 사태에서 발을 빼기로 결정했어.

1882년 7월이었어. 영국 군대가 이집트 알렉산드리아를 침공했어. 이집트와 영국의 군사력은 하늘과 땅만큼의 차이가 있었어. 그러니 이집트가 당해낼 재간이 없지. 알렉산드리아는 금세 영국 군대의 수중에 떨어졌어. 2개월 후에는 이집트 수도 카이로마저 영국에 점령됐지.

영국은 "이집트의 정치가 안정을 되찾고 태수가 제자리를 되찾으면 영국 군대는 즉시 철수하겠다!"고 선언했어. 물론 이 선언은 지켜지지 않았어. 영국은 이집트를 내놓을 생각이 없었지. 맞아. 바로 이때부터 이집트가 사실상 영국의 식민지가 된 거야.

영국이 이집트에 이어 노린 곳은 수단이야. 사실 수단에겐 이집트가 영국의 식민지가 된 것이 그리 나쁘지 않았어. 이 무렵 수단은 이집트의 지배를 받고 있었거든. 그런 이집트가 영국의 식민지가 됐으니 수단으로서는 독립을 쟁취할 좋은 기회가 온 셈이지. 실제로 수단에서는 대대적인 독립투쟁이 일어났어.

영국은 이집트와 연합해 수단 진압에 나섰어. 하지만 저항은 의외로 강했어. 영국은 수단을 포기할까 하는 생각까지 했어. 하지만 결국에는 1898년 수단도 영국의 식민지가 돼.

영국의 이집트 정복은 유럽 열강들에게 큰 자극제가 됐어. 특히 프랑스는 더 이상 머뭇거리다가는 아프리카를 영국에 빼앗길까 봐 걱정이 컸어. 독일도 마찬가지였어. 결국 영국의 이집트 정복 사건은 열강의 아프리카 땅따먹기 경쟁이 본격화한 계기가 된 셈이야.

세계 대전 중의 이집트 역사

20세기 초반과 중반 이집트의 역사를 마저 살펴보도록 할게. 1914년 제1차 세계대전이 터졌어. 영국은 연합국의 큰 형님이었지. 영국은 더 많은 나라를 자기편으로 끌어들이려 했어. 당연히 인도와 이집트 같은 식민지도 전쟁에 내몰았어. 영국은 이집트 전역에 계엄령을 선포하고, 젊은 사람들을 징집하기 시작했어. 그들은 병사가 되어 전쟁터로 끌려갔지.

이집트 태수인 아바스 2세는 참전을 거부했어. 그러나 영국의 총독이 모든 것을 결정했지. 아바스 2세는 오스만 제국에 도움을 요청하려 했어. 이 사실을 알게 된 영국은 아바스 2세를 몰아내고, 영국 말을 잘 듣는 아바스 2세의 삼촌 후사인 카밀을 태수에 앉혔지. 이어 태수^{카디브}의 호칭을 술탄으로 바꿨어. 이집트를 오스만 제국에서 떼어내 영국이 차지하겠다는 뜻을 내비친 거지.

몇 년이 흘렀어. 그사이에 제1차 세계대전이 끝났어. 이집트는 영국에 대해 전쟁에 기여한 만큼 보상해 달라고 요구했어. 그 요구가 바로 독립이었단다. 영국은 거부했겠지? 이집트인들이 모두 들고 일어났어. 공장은 가동을 멈췄고, 학교는 문을 닫았어. 모든 이집트인이 총파업을 벌인 거야. 영국은 당황했어. 그러나 이집트를 내놓고 싶지는 않았어. 이렇게 양쪽의 입장이 너무 다르니 유혈 충돌이 일어날 수밖에 없었지.

1919년 3월 이집트인들과 영국 군대가 전투에 돌입했어. 첨단 무기로 무장한 영국 군대를 쉽게 이길 수는 없었겠지? 그러나 수만 명의 이집트인들은 목숨을 아끼지 않고 싸웠어. 전투는 무려 8개월간 계속됐지. 천여 명에 가까운 이집트인들이 희생됐어. 한 명이 죽으면 또 한 명이 총을 잡았어. 비로소 영국은 무력으로 이집트를 정복할 수 없다는 사실을 깨달았어. 영국은 다른 방법을 찾았어.

1922년 영국이 이집트의 독립을 허용한다고 선언했어. 열강의 식민지가 된 아프리카 국가 가운데 처음으로 독립국이 탄생하는 순간이지. 이집트 민중은 얼떨떨했어. 하지만 곧 정신을 차려 사태를 파악해보니 영국의 정치 술수였다는 사실이 밝혀졌어. 영국은 형식적으로만 독립을 허용했던 거였어. 완전한 독립이 아니었지.

이집트는 영국의 제도를 본 떠 입헌군주제를 받아들였단다. 이집트 왕국의 첫 왕은 아흐메드 후아드였어. 이 왕은 영국 식민지 시절 술탄이었던 사람이야. 그런 사람이 독립 왕국의 왕이 됐어. 과연 영국을 무시할 수 있을까? 아니야. 이 왕은 말 그대로 허수아비였을 뿐이야. 실제로는 영국이 모든 것을 장악했어. 영국 군대가 이집트 땅에 머무는 것은 물론이고, 이집트의 경찰과 군대가 모두 영국의 지휘를

1919년 이집트 민중 1919년 이집트 혁명 당시 데모하는 여성들. 영국에 대한 독립 운동이었던 이 혁명으로 1922년 이집트는 독립을 달성했다.

제1차 중동전쟁 이스라엘 군대에 격추되어 추락한 이집트 전투기. 팔레스타인 전쟁이라고도 불리는 제1차 중동전쟁은 당초의 예상을 뒤엎고 아랍 세계의 패배로 끝났다.

받았어.

왕은 허수아비지만 이집트 정부, 즉 내각은 아니었어. 이 내각은 와후드 당이 장악했지. 이 당에 있는 사람들은 식민지 시절 이집트 독립운동을 주도했던 투사들이야. 그들은 허수아비 왕과도 싸우고 영국과도 싸웠어. 국민들은? 당연히 와후드 당을 지지했지. 이집트는 국민이 지지하는 와후드 당과, 혼자만 잘살겠다는 허수아비 왕과, 이집트를 여전히 장악하려는 영국이 뒤엉겨 싸우는 모양새가 됐어.

그런 가운데 1939년 제2차 세계대전이 터졌어. 이집트의 왕은 중립을 선언했어. 이제 독립국이니 굳이 상관없는 전쟁에 뛰어들 필요가 없잖아? 그러나 이번에도 이집트는 전쟁에 참여해야 했어. 왜 그랬겠니? 맞아, 영국이 참전하라고 압력을 넣었던 거야.

사실 이집트는 제2차 세계대전을 피할 수도 없는 상황이었어. 독일과 이탈리아가 수에즈 운하를 빼앗으려고 이집트를 침략했기 때문이야. 그래도 어쨌든 자발적인 참전은 아니었지. 이집트는 무늬만 독립국일 뿐, 아직 반식민지였던 셈이야.

이집트는 제1차 세계대전 이후 영국에 저항해 독립했지? 제2차 세계대전이 끝난 후에도 이집트의 저항이 일어났어. 이집트인들은 "영국은 더 이상 간섭하지 말고 이집트에서 완전히 물러나라"며 외쳤어. 이번에도 영국이 한 걸음 뒤로 물러섰어. 1946년 영국은 군대를 이집트에서 철수시키기로 이집트 정부와 합의했단다.

이제 이집트가 완전히 두 발로 선 것일까? 글쎄, 그러기 위해서는 넘어야 할 산이 너무 많았어. 그 산 가운데 하나가 이스라엘이었어. 1948년 이스라엘이 독립을 선포하면서 서아시아와 북아프리카 등 아랍 세계에 비상이 걸렸지. 팔레스타인에 살던 아랍인들이 모두 쫓겨나게 됐잖아? 결국 이스라엘과 아랍 세계가 전쟁을 벌이기 시작했어. 이 전쟁이 바로 중동전쟁이란다.

제1차 중동전쟁의 결과가 어떻게 됐냐고? 이집트가 패했어. 그 결과 이집트는 극도로 혼란해졌어. 이 혼란을 틈타 젊은 군 장교가 쿠데타를 일으켜. 그가 바로 가말 압델 나세르란 인물이야. 여기서부터는 다음 장에서 살펴볼게.

황금 해안과 상아 해안

오늘날의 가나 해안과 코트디부아르 해안 지대를 아주 오래전에는 각각 황금 해안과 상아 해안이라고 불렀어. 15세기 후반 포르투갈의 선교사가 가나의 해안에 도착했는데 도저히 눈을 뜰 수 없었다고 해. 해변을 따라 무수히 많은 알갱이들이 반짝이고 있었기 때문이야. 바로 금이었어. 유럽 열강들을 이곳으로 불러 모은 것은 바로 이 금이었지. 아프리카인들의 의지와 상관없이 유럽 열강들은 이곳을 황금 해안이라고 부르기 시작했어.

코트디부아르 해안을 상아 해안이라고 부른 것은, 이 지역에서 상아 무역이 성행했기 때문이야. 아프리카 내륙에서 수집한 모든 상아가 이곳에 쌓였지. 두 해안의 공통점이 있어. 무역이 발달했으니 다른 무역도 활기를 띠겠지? 무엇을 거래했을까? 바로 흑인이었어. 그래, 두 해안은 노예무역의 중심지였단다.

열강,
아프리카를 분할하다

　영국의 이집트 점령은 유럽 열강의 식민지 경쟁을 촉발시켰어. 프랑스와 독일도 잇달아 아프리카로 뛰어들었지.

　유럽 열강들은 먼저 정부로부터 특권을 인정받은 동인도 회사와 같은 무역 회사들이 아시아나 아메리카에 진출했어. 나중에는 이 무역 회사의 권리를 정부가 넘겨받아 식민지로 만들었지. 아프리카 대륙에서도 똑같은 순서로 식민지가 만들어졌어.

　여기서는 유럽 탐험가와 선교사들이 어떻게 아프리카로 진출했는지, 그리고 각 지역이 열강의 식민지가 되는 과정을 살펴볼 거야. 결과부터 말하자면, 에티오피아와 라이베리아를 뺀 나머지 아프리카 국가가 유럽 국가들의 식민지가 됐어. 프랑스와 영국이 가장 많은 영토를 차지했어. 두 나라 만큼은 아니지만 독일, 이탈리아, 벨기에, 포르투갈, 에스파냐도 아프리카에 식민지를 확보했지. 일찍부터 중상주의가 발달했던 네덜란드는 아프리카에 식민지를 두지 못했어. 아프리카 국가들은 제2차 세계대전이 끝난 후에야 독립할 수 있었어. 어떤 나라는 1975년까지도 포르투갈의 식민지 신세에서 벗어나지 못했지.

레오폴드빌과 브라자빌

노예무역은 19세기 들어 크게 주춤해졌어. 이 무렵 아프리카를 노리고 있던 유럽의 제국주의 국가들, 즉 열강들이 아프리카 정책을 바꿨기 때문이야. 이때부터 열강들은 아프리카를 보호령이란 이름의 식민지로 만들려 했어. 노예무역에서 식민 지배로 정책이 바뀐 거지.

이렇게 정책이 바뀐 이유는 크게 두 가지야. 첫째는 노예무역이 불법이 됐기 때문이야. 둘째는 산업과 과학이 발전했기 때문이야. 공장에서 제품을 생산하는 시대인데, 농장에서 죽도록 일할 노예가 굳이 필요하겠어?

아프리카를 식민지로 만들려고 했던 대표적인 나라는 영국과 프랑스야. 영국은 아프리카를 북에서 남으로 지배하는 종단 정책을, 프랑스는 서에서 동으로 지배하는 횡단 정책을 펼쳤어. 종단 정책과 횡단 정책이 충돌해 오늘날의 수단 파쇼다 지역에서 두 나라가 맞붙는 사건이 발생하기도 했지. 이 사건은 곧 살펴볼 거야.

유럽 열강들이 아프리카 내륙으로 본격 진출한 것은 18세기 무렵부터야. 18세기 후반이 되면 아프리카 내륙 깊숙한 곳까지 진출한 유럽 사람들이 생겨났어.

1788년 영국 런던에서 아프리카내륙발견협회가 만들어졌어. 단체 이름만 봐도 뭘 하려는 단체인지 알 수 있겠지? 맞아, 아프리카 내륙 지방을 탐험하려는 거야. 더 정확히 말하자면, 서아프리카의 니제르 강 일대를 탐험하려고 했어. 이 협회는 줄여서 아프리카협회라고 부르기도 해. 훗날 왕립지리학회로 이름이 바뀌지. 어쨌든 이 협회 회원들이 1795년부터 본격적으로 아프리카 내륙을 탐사하기 시작했어. 당초 목적대로 첫 탐험 지역은 니제르 강 주변이었어. 탐험가들은 니제르 강을 성공적으로 탐험했어.

탐험가들은 이어 19세기 초반에는 중서아프리카에 있는 차드 호까지 진출했어. 스피크Speke란 인물은 남동아프리카의 탕가니카 호까지 탐험했고, 1858년 무렵에는 세계에서 두 번째로 큰 호수인 빅토리아 호에까지 도착했지.

선교 활동을 목적으로 탐험에 나선 사람들도 있었어. 대표적인 인물이 데이비드 리빙스턴이야. 리빙스턴은 이미 1841년부터 남아프리카에서 선교 활동을 하고 있었는데, 더욱 깊숙한 내륙으로 들어가고 싶었나 봐. 그는 1852년 무렵 북쪽으로 여행을 시작했단다. 오늘날 남아프리카공화국의 케이프타운을 출발해 내륙으로 걸어 들어갔어. 이윽고 남서아프리카의 해안 지대로 갔다가, 나중에는 동아프리카로 갔어. 대륙을 횡단한 거지. 이 과정에서 빅토리아 폭포와 잠베지 강을 백인으로서는 처음으로 봤다고 전해지고 있어.

1866년 리빙스턴은 세 번째로 중앙아프리카 탐험에

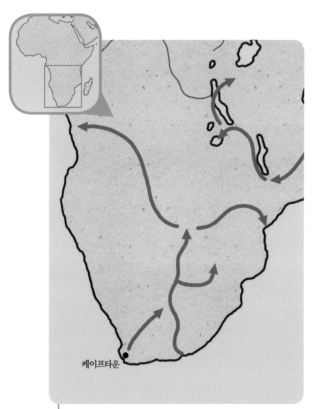

데이비드 리빙스턴의 탐험로 리빙스턴은 홀로 아프리카의 남부 내륙 지역을 탐사했다. 그는 아프리카에 푹 빠진 대표적인 인물로, 유럽으로 돌아가기를 거부했다.

케이프타운

나섰어. 얼마나 시간이 지났을까. 곧 그와
의 모든 연락이 끊어지고 말았어. 실종된
거야. 영국 출신의 미국 언론인 헨리 모건
스탠리가 그를 찾기 위해 아프리카로 떠났
어. 스탠리는 1871년 남동아프리카의 잔지
바르를 출발했어. 결국 탕가니카 호 주변에
서 리빙스턴을 찾아냈지.

스탠리는 리빙스턴으로부터 바통을 넘
겨받아 아프리카를 탐험했어. 예정된 탐험
을 마치고도 그는 아프리카 여행을 멈추지
않았어. 곧바로 중앙아프리카 구석구석을
탐험하기 시작했어. 적도 지방을 흐르는 콩
고 강을 발견한 것도 스탠리의 업적이었지.

레오폴드 2세 콩고 지역을 개인 사유지로 만든 벨기에
의 왕이다. 원주민에 대한 착취가 심해 많은 나라들로
부터 비난을 받았다.

1879년 벨기에의 왕 레오폴드 2세가 스탠리를 지원하기 시작했어. 레오폴드 2
세는 강력한 벨기에를 건설하려면 아프리카 식민지가 필요하다고 생각했던 인물
이야. 스탠리는 콩고 강 하류에 레오폴드빌이란 도시를 건설했어. 그 주변에 살던
원주민 족장들로부터 벨기에 왕에게 보호받겠다는 동의서까지 받아냈단다. 레오
폴드 2세는 이 지역을 콩고자유국이라고 이름 붙이고는 자신의 영토로 삼았어.

거의 비슷한 시기인 1880년대 초반 프랑스 탐험가 피에르 브라자도 콩고 강 일
대를 탐험하고 있었어. 그도 스탠리가 그랬던 것처럼 콩고 강 하류에 도시를 건설
했어. 그 도시가 브라자빌이야.

레오폴드빌과 브라자빌은 강을 사이에 두고 마주 보고 있어. 강의 북쪽에는 브
라자빌, 남쪽에는 레오폴드빌이 있지. 브라자빌은 오늘날 콩고의 수도이고, 레오

폴드빌은 콩고민주공화국의 수도야. 레오폴드빌은 오늘날에는 킨샤사라고 불러.

프랑스는 곧 브라자빌을 정식으로 영국의 보호령으로 삼았어. 왜 그랬겠니? 영국이 이집트를 정복했으니 프랑스도 아프리카 중서부에 식민 기지를 두려는 속셈이었던 거야. 실제로 브라자빌은 이후 프랑스의 중앙아프리카 식민지 개척의 중심지가 된단다.

콩고 강 일대가 좀 어수선하지? 여러 열강들이 앞다퉈 달려들고 있잖아? 물론 이 지역은 그럴 만한 가치가 있었어. 이집트의 젖줄이 나일 강이라면 콩고 강과 니제르 강은 중서아프리카의 젖줄이야. 그러니 이 지역을 차지해야 무역을 장악할 수 있었던 거지.

베를린 회의와 식민지 경쟁 본격화

콩고 강 주변에서 유럽 열강들의 경쟁이 치열해지고 있지? 영국은 벨기에의 편을 들었어. 이 무렵 영국과 프랑스는 유럽뿐만 아니라 세계 곳곳에서 패권 다툼을 벌이고 있었어. 그러니 영국으로서는 프랑스가 아프리카에서 세력을 키우는 게 반갑지 않았을 거야. 영국은 벨기에 왕 레오폴드 2세가 콩고를 지배하는 데 동의한다는 협정을 맺었어.

콩고 지역이 시끌시끌하자 열강들의 국제회의가 열렸어. 1884년 독일 재상 비스마르크는 베를린에 열강들을 불러 모았어. 베를린 회의라고 불리는 이 회의에서 유럽 국가들은 콩고 지역을 레오폴드 2세의 땅으로 공식 인정했단다.

베를린 회의의 진짜 속셈은 따로 있었어. 사실 콩고 지역의 분쟁을 해결하자는 건 구실에 불과했어. 실제로 이 회의가 열린 이유는 아프리카를 어떻게 나눠먹을까 논의하기 위해서였지. 유럽 열강들이 어떻게 하면 전쟁을 벌이지 않고 아프리

베를린 회의 다른 연도의 베를린 회의와 구별해 '베를린 서아프리카 회의'라 부르기도 한다. 이 회의를 계기로 서구 열강들이 아프리카 식민지 분할을 공식화했다.

카를 분할할 수 있을까를 얘기해 보자는 회의였던 거야. 이 회의에 참가한 나라들을 봐. 영국, 프랑스, 독일 외에도 러시아, 에스파냐, 네덜란드, 벨기에, 오스트리아, 덴마크, 스웨덴이 참가했어. 유럽 국가도 아닌 오스만 제국과 미국도 참가했지. 강대국 흉내를 내는 나라는 모두 모인 거야.

베를린 회의 결과 체결된 콩고분지 조약의 내용을 볼까? 우선, 유럽 국가들은 아프리카에서 서로 무역을 방해하지 않기로 결정했어. 이른바 자유무역을 허용하기로 약속한 거야. 이에 따라 유럽 열강들은 경쟁적으로 특허회사를 만들었어. 특허회사가 무슨 일을 하냐고? 이런 회사들은 아프리카 식민지에서 땅을 확보한 뒤 개발하고 무역할 수 있는 독점권을 가졌어. 그뿐만이 아니야. 지역 상황에 맞게 법을 만들고 집행하며, 범법자에 대해서는 처벌할 수 있는 권리도 받았어. 아프리카에서는 이런 회사가 그 자체로 정부나 다름없던 거지.

둘째, 식민지 지배의 조건을 명시했어. 유럽 열강들은 아프리카를 임자 없는 땅이라고 여겼어. 따라서 가장 먼저 무역기지나 선교기지를 만드는 나라가 그 땅을 차지하기로 했어. 그 대신 군대나 이주민이 그 땅에 반드시 살아야 한다는 단서가 붙었어. 그렇다면 하루빨리 많은 땅을 정복하고, 이주민을 파견하면 되지? 이 때문에 특히 영국과 프랑스가 경쟁적으로 영토를 늘린 거야. 이 과정에서 많은 충돌이 발생했는데, 1898년 발생한 파쇼다 사건이 대표적이지.

이 조약의 결과, 유럽 국가들은 아프리카로 잽싸게 달려갔어. 땅을 점령하고 '우리 땅'이라고 우겼지. 이때 만들어진 국경은 오늘날 아프리카의 모습과 크게 다르지 않아. 오늘날까지 아프리카에서 부족 간의 분쟁이 끊이지 않는 것은 이런 역사에서 비롯됐다는 비판이 많아. 유럽 열강들은 똘똘 뭉치는 부족은 떼어놨고, 자주 싸우는 부족은 붙여놓는 식으로 국경을 정해 버린 거야. 그들이 왜 그랬을까? 맞아, 아프리카인들이 서로 싸우도록 조장하기 위해서였어. 그래야 지배하기가 편하지 않겠니?

아프리카의 민족과 문화를 전혀 고려하지 않고, 유럽 열강 마음대로 영토를 나눠 놨으니 수많은 갈등이 생길 게 뻔해. 문명인이라는 유럽 사람들이 이토록 비인간적이고 야만적으로 행동한 까닭이 뭘까? 당시 유럽 사람들은 아프리카 사람들이 열등하다고 생각했기 때문이야.

유럽 사람들은 하나같이 아프리카 사람들을 착취하고 억압했어. 어떤 회사는 법으로 금지한 노예를 부리기도 했지. 레오폴드 2세는 콩고자유국의 백성들을 아주 가혹하게 대했어. 그가 죽인 원주민만 1천만 명이 넘어. 오죽하면 그를 콩고의 학살자라 부르겠니?

이런 만행을 저지르면서도 유럽 사람들은 죄의식을 느끼지 않았어. 중요한 것은 이익을 많이 내는 거지, 민주주의 사회를 만드는 게 아니었던 거야. 어때? 오늘날

아프리카의 비극이 유럽 열강의 '아프리카 분할' 정책에서 비롯됐다는 비판이 잘
이해되지?

아프리카인이 된 리빙스턴

데이비드 리빙스턴은 원래 의사였어. 그
러나 의사라는 직업도 팽개치고 아프리카로
달려가 혼자 아프리카 곳곳을 돌아다녔지.
직접 곡식을 빻아 음식을 만들어 먹었어. 사
자에게 물려 팔이 부러진 적도 있었어. 아무
도 가지 않았던 아프리카 내륙 지방을 탐험
하고 돌아온 후 그는 유명 인사가 됐어.

하지만 자꾸 아프리카가 떠올랐나 봐. 리
빙스턴은 다시 아프리카 한복판으로 갔어.
그러고는 사라져 버렸어. 나중에 콩고 강 주
변의 작은 마을에서 스탠리가 그를 발견했
을 때 그는 이미 유럽 사람이 아니었어. 완
전히 아프리카 사람이 돼 있었지. 그는 돌아
가자는 스탠리의 제안을 거절했어. 원주민
과 살다 죽겠다는 거였지.

데이비드 리빙스턴 의사 출신이었지만 아
프리카에 푹 빠져, 그곳에서 생을 마감한
인물이다. 그 덕분에 아프리카 내륙 지역
이 유럽에 알려졌다.

1873년 리빙스턴이 죽은 뒤 원주민들은 부족 관습에 따라 그의 심장을 꺼내 나무 아래에
묻었다는구나. 물론 이게 사실인지 확인하기는 어려워. 정말 그랬다면 원주민들도 그를 친구
로 인정했다는 뜻일 거야. 리빙스턴이 죽자 항상 곁에서 시중을 들어준 충복인 아프리카 청
년이 그의 시신을 해안까지 옮겨 비로소 영국에 묻힐 수 있었다고 해.

프랑스의 횡단 정책

이제 프랑스의 횡단 정책과 영국의 종단 정책에 희생된 나라를 살펴볼게. 오늘날의 국명을 기준으로 본다면 모로코, 알제리, 모리타니, 세네갈, 기니, 코트디부아르, 말리, 베냉, 니제르, 가봉, 마다가스카르가 이때 프랑스의 지배를 받았어. 반면 이집트, 수단, 우간다, 케냐, 말라위, 잠비아, 짐바브웨, 보츠와나, 남아프리카공화국은 영국의 지배를 받았지. 먼저 횡단 정책부터 살펴보고, 이어 종단 정책을 살펴볼게.

북아프리카의 알제리는 16세기까지만 해도 오스만 제국의 지배를 받고 있었어. 하지만 17세기 이후 오스만 제국의 힘이 약해지면서 알제리는 프랑스의 먹잇감이 돼버렸어. 시칠리아 섬을 장악하고 있던 프랑스는 1830년 알제리로 진격해 점령했어. 알제리 민중이 저항했지만 역부족이었어. 곧 알제리는 프랑스의 식민지가 됐지.

알제리 다음은 모로코였어. 모로코는 알제리와 달리 오스만 제국의 지배를 받지 않았고, 독립된 이슬람 왕조가 이미 존재하고 있었어. 하지만 유럽 열강들에게는 아무런 상관이 없었어. 프랑스가 에스파냐가 1880년부터 모로코를 노리고 달려들었어. 두 나라는 20년 넘게 주도권 다툼을 벌였고, 결국 협상을 벌여 영토를 사이좋게 나눠 가지기로 합의했어. 그 결과 1912년 모로코는 두 개로 쪼개졌어. 한 지역은 프랑스령 모로코, 또 다른 지역은 에스파냐령 사하라가 됐어. 에스파냐령 사하라는 오늘날 서사하라로 불리고 있지.

이제 북아프리카에 남은 나라는 하나밖에 없어. 바로 리비아야. 나머지 나라는 대부분 프랑스의 식민지가 됐지? 그렇다면 리비아는 어떻게 됐을까? 리비아는 이탈리아의 손에 들어갔단다. 이 역사는 곧 살펴보도록 할게.

서아프리카로 가볼까? 서아프리카 해안과 접해 있는 대부분 나라가 프랑스의

196

식민지가 됐어. 어쩌다 이렇게 됐는지 이해하려면 조금 더 과거로 거슬러 올라가야 해.

때는 17세기 초반이었어. 프랑스는 오늘날의 세네갈 북서부 항구도시 다카르 주변에 무역기지를 만들었어. 이 무역기지가 프랑스의 서아프리카 정복 거점이 됐지. 프랑스는 무역을 한다면서 실제로는 정복 활동을 벌였어. 세네갈 주변

1900년의 다카르 프랑스령 서아프리카 전체의 수도였으며, 현재는 세네갈의 수도이다. 프랑스식 시가지가 건설되어 있어 '아프리카의 파리'라고도 불린다.

지대를 모두 장악한 프랑스는 마침내 세네갈 본토를 공략했어. 뚝딱 해치울 줄 알았지만, 세네갈을 차지하는 데는 무려 200여 년이 걸렸어. 19세기 중반에 가서야 프랑스는 세네갈을 보호령으로 삼고 총독을 파견했어. 공식적으로 세네갈이 프랑스의 식민지가 됐다는 뜻이야.

프랑스는 세네갈에 이어 주변 지역으로 식민지를 확대하기 시작했어. 물론 쉽지만은 않았어. 포르투갈과 영국이 세네갈 주변에서 떡하니 버티고 있었거든. 영국은 감비아를, 포르투갈은 오늘날의 기니비사우를 식민지로 두고 있었지. 프랑스가 그랬던 것처럼 두 나라도 주변으로 세력을 키우려고 했어. 충돌이 일어날 것 같지 않니? 실제로 이 나라들은 몇 차례 전투를 치르기도 했어. 그리고 난 후 프랑스는 1886년 포르투갈과, 1904년 영국과 협정을 맺어 국경선을 확정지었단다.

프랑스는 세네갈에 이어 주변의 나라들을 싹 점령했어. 모리타니, 기니, 말리, 니제르, 부르키나파소, 코트디부아르, 베냉까지 총 8개국이 프랑스의 식민지가 됐

지. 감비아, 시에라리온, 가나^{영국령}, 기니비사우^{포르투갈령}, 토고^{독일령}, 라이베리아^{독립국} 를 뺀 북서아프리카의 모든 나라가 프랑스의 손아귀에 들어간 거야. 물론 당시에 는 이런 식으로 나라가 분리돼 있지 않았어. 어떤 지역에는 아직도 토착 부족이 작 은 영역을 통치하기도 했지. 어쨌든 20세기를 5년여 앞둔 1895년, 프랑스는 이 8 개국을 합쳐 프랑스령 서아프리카라고 불렀어. 맨 처음 프랑스가 발을 들였던 세 네갈의 다카르가 이 프랑스령 서아프리카의 수도로 정해졌지.

이번엔 지도에서 약간 남쪽으로 내려가 볼까? 중앙아프리카가 나오지? 프랑스 는 이 지역까지 진출해 식민지를 만들었어. 중앙아프리카에서 프랑스가 첫 거점 으로 삼은 곳은 가봉과 콩고야.

프랑스 군대가 무력을 앞세워 세네갈을 보호령으로 삼은 19세 기 중반 무렵이었어. 프랑스는 가 봉에 마을을 건설했지. 프랑스의 지원을 받아 이 마을을 건설한 사 람들은 콩고에 있던 노예 46명이 었어. 프랑스는 이 도시를 리브르 빌이라 불렀어. '자유의 도시'란 뜻이야. 이 리브르빌은 현재도 가 봉의 수도란다.

리브르빌이 해방노예를 위해 지어진 마을이긴 하지만 프랑스 의 중앙아프리카 진출의 교두보 가 된 것도 사실이야. 리브르빌,

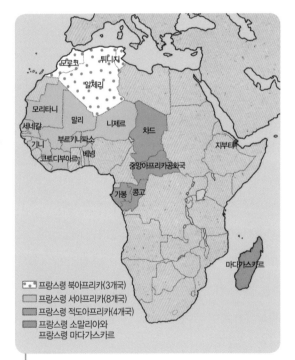

프랑스 식민지 프랑스는 서아프리카 8개국을 프랑스령 서아프리카, 중앙아프리카의 4개국을 프랑스령 적도아프리카라고 불렀다. 소말 리아(오늘날의 지부티)와 마다가스카르, 그리고 북부의 3개국도 프랑 스 식민지가 됐다.

그리고 그 동남쪽에 있는 콩고 브라자빌이 대표적인 프랑스의 식민기지였지.

1885년 콩고에 주둔해 있던 프랑스 군대가 북동쪽으로 진격했어. 이와 동시에 프랑스령 서아프리카에 속해 있는 니제르에서도 군대가 움직였어. 이 군대는 동쪽, 그러니까 내륙으로 진격했어. 프랑스는 곧 차드와 중앙아프리카공화국

1899년의 리브르빌 해방된 노예들을 위해 세워진 도시였으나, 프랑스의 중앙아프리카 진출에서 중요한 교두보 역할을 하기도 했다. 현재는 가봉의 수도이다.

을 잇달아 정복한 뒤 프랑스령 콩고에 포함시켰어. 이어 프랑스 군대는 다시 동쪽으로 진격했어. 자, 지금까지 프랑스 군대가 어떻게 움직였는지 봐. 먼저 서해안의 땅을 정복했고, 내륙으로 진출하고 있지? 맞아, 이게 바로 프랑스의 아프리카 횡단 정책이란다.

1898년 프랑스 군대는 나일 강이 보이는 곳까지 진출했어. 하지만 프랑스 군대는 거기에서 더 이상 진군할 수 없었어. 바로 그곳에 영국 군대가 있었기 때문이야. 두 나라가 충돌했는데, 이 사건이 바로 파쇼다 충돌이야. 영국과 프랑스는 격렬한 전투를 벌이지는 않았어. 자기들끼리 싸워 봐야 별 이득이 없다고 판단했기 때문이야. 두 나라는 곧 영불협정을 체결해 국경선을 확정지었어. 1910년 프랑스는 콩고, 가봉, 차드, 중앙아프리카공화국 등 네 나라가 포함된 프랑스령 콩고를 프랑스령 적도아프리카라는 이름으로 바꿨단다.

종횡무진, 영국의 식민지 정복전쟁

이번엔 영국의 상황을 살펴볼게. 먼저 프랑스가 리브르빌, 브라자빌을 건설한 서부 아프리카로 가 볼게.

영국은 프랑스의 식민지를 비집고 들어가 서아프리카에도 여러 식민지를 만들었단다. 프랑스가 그 지역에 식민지를 만들었던 시기와 거의 다르지 않아. 가령 감비아는 1783년 영국의 식민지가 됐어. 그 후 영국은 가나, 나이지리아, 시에라리온, 감비아까지 모두 식민지로 만들었어. 영국은 이 나라를 합쳐 영국령 서아프리카라고 불렀어.

이 가운데 시에라리온의 프리타운은 해방된 노예들을 이주시켜 만들어진 도시

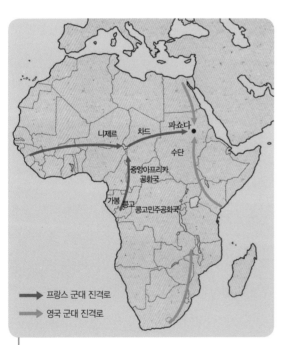

파쇼다 충돌 서쪽에서 동쪽으로 진격하던 프랑스 군대와 남북을 잇는 영국 군대가 수단의 파쇼다에서 충돌했다. 횡단 정책과 종단 정책은 이 충돌로 끝이 났다.

였어. 프랑스가 세운 리브르빌과 비슷하지? 프리타운은 리브르빌보다 좀 더 이른 시기인 18세기 후반에 건설됐어. 리브르빌처럼 프리타운이라는 이름도 자유마을이란 뜻을 담고 있어. 하지만 도시 이름처럼 자유가 항상 충만하지는 않았어. 영국은 프리타운을 아프리카 식민지 확대를 위한 기지로 삼았단다.

프랑스도 식민지를 넓히는 게 쉽지만은 않았듯 영국도 마찬가지였어. 영국은 나이지리아와 가나를 정복할 때 군대를 동원해야

1850년의 프리타운 원래는 해방된 노예를 위한 도시로 만들 계획이었으나, 점차 식민지 확대를 위한 전진 기지로 변했다. 현재는 시에라리온의 수도이다.

했단다.

나이지리아에는 풀라니 왕국이 있었는데, 이 왕국의 왕은 유럽 사람들이 자기 나라로 들어오는 것을 좋아하지 않았어. 하지만 영국은 풀라니 왕국의 뜻을 존중하지 않았어. 영국 정부로부터 무역 독점권을 받은 영국의 왕립나이저회사가 나이지리아로 진출했지. 당연히 풀라니 왕국은 저항했어. 그러자 왕립나이저회사의 군대가 풀라니 왕국을 공격했어. 1897년 왕립나이저회사는 나이지리아를 정복하는 데 성공했어. 영국 정부는 1900년 왕립나이저회사로부터 독점권을 빼앗고, 직접 나이지리아를 통치하기 시작했어.

가나를 정복할 때도 비슷한 상황이 연출됐어. 이 지역에 남아 있던 아샨티 왕국을 영국 군대가 완전히 초토화시킨 후에 식민지로 삼은 거야.

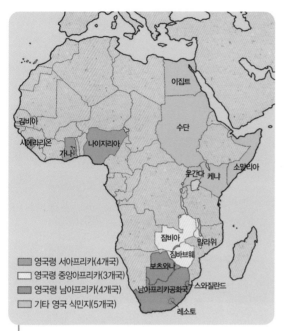

영국 식민지 서부 4개국은 영국령 서아프리카, 중부 3개국은 영국령 중앙아프리카, 남부 3개국은 영국령 남아프리카라고 불렀다. 그 밖에 동북부의 5개국도 영국의 식민지가 됐다.

영국은 아프리카 동부에서는 종단정책을 추진했어. 이집트와 수단을 식민지로 삼았다는 이야기는 이미 했지? 곧 살펴보겠지만, 영국은 아프리카 최남단 지역, 즉 오늘날의 남아프리카공화국도 식민지로 만들었어. 그리고 이집트, 수단과 남아프리카공화국 사이에 있는 동아프리카의 여러 나라도 식민지로 만들었단다.

우간다와 케냐에는 19세기까지 토착 왕국들이 남아 있었어. 1862년 영국의 탐험가인 스피크와 그랜트가 이 나라의 왕들을 만났어.

아프리카의 다른 지역에서도 그랬듯이 이 탐험가들은 왕들을 설득해 지배권을 가져갔어. 영국은 1888년 케냐를, 1889년 우간다를 보호령으로 삼았지.

우간다와 케냐를 보호령으로 삼는 데 일등 공신은 영국의 동아프리카회사였어. 이 회사는 두 나라에서 무역을 독점하고 있었지. 얼마 후 이 회사는 무역뿐만 아니라 식민지를 개발하고 원주민을 통치하는 기구로 변했어. 동아프리카회사의 경영진은 대부분 제국주의자들이었어. 무력으로 강압적인 통치를 했을 거라는 점은 충분히 짐작할 수 있지?

영국은 제1차 세계대전이 끝난 후 독일의 식민지였던 탄자니아까지 식민지로 만들었어. 당시에는 탕가니카와 잔지바르로 나뉘어 있었지. 1920년으로 접어들면서 영국은 케냐, 우간다, 탕가니카, 잔지바르 등을 연방으로 통합하는 작업을 추진했어. 이렇게 해서 탄생한 게 영국령 동아프리카란다.

남아프리카공화국의 동북쪽을 보면 짐바브웨란 나라가 있어. 짐바브웨의 북서쪽에는 잠비아란 나라가 있지. 짐바브웨와 잠비아는 20세기 초반까지만 해도 로디지아라 불렸어. 짐바브웨는 남 로디지아, 잠비아는 북 로디지아였지. 오늘날의 국명을 갖게 된 것은 1960년대 이후 독립을 쟁취하면서부터야. 이 두 나라가 왜 로디지아로 불렸는지 이유를 살펴볼까?

이 지역은 유럽에 꽤 늦게 알려진 편이야. 내륙에 위치한 터라 유럽 사람들이 잘 몰랐던 거야. 이들 지역을 유럽에 알린 사람이 바로 리빙스턴이야. 그가 어떤 사람인지는 앞에서 살펴봤지?

남아프리카공화국을 포함해 이 두 나라와 보츠와나까지 모두 영국이 차지했어. 정복의 시작은 남아프리카공화국이었지. 19세기 후반이 되자 영국은 남아프리카공화국 케이프 식민지에서부터 북쪽으로 올라가면서 모든 지역을 정복했어. 이 업무를 담당한 것은 영국의 남아프리카회사였지. 다른 지역의 회사들이 그랬던 것처럼 남아프리카회사도 이 지역의 개발 독점권을 가지고 있었어. 남아프리카회사는 금광과 다이아몬드 광산을 경영하며 큰 돈을 벌었어.

이 남아프리카회사를 만든 사람은 세실 로즈였어. 그는 1895년 잠비아와 짐바브웨를 점

제국주의자 세실 로즈 남아프리카공화국 케이프 식민지의 총독 세실 로즈. 그는 뼛속까지 제국주의자라는 평을 받았다.

령했어. 처음에는 두 지역을 합쳐, 자신의 이름을 따 로디지아라 불렀지. 그러다가 6년 후 로디지아를 다시 쪼개 잠비아는 북 로디지아, 짐바브웨는 남 로디지아라 불렀어. 세실 로즈는 남아프리카공화국의 케이프 식민지에서 총독으로 있기도 했어. 뼛속까지 철저한 제국주의자라는 평을 받는 인물이었자. 얼마나 원주민을 착취했을지는 말하지 않아도 알겠지?

세실 로즈가 로디지아를 쪼개던 해, 말라위가 영국의 식민지가 됐어. 영국은 이 세 나라를 합쳐 영국령 중앙아프리카라고 불렀단다. 또 세 나라의 남부에 있는 남아프리카공화국, 보츠와나, 스와질란드, 레소토를 합쳐 영국령 남아프리카로 불렀어. 이 부분은 따로 살펴볼게. 조금만 기다려.

자, 지도를 봐. 영국의 식민지가 이집트에서부터 남아프리카공화국까지 아프리카를 거의 종단했다는 사실을 알 수 있을 거야. 만약 독일이 탄자니아를 지배하지 않았다면 완벽한 직선을 그을 수 있었겠지.

프랑스는 동아프리카에서 식민지를 거의 확보하지 못했어. 오늘날의 지부티가 프랑스가 차지한 유일한 동부 식민지였단다.

독일, "저항하면 모두 죽여라"

프랑스와 영국 이외의 다른 유럽 국가들도 아프리카 식민지 경쟁에 뛰어들었어. 우선 독일을 살펴볼까?

1885년 콩고분지 조약을 기억하고 있지? 베를린 회의 결과 아프리카를 유럽 국가들이 나눠먹기로 한 조약 말이야. 독일은 그 조약에 따라 오늘날의 나미비아에 독일령 남서아프리카를 건설했어. 나미비아란 이름은 거대한 나미브 사막이 이 지역에 있기 때문에 붙여진 거야.

16세기부터 나미비아에는 헤레로족이 살고 있었어. 이때는 아직 독일인이 나미비아에 진출하기 전이야. 처음으로 독일인이 이곳에 나타난 것은 19세기 중반이었지. 그 독일인은 선교사였어. 선교사가 돌아가고 나서 독일 무역상이 이곳을 찾았어. 그 무역상은 추장을 만나 담판을 지었어. 총과 돈을 조금 주고 해안 지대를 받기로 했지. 그 무역상은 그 후로도 조금씩 땅을 넓혔어. 추장은 총에 반해 땅을 마구 내줬어. 여기까지는 영국과 프랑스가 했던 방법과 크게 다르지 않지?

하지만 그다음부터는 많이 달라. 독일이 이 지역을 독일령 남서아프리카로 정한 후에는 더 이상 추장의 눈치를 보지 않았어. 총도 주지 않았고 돈도 주지 않았어. 내키는 대로 땅을 빼앗았지. 원주민들은 모든 것을 잃었어. 당연히 원주민들이 저항했겠지?

1904년이었어. 헤레로족이 마침내 총궐기했어. 헤레로족은 독일 이주민을 공격했고, 100여 명이 넘는 독일인이 죽었어.

독일 군대는 저항을 중단하라고 경고했지만 헤레로족은 듣지 않았어. 독일 군대의 사령관은 "독일에 저항한 이상 살려두지 않겠다"는 방침을 세웠어. 1만명이 훨씬 넘는 군대가 투입됐어. 독일 군대는 야생동물을 사냥하듯 원주민들을 구석으로 몰아붙였어.

겁에 질린 원주민들은 항복할 수

오늘날의 헤레로족 여인들 헤레로족은 독일 군대의 몰살 작전으로 큰 피해를 입었다. 독일 군대는 항복하는 헤레로족도 살려두지 않았다.

밖에 없었어. 그러나 독일 군대는 항복을 받아주지 않았어. 무기도 없는 원주민들을 아이, 노인, 여자 가릴 것 없이 닥치는 대로 학살했어. 이어 5000여 명의 헤레로족을 사막으로 추방했어. 간신히 살아남은 원주민들은 노예수용소에 가뒀어. 그들은 짐승에게나 붙이는 인식표를 달고 평생을 노예로 살아야 했어.

독일 군대는 그 후 이 부족과 친척뻘인 나마족이 반란을 일으켰을 때도 똑같이 잔인하게 진압했어. 다른 열강들의 식민지 지배도 민주적이지 않았지만 독일만큼 잔인하지는 않았지. 독일은 한 종족을 몰살하는 수준이었거든. 심지어 독일 본국에서도 이 나미비아 사태는 큰 논란이 됐단다.

동쪽으로 가 볼까? 오늘날의 우간다와 콩고민주공화국 사이에 르완다와 부룬디라는 작은 나라가 있어. 이 두 나라는 본래 한 나라나 마찬가지였어. 두 지역에는 15세기부터 투치족과 후투족이 살기 시작했어. 후투족이 조금 먼저 이곳에 정착했어. 그러나 후투족은 호전적인 투치족의 지배를 받았지. 두 민족은 오늘날까지도 사이가 좋지 않아.

내륙 지방에 위치해 있던 탓에 이들 나라도 유럽에 늦게 알려졌어. 독일 사람들이 이 땅에 들어온 것은 19세기 후반이야. 콩고분지 조약에 따라 독일은 이 땅을 보호령으로 삼았지. 1890년대 후반에는 독일이 이들 나라와 탄자니아를 합쳐 독일령 동아프리카라고 불렀어.

탄자니아는 해안 지대에 위치해 있지만, 유럽 사람들이 지배권을 가진 것은 18세기 이후의 일이야. 물론 유럽에 알려진 것은 그보다 훨씬 앞선 15세기 말이지. 한때 포르투갈이 이 지역을 장악한 적도 있지만 곧 철수해야 했어. 이슬람교를 믿는 아랍인들의 세력이 너무 강했기 때문이야. 아랍인들은 잔지바르에 노예무역 거점을 만들었어. 대서양 연안의 서아프리카 노예무역을 유럽의 백인이 주도했다면 동아프리카 노예무역은 아랍인들이 주도한 거지.

서아프리카의 카메룬과 토고도 독일 식민지가 됐어. 아프리카의 다른 해안 국가들이 그랬듯 카메룬에도 포르투갈 탐험가가 가장 먼저 찾아왔어. 19세기 중반 이후에는 영국과 독일이 쟁탈전을 벌였지. 이 싸움에서 독일이 승리했고, 콩고분지 조약을 통해 독일의 식민지로 확정됐단다. 토고도 콩고분지 조약을 통해 독일의 식민지가 됐어.

독일이 제1차 세계대전에서 패한 후에는 국제연맹의 위임을 받은 나라가 이 식민지를 통치했어. 이를 위임통치령이라고 하지. 독일령 동아프리카는 두 열강에 맡겨졌어. 탄자니아는 영국이, 르완다와 부룬디는 벨기에가 각각 위임통치를 했지. 벨기에는 르완다와 부룬디를 하나로 합쳤어. 르완다와 부룬디가 분리된 것은 1962년이란다.

위임통치란 그 나라가 독립할 수 있을 만큼 성숙해 있지 않기 때문에 유럽 국가들이 맡아서 통치해 줘야 한다는 뜻이야. 하지만 말로만 위임통치였어. 실제로는 영국과 벨기에의 식민지가 된 거야. 지배하는 국가만 바뀐 셈이지? 독일령 남서아프리카, 즉 나미비아는 제1차 세계대전 도중 영국에 점령됐어.

제2차 세계대전이 끝난 후에는 위임통치에서 한 단계 '부드러운' 통치로 바뀌었어. 이를 신탁통치라고 불러. 그러나 신탁통치도 위임통치와 마찬가지로 명분에 불과했어. 실제 민주적인 통치가 이뤄지지는 않았어. 위임통치령이 신탁통치령으로 이름만 바뀐 셈이지.

모든 땅이 유럽에 넘어가다

영국, 프랑스, 독일이 차지한 땅을 뺀 나머지 지역도 모두 유럽 국가들이 차지했어. 오늘날의 국명을 기준으로 살펴볼까?

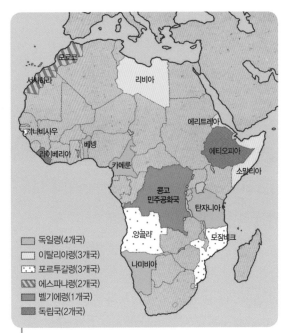

북아프리카에서는 리비아가 남
았어. 서아프리카에서는 기니가
'유럽 주인'이 없었고, 내륙으로
들어가면 중앙아프리카공화국도
아직 남았지. 서아프리카의 해안
을 따라 내려가다 보면 앙골라가
있어. 여기도 남았고, 동아프리카
해안의 소말리아와 모잠비크도
본격적으로 다루지는 않았어. 유
일하게 1900년대 초반 유럽 열강
의 영토가 되지 않은 라이베리아
와 에티오피아도 있어. 라이베리
아는 앞에서 다뤘고, 에티오피아
는 곧 다루게 될 거야.

나머지 열강의 식민지 독일이 4개국, 이탈리아와 포르투갈이 각각 3개국, 에스파냐가 2개국, 벨기에가 1개국을 차지했다. 서아프리카의 라이베리아, 동아프리카의 에티오피아만이 독립을 유지했다.

먼저 중앙아프리카에 있는 콩고자유국부터 볼까? 앞에서 다뤘는데, 이 지역은
벨기에의 왕 레오폴드 2세가 개인적으로 소유하고 있었어. 콩고분지 조약을 통해
열강들도 레오폴드 2세의 영토란 사실을 인정했지.

레오폴드 2세는 벨기에의 대표 자격으로 이 땅을 통치한 게 아니야. 부자가 별
장을 짓듯이 이 땅을 자기 마음대로 이용했어. 원주민은 돈을 벌어 주는 도구에 불
과했지. 이 무렵부터 벨기에가 콩고자유국에서 손을 떼는 1960년까지 약 1천만
명의 원주민이 죽었단다. 국제적으로도 레오폴드 2세에 대한 비난이 빗발쳤어. 레
오폴드 2세는 처음엔 눈도 깜빡하지 않았지. 그러나 여론이 너무 나빠지자 그도
어쩔 수 없었어. 1908년 레오폴드 2세는 이 지역을 벨기에 정부가 통치하도록 했

지. 그때부터 콩고자유국은 벨기에령 콩고가 됐어.

포르투갈이 차지한 식민지를 살펴볼까? 우선 서아프리카의 기니비사우가 있어. 포르투갈은 이 지역을 놓고 영국과 쟁탈전을 벌였어. 그러자 미국이 중재에 나섰고, 1870년 무렵에 미국은 포르투갈의 손을 들어줬어. 결국 기니비사우는 포르투갈의 식민지가 됐고, 포르투갈령 기니가 됐어.

앙골라는 포르투갈이 17세기 때부터 장악해 온 나라야. 이곳은 포르투갈 노예무역의 중심지였지. 포르투갈은 아프리카 내륙에서 사냥한 흑인 노예를 이곳에 집결시킨 뒤 아메리카로 보냈어. 19세기로 들어서면서 노예무역은 부진했어. 포르투갈은 이익을 만회하기 위해 원주민을 심하게 착취했어. 20세기 초반에는 이곳에서 다이아몬드 광산이 발견되었는데, 포르투갈은 원주민을 모두 이 광산으로 내몰았어.

모잠비크의 포르투갈 식민지 유적 모잠비크는 포르투갈의 탐험가 바스코 다 가마에 의해 유럽에 알려졌고, 결국 식민지가 되어 1975년까지 포르투갈의 지배를 받았다. 이 건물은 식민지 초기에 건설된 교회이다.

포르투갈은 앙골라를 식민지로 만든 후 모잠비크를 노렸어. 독일은 탄자니아를 식민지로 만든 뒤 모잠비크로 진출하려 했지. 포르투갈과 독일의 모잠비크 쟁탈전이 치열하게 벌어졌어. 이 쟁탈전에서 포르투갈이 승리했지. 이에 따라 모잠비크도 포르투갈의 식민지가 됐어.

포르투갈의 식민지들은 아프리카에서 가장 늦게 독립했단다. 포르투갈 내부에서 독재 정치가 계속됐기 때문이야. 포르투갈에서 군부 쿠데타가 일어나 민주 정권이 들어선 게 1975년이지. 이 민주 정부는 식민지 정책을 바꿨고, 덕분에 포르투갈의 식민지들이 독립할 수 있었어. 이 부분은 뒤에서 다시 다룰 거야.

이탈리아는 북아프리카의 리비아를 식민지로 만들었어. 리비아는 이집트와 나란히 붙어 있는 나라야. 예전부터 오스만 제국이 다스리던 지역이었어. 19세기 후반까지만 해도 리비아라는 국가는 없었고, 트리폴리타니아와 키레나이카로 분리돼 있었는데, 이탈리아는 1911년 이 지역을 차지한 뒤 리비아로 합쳤단다.

1869년 이집트의 수에즈 운하가 개통됐어. 영국이 이집트에 눈독을 들인 이유가 바로 이 수에즈 운하 때문이었지? 아프리카를 빙 돌아 인도양에 가지 않아도 되잖아. 게다가 다른 국적의 배들이 이곳을 통과하려면 통행세를 내야 했어. 한마디로 수에즈 운하는 돈을 무한정 벌어 주는 보물이었던 거야.

이탈리아도 뒤늦게 수에즈 운하가 막대한 돈을 벌어 줄 거라는 사실을 깨달았어. 이탈리아는 수에즈 운하와 인접한 지역 가운데 열강이 아직 식민지로 만들지 않은 곳을 물색했어. 그러다 찾은 지역이 홍해와 접해 있는 에리트레아야. 1882년 이탈리아는 에리트레아 해안 지대에 있는 부족장으로부터 땅을 샀어.

이탈리아는 이 땅을 발판 삼아 아프리카 내륙 지방으로 쳐들어갔어. 이탈리아의 목표는 바로 에티오피아였지. 그러나 이탈리아는 뜻을 이루지 못했어. 1889년 이탈리아는 에티오피아를 포기하는 대신, 에티오피아로부터 이탈리아가 에리트레아를 식민지로 삼는 것을 인정받았어. 이로써 에티오피아는 식민지 신세를 면할 수 있었단다. 이탈리아와 에티오피아의 갈등에 대해서는 다시 다룰 기회가 있을 거야.

이탈리아는 소말리아를 영국과 나눠 가졌어. 소말리아는 영국령 소말릴란드와 이탈리아령 소말릴란드로 나뉘었지. 이 가운데 이탈리아령 소말릴란드는 제2차 세계대전이 끝난 후 영국의 신탁통치를 받았어. 두 나라는 1960년 하나로 합쳐져 오늘날의 소말리아공화국이 됐어.

에스파냐도 많은 지역은 아니지만 아프리카에 식민지를 가지고 있었어. 오늘날 서사하라 지역이 에스파냐의 식민지였지.

앙골라의 여왕, 은징가

포르투갈이 앙골라를 식민지로 만들고 있을 때 그 일대의 가장 큰 나라는 은돔바 왕국이었어. 은돔바의 왕은 처음에는 포르투갈과 협력해 노예무역을 했지만, 포르투갈 사람들의 본심을 알아챈 후에는 투쟁으로 전환했어. 이렇게 30여 년을 싸운 왕이 세상을 떠나자 공주였던 은징가가 바통을 이어받았어.

그녀는 아버지보다 더 치열했어. 한때 수도가 점령되자 이웃나라로 건너가 싸웠어. 은징가는 일흔 살이 될 때까지 백성들을 지휘하며 투쟁했어. 결국 포르투갈은 넌덜머리를 내며 철수할 수밖에 없었지. 포르투갈은 그녀가 세상을 떠난 후에야 은돔바 왕국을 식민지로 만들 수 있었어. 은돔바 왕국은 사라졌지만 오늘날까지도 은징가는 앙골라의 영웅으로 추앙받고 있단다.

꿋꿋한 에티오피아

열강의 침략에 꿋꿋하게 맞선 나라도 있었어. 바로 에티오피아야. 제1차 세계 대전까지 유럽 열강의 식민지로 전락하지 않은 아프리카 국가는 딱 두 나라야. 서아프리카의 라이베리아와 동아프리카의 에티오피아였지. 라이베리아는 일찌감치 영국과 미국의 후원을 받고 있던 나라야. 아프리카 출신의 흑인 노예들이 미국에서 돌아와 세운 나라였어. 따라서 엄밀하게 말하면, 유럽 열강에 맞서 독립을 지킨 나라는 에티오피아가 유일한 셈이지. 이런 점 때문에 굳이 에티오피아를 별도로 살펴보려는 거야.

에티오피아 일대에서는 기독교를 믿는 자그웨 왕국과 이슬람교를 믿는 암하라 왕국이 중세 시대의 마지막을 장식했어. 그 후에는 포르투갈 사람들이 들어왔지. 포르투갈 사람들은 이슬람교를 믿고 있던 암하라 왕국의 왕을 기독교로 개종시켰어. 그러나 나머지 이슬람교도들이 왕을 몰아냈지.

19세기에 이르러 각 지방마다 지배자들이 저마다 스스로 왕이 됐다고 선포했어. 그래, 에티오피아가 완전히 분열된 거야. 이런 혼란을 유럽 열강들이 놓치지 않았겠지? 유럽 열강들은 에티오피아를 침략하기 시작했어. 가장 대표적인 나라가 이탈리아였어. 1882년 이탈리아는 오늘날의 에리트레아 해안 지대를 확보했어. 유럽의 위협이 코앞까지 닥쳐왔지? 그제야 비로소 에티오피아 사람들이 단결하기 시작했어.

당시 에티오피아의 황제는 메넬리크 2세였어. 이 메넬리크 2세 왕을 중심으로 에티오피아는 똘똘 뭉쳤어. 이탈리아는 이런 에티오피아의 힘을 과소평가했던 것 같아. 이탈리아 군대는 가볍게 승리할 거라고 생각했고, 1887년 에티오피아로 진격했어. 이 전쟁의 결과는 이미 알고 있지? 그래, 에티오피아의 승리였어. 에티오피아는 이탈리아를 막았고, 이탈리아는 에리트레아에 주저앉았어.

이탈리아가 에티오피아를 포기했을까? 아니야. 이탈리아는 1896년 다시 에티오피아로 쳐들어갔어. 이번에는 반드시 에티오피아를 식민지로 삼겠다는 각오를 다졌지.

그러나 이탈리아는 또다시 에티오피아에게 패하고 말았어. 에티오피아의 왕 메넬리크 2세는 국민의 영웅으로 부상했어. 이 전쟁에서 승리함으로써 에티오피아는 오히려 영토를 더 넓힐 수 있었단다.

제1차 세계대전이 한창 진행 중이던 1910년대, 에티오피아는 경제를 발전시키기 위한 개혁에 착수했어. 이 개혁을 진두지휘한 인물은 메넬리크 2세의 아들인 라스타 패리였어. 에티오피아는 점점 강해졌어.

물론 이런 시각에 대해 반대하는 학자들도 있어. 에티오피아가 강해서 독립을 유지한 게 아니라, 열강들끼리 견제하다 보니 에티오피아가 식민지가 되지 않았다는 거야. 물론 그럴 수도 있어. 그러나 라스 타패리가 유럽 열강들 사이에서 교묘하게 중립을 지킨 것도 에티오피아가 독립을 유지

제왕의 왕 메넬리크 2세 에티오피아를 이끈 황제다. 그의 통치 때 막강했던 이탈리아 군대도 에티오피아 군대에 패해 물러나야 했다.

셀라시에 1세 각종 개혁적인 정책을 펼쳤다. 탈리아에 패배해 런던으로 망명했던가, 에티오피아가 독립한 후 다시 황제가 되었다. 1968년 5월 한국을 방문한 바 있다.

할 수 있었던 비결이기도 해. 에티오피아는 아프리카 국가로서는 드물게 국제연맹에도 가입했단다.

1930년, 라스 타패리가 황제에 올랐어. 바로 이 인물이 1960년대 우리나라를 국빈 방문했던 에티오피아의 마지막 황제 셀라시에 1세야. 개혁을 진두지휘한 인물이 황제가 됐으니 에티오피아가 더 번영했을까? 안타깝게도 아니란다. 이 무렵 전 세계가 경제공황으로 난리였어. 유럽의 경제도 바닥을 기고 있었지. 이탈리아에서는 파시즘이 득세하고 있었어. 이탈리아는 그 전부터 에티오피아를 노렸지? 이탈리아의 파시즘 군대는 곧바로 에티오피아로 진격했어. 1936년 에티오피아는 이탈리아의 식민지가 됐단다.

이제 에티오피아는 사라지게 되는 걸까? 그것도 아니야. 1939년 제2차 세계대전이 터졌지? 이탈리아는 삼국 추축^{독일, 이탈리아, 일본} 가운데 하나였어. 연합국과 추축국은 아프리카에서도 많은 전투를 벌였어. 당연히 에티오피아 지역에서도 전쟁이 있었겠지? 연합국은 에티오피아에서 이탈리아군을 완전히 몰아냈어. 1943년, 에티오피아는 나라를 되찾을 수 있었어. 쫓겨났던 셀라시에 1세는 다시 황제의 자리에 올랐지.

「아이다」 vs 「리골레토」

수에즈 운하가 개통되던 1869년이었어. 이집트의 술탄 이스마일은 대대적인 축하행사를 준비했어. 그는 유럽을 모방해 개혁을 추진하던 인물이었어. 그래서였을까? 그가 준비한 것은 바로 오페라였단다.

그는 이탈리아의 유명한 작곡가 베르디에게 오페라를 만들어 달라고 부탁했어. 고대 이집트 장군과 에티오피아 공주의 이뤄질 수 없는 사랑을 담은 오페라가 완성됐어. 총 4막으로 된 이 작품이 바로 「아이다」야.

그러나 행사 당일까지 오페라는 완성되지 못했어. 그 대신 「리골레토」가 무대에 올랐지. 총 3막으로 구성된 이 오페라는 꼽추 광대의 슬픈 삶을 담고 있단다.

오페라 「리골레토」의 한 장면 수에즈 운하 개통을 기념해 오페라 「아이다」를 공연하기로 했지만 미처 완성되지 못해 대체된 오페라가 「리골레토」다.

남아프리카연방의
탄생과 발전

  남아프리카공화국은 남아프리카를 대표하는 나라야. 경제적으로도 가장 부유하고, 축구월드컵을 개최하기도 했지. 하지만 중세 시대의 역사는 아프리카의 다른 나라들과 별반 다르지 않아. 많은 부족이 자연과 함께 살고 있었지.

  남아프리카공화국의 역사가 다른 나라들과 달라지기 시작한 것은 유럽 사람들이 들어오면서부터야. 네덜란드 사람이 가장 먼저 이 지역에 정착해 살려고 했어. 하지만 영국이 이 지역을 노리면서 백인들끼리 전쟁을 벌이기도 했지. 백인의 입장에서 보면 남아프리카공화국의 역사는 '개척의 역사'가 될 거야. 그러나 아프리카 흑인의 입장에서 보면 식민 통치를 넘어 삶의 터전을 영원히 빼앗기는 역사가되지.

  남아프리카공화국은 1994년 오랜 흑백 갈등을 끝낸 후 도약하고 있어. 이 지역의 역사는 따로 다루는 게 좋겠어. 이번 장에서는 남아프리카공화국의 전신인 남아프리카연방의 탄생 과정부터 제2차 세계대전 이전의 역사까지 살펴볼게.

보어인의 탄생

남아프리카공화국의 역사를 이해하려면 꼭 알아둬야 할 나라가 있어. 바로 네덜란드야. 이 지역에 가장 먼저 상륙한 사람들이 바로 네덜란드인이거든. 오늘날까지 남아프리카공화국에 살고 있는 백인의 대다수가 이들의 후예란다.

네덜란드는 유럽에서 가장 먼저 중상주의가 발달한 나라야. 제국주의의 상징인 영국을 능가할 정도였지. 네덜란드가 영국에 뒤지기 시작한 것은 17세기 중반의 영국 청교도 혁명 이후부터야. 이 혁명 후 정권을 잡은 올리버 크롬웰은 '항해 조례'라는 것을 발표했어. 영국 해안에 네덜란드 배가 정박하지 못하도록 만든 법이었지. 작은 나라인 네덜란드가 살길은 무역밖에 없는데 항구에 들어오지 말라니…. 이 사건을 계기로 영국과 네덜란드는 전쟁을 벌였어. 이 전쟁에서 네덜란드가 패했고, 그 후 힘이 약해졌지.

그래도 네덜란드의 무역선은 계속 전 세계를 누볐어. 그 무역선은 남아프리카 케이프타운에도 진출했어. 1652년 네덜란드 동인도 회사에 소속된 130여 명의 남녀가 이곳에 무역기지를 세웠어. 이 무역기지는 네덜란드 상선들이 아프리카 남단을 돌아 먼 인도까지 항해할 때 잠시 쉬어 가는 기지 역할을 했지.

이 기지는 얼마 지나지 않아 네덜란드의 식민지로 발전했어. 유럽 사람들은 케이프타운과 그 주변 지역을 케이프 식민지라 불렀어. 시간이 흐르면서 더 많은 네덜란드인들이 케이프 식민지로 이주했어. 그런데 왜 네덜란드인들은 머나먼 이곳으로 이주한 것일까? 바로 종교 문제 때문이었어. 이 무렵 유럽에서는 신교를 많이 핍박했어. 신교를 믿는 네덜란드인들은 종교의 자유를 찾아 이곳으로 왔던 거야. 사실 네덜란드인들뿐 아니라 위그노파와 같은 다른 신교도들도 케이프 식민지로 이주해 온 무리에 끼어 있었어.

케이프 식민지에 정착한 네덜란드인들은 곧 유럽과의 관계를 끊었어. 그래, 이곳을 삶의 터전으로 삶기로 한 거야. 그들은 농사를 짓고 가축을 키웠어. 소박한 농부로 변신한 이 네덜란드인들은 보어인이라 불렸어. 보어는 네덜란드 말로 '농부'란 뜻이야. 이 보어인들이 오늘날의 케이프타운을 건설한 셈이지.

그러나 보어인들이 이 땅에 정착하려 하자 문제가 생겼지. 오래전부터 이곳에서 살아온 아프리카 흑인 원주민들과 갈등이 불거진 거야. 이 원주민들은 대부분 산족과 코이코이족이었어.

보어인의 세력이 커지면서 수많은 원주민이 삶의 터전을 잃어버렸어. 결국 참다못한 원주민들이 저항하기 시작했어. 때로는 사소한 충돌로 그쳤지만, 때로는 수백 명이 한꺼번에 죽는 전쟁으로 커지기도 했단다. 결과는? 예상한 대로야. 총과

네덜란드 동인도 회사 케이프타운의 테이블 만에 있는 네덜란드 동인도 회사의 배들. 네덜란드 동인도 회사는 이곳에 무역기지를 세웠다. 네덜란드 화가 애르누트 스미트의 1683년 작품이다.

대포로 무장한 보어인 군대를 원주민들이 이길 수 있겠니? 원주민은 패했고, 보어인은 케이프타운을 차지했어. 원주민들은 보어인들에게 밀려나 변방으로 쫓겨났어.

원주민에게 보어인은 침략자로 여겨졌는데, 이는 지극히 당연한 일이야. 첫째, 보어인은 원주민의

보어인의 세력 확대 1652년 네덜란드 정착민이 처음으로 케이프타운에 도착했다. 이 보어인들은 곧 내륙 지방으로 퍼져 산족과 코이코이족을 쫓아냈다.

영토를 빼앗았고, 원주민을 멀리 내쫓았어. 둘째, 보어인은 흑인 원주민을 노예로 부렸어. 터전도 잃고 노예로 전락했으니 보어인이 침략자로 여겨질 수밖에 없지.

반대로 유럽 사람들에게는 보어인이 신대륙을 개척한 선구자로 보였어. 척박한 아프리카에서 터전을 잘 잡고 번영했기 때문이야. 사실 아프리카에서만 이런 일이 나타난 건 아니었어. 아메리카 대륙에서도 영국 사람들은 아메리카 원주민, 즉 인디언을 내쫓고 세력을 키웠어. 이 무렵 제국주의 열강은 이처럼 전 세계에서 현지 주민을 희생시키면서 새 보금자리를 만들고 있었어.

케이프 식민지는 점점 번영했어. 그 소문을 들은 유럽 사람들이 몰려들기 시작했지. 18세기 후반 무렵에는 유럽에서 건너온 사람이 2만여 명에 이를 정도였어. 사람들이 몰리는 것은 그만큼 살기 좋고, 돈이 될 만한 자원도 많다는 뜻이 돼. 그러니 열강들이 가만히 있을 리가 없어. 영국이 케이프타운에 군침을 흘리기 시작했어.

영국은 아프리카 종단 정책을 추진하고 있었어. 최남단 목적지가 바로 케이프 식민지였지. 영국이 호시탐탐 노리던 차에 네덜란드 본국에서 큰 일이 일어났어. 1795년 프랑스가 네덜란드를 점령한 거야. 네덜란드가 케이프 식민지에 신경을 쓸 겨를이 없겠지? 영국 군대는 잽싸게 케이프 식민지를 차지했어.

하지만 그 후 네덜란드가 다시 권력을 되찾자 영국은 케이프 식민지를 돌려줄 수밖에 없었어. 그러나 영국은 유럽이 어수선해진 틈을 타 1806년에 다시 케이프 식민지를 빼앗았어. 이번에는 누가 뭐래도 꿈쩍하지 않았어. 아예 케이프 식민지를 영국의 식민지라고 선포했단다.

이제 보어인과 영국의 갈등이 시작됐어. 영국은 우선 보어인들이 노예를 부리지 못하도록 금지했어. 영국 정부가 이미 1834년 노예제도를 폐지했기 때문이야. 보어인들이 영국 총독에게 항의했지만 소용이 없었어. 사실 영국은 이 지역에서 산업 원료를 확보하고 영국에서 생산된 제품을 팔 계획이었어. 농사를 지으려는 목적이 없었으니 굳이 노예를 부릴 필요도 없었던 거야.

결국 보어인들이 스스로 케이프 식민지를 떠날 수밖에 없었어. 보어인들은 영국의 간섭을 받지 않고 맘대로 노예를 부리면서 농사를 지을 새로운 땅

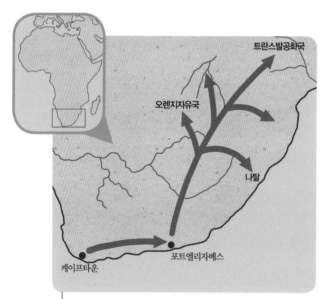

그레이트 트렉 보어인들은 영국의 간섭이 심해지자 1830년대부터 케이프타운을 떠나 북쪽으로 대이동을 시작했다. 이를 '그레이트 트렉'이라고 부른다.

을 개척하기로 했어. 1836년 보어인들은 모든 살림살이를 마차에 싣고 북쪽으로 향했어. 이 사건을 그레이트 트렉Great Trek이라고 부른단다. 대이동이란 뜻이지.

줄루족의 저항

보어인이 케이프 식민지를 떠나 정착한 지역은 오늘날의 남아프리카공화국 나탈 주였어. 하지만 그곳이라고 텅 비어 있겠어? 당연히 오래전부터 정착해 살아오던 부족이 있었지. 그 부족이 바로 줄루족이야. 오늘날에도 나탈 주에는 수십만 명의 줄루족이 살고 있단다. 우선 이 줄루족 이야기부터 해 볼까?

줄루족은 아프리카 남부에 있던 여러 부족 중 하나였어. 그랬던 줄루족이 19세기 중반에는 나탈 일대에서 최고의 왕국으로 성장했어. 물론 강력한 왕이 있었기 때문에 가능했어. 그 왕의 이름은 샤카였어. 샤카는 '검은 나폴레옹'이라 부를 정도로 용맹했단다. 여러 곳에 흩어진 줄루족을 통합해 줄루 왕국을 건설한 주역도 바로 샤카였지.

샤카는 줄루족 족장의 아들로 태어났어. 그의 어머니는 다른 부족이었는데, 샤카가 어린아이였을 때 남편에게 쫓겨났어. 어머니는 어린 샤카를 데리고 고향 마을로 돌아갔어. 하지만 그 마을에서는 샤카의 어머니가 다른 부족 사람과 결혼했다며 핍박했어. 결국 샤카는 어머니와 함께 또 다른 부족 마을로 추방됐어. 샤카는 복수를 결심했어.

새로운 마을에서 샤카는 훌륭한 전사로 성장했어. 이윽고 복수가 시작됐어. 그는 먼저 어머니를 쫓아낸 아버지가 사망하자 고향으로 돌아가 아버지의 측근을 모두 제거했어. 이어 족장에 올라 본격적인 전쟁 준비에 돌입했어. 준비가 다 끝나자 곧바로 어머니의 고향 마을로 쳐들어갔어. 어머니를 핍박한 사람을 모두 찾아내 죽여 버렸지.

샤카는 이런 복수전을 거치며 무서운 추장으로 성장했어. 곧 인근 지역의 모든 줄루족을 정복했지. 그다음에는 거대한 줄루 왕국을 건설했어. 그 후로도 정복 전쟁은 그치지 않았어. 무려 10여 년간 계속됐는데, 그사이에 200만 명 정도가 샤카의 군대에 희생됐단다. 정말 잔인한 통치자지?

샤카가 가장 먼저 만난 유럽 사람들은 영국인이었어. 그가 왕으로 있을 때 영국 상인들이 그를 방문했단다. 샤카는 영국인들에 대해 우호적이었어. 아마 샤카도 케이프 식민지에서 벌어졌던 이야기를 들었겠지. 그곳에서 영국인들이 노예제도를 폐지했잖아? 샤카는 영국 상인들이 무역항을 짓도록 허락해 줬어. 샤카는 이 무역항이 영국이 남아프리카를 정복하는 발판이 될 거라고는 상상도 못했겠지?

위대하면서 동시에 잔인했던 통치자 샤카는 어머니가 세상을 떠나자 돌변했어. 그래, 폭군이 된 거야. 줄루 왕국은 혼란스러워졌어. 그 틈을 타서 샤카의 이복형제인 딩가네가 1828년 샤카를 죽이고 왕이 됐어.

딩가네가 왕이 되고 얼마 지나지 않아 케이프 식민지에서 쫓겨난 보어인들이 나탈 지역으로 이동했어. 보어인들은 어떻게든 이 지역에 정착하고 싶었어. 하지만 딩가네와 줄루족은 보어인을 반기지 않았어. 결국 보어인과 줄루족은 충돌했어. 처음에는 줄루족이 우세했어. 하지만 보

샤카 주변의 부족들을 정복하고 줄루 왕국을 세웠다. 뛰어난 전사로 명성을 날렸으며, '검은 나폴레옹'이라는 별명으로도 불린다.

줄루족의 공격 보어인의 거주지를 공격하는 줄루족. 양쪽의 충돌은 처음엔 줄루족이 우세했으나 결국 보어인의 승리로 끝났다. 영국 화가 찰스 벨의 1838년 작품이다.

어인들이 지도자를 새로 뽑고 군대 조직을 정비한 후, 전황이 달라졌어. 줄루족의 무기는 활과 창이 전부였어. 총과 대포로 무장한 보어인을 이길 수 없었어. 게다가 보어인은 줄루족의 내분을 유도하는 전략을 썼는데, 이게 적중했어. 딩가네 왕의 동생인 음팡데가 왕이 되려고 권력투쟁을 벌이고 있는 상황을 이용한 거야. 보어인은 음팡데를 지원하기로 했고, 음팡데는 보어인과 연합해 줄루족과 싸웠어.

줄루족은 결국 무릎을 꿇을 수밖에 없었단다. 나탈 지역은 보어인의 땅이 되는 듯했어. 하지만 아직 전쟁이 완전히 끝난 것은 아니야. 줄루족을 영국이 지원했거든. 영국이 왜 그랬는지는 알겠지? 맞아. 영국은 보어인을 제압하기 위해 줄루족을 지원했던 거야. 줄루족이 땅을 되찾는 데 보탬을 줄 생각은 추호도 없었지.

줄루족과 연합한 영국 군대는 1843년 나탈 지역을 점령했어. 자, 영국의 뜻대로 되어가고 있어. 영국의 그다음 조치는 불을 보듯 뻔해. 영국은 나탈을 영국 식민지라고 선포했어. 싸움에서 패한 보어인은 나탈에 머물 수 없었어. 보어인들은 다시 북쪽으로 대이동을 시작했어.

줄루 왕국은 어떻게 됐을까? 보어인이 사라졌으니 영국이 줄루족을 더 이상 지원할 필요가 없잖아? 줄루 왕국은 있으나 마나 한 나라로 전락했어. 줄루족은 참을 수 없었어. 줄루족은 얼마 후 영국과의 전쟁에 나섰어. 이 전쟁에 대해서는 곧 살펴볼 거야.

보어 전쟁의 발발

영국 군대에 쫓겨나고서도 보어인들은 꿋꿋하게 새로운 땅을 개척했어. 1852년 트란스발공화국, 1854년 오렌지자유국을 잇달아 건설했지. 이번에는 보어인들이 영국의 간섭을 받지 않고 잘 살 수 있었을까? 아니야. 영국은 또다시 보어인들을 쫓아가 핍박했어. 물론 이유가 있었지. 바로 다이아몬드와 금 때문이었어.

처음에는 영국도 보어인들을 내버려 뒀어. 그러나 1870년 무렵 오렌지자유국의 킴벌리에서 다이아몬드가 무더기로 발견되면서부터 상황이 달라졌어. 그 전까지도 남아프리카 여러 곳에서 다이아몬드가 발견되긴 했지만 킴벌리 지역만큼 다이아몬드 매장량이 풍부한 산지는 없었어. 그러니 영국이 이 땅을 보어인들이 차지하도록 내버려 둘 리 없지. 영국은 즉각 킴벌리를 빼앗았어. 이어 영국은 1877년 트란스발공화국을 합병한다고 선언했어. 이대로 된다면 보어인들은 오렌지자유국 안에 고스란히 갇히게 돼. 영국에 대한 보어인들의 적대감은 날로 커졌지.

이때까지만 해도 줄루족은 영국과 같은 편에 서서 보어인과 싸웠어. 하지만 더 이상 영국은 줄루족이 필요 없어졌어. 공공연히 줄루족을 정복하려는 야심을 드러내기도 했지. 마침내 줄루족이 들고 일어났어.

1879년 영국 군대와 줄루족의 전투가 벌어졌어. 영국은 줄루족을 얕봤어. 그러나 첫 전투의 결과는 예상 밖으로 줄루족이 승리했어. 그제야 영국은 줄루족을 만만하게 봐서는 안 된다는 걸 깨달았어. 영국은 군대를 재정비해 줄루족을 다시 공격했어. 이 전투에서는 영국이 승리를 거뒀어. 줄루족의 왕이 물러남으로써 줄루 왕국은 멸망했어. 줄루족의 땅은 영국 식민지가 돼버렸지. 이때가 1897년이야.

자, 다시 보어인과 영국의 싸움을 볼까? 영국과 줄루족이 전쟁에 돌입하고 1년이 지날 무렵이었어. 보어인들도 영국에 반기를 들었어. 이 전쟁은 1년 남짓 이어

제1차 보어 전쟁 마주바 고원의 전투. 마주바 고원은 제1차 보어 전쟁 당시의 주된 전쟁터로 수많은 사상자가 발생했다. 1889년 런던의 신문에 실린 삽화이다.

지다 끝났어. 누가 이겼냐고? 보어인들이야. 궁지에 몰린 쥐가 고양이를 물어 버린 꼴이지. 어떤 학자들은 이 전쟁을 제1차 보어 전쟁이라고 불러. 훗날 터지는 대규모 전쟁을 제2차 보어 전쟁으로 보는 거지. 여기서는 제1차 전쟁을 그냥 맛보기 전쟁쯤으로 볼게.

이 맛보기 전쟁에서 졌으니 영국은 한발 뺄 수밖에 없었지. 1881년 트란스발공화국은 자치권을 인정받았어. 만약 이곳에서 금광이 발견되지 않았다면 트란스발공화국은 망하지 않았을지도 몰라. 그러나 1886년 트란스발공화국의 요하네스버그 근처에서 어마어마한 금맥이 발견됐단다. 영국이 이런 기회를 놓치겠니? 마침 이 무렵 케이프타운 식민지의 총독은 그 유명한 제국주의자 세실 로즈였어.

세실 로즈는 당장 보어인의 두 나라를 정복할 수 없으니 꾀를 냈어. 그들 나라 위쪽에 식민지를 만들기로 한 거야. 그렇게 하면 오렌지자유국과 트란스발공화국 위와 아래에서 동시에 압박할 수 있겠지. 세실 로즈는 1887년 트란스발 위쪽 지역들을 정복하기 시작했어. 그 나라들이 오늘날의 잠비아와 짐바브웨야. 세실 로즈는 이 지역을 정복한 뒤 자신의 이름을 따서 로디지아라고 불렀어.

1890년대로 접어들면서 영국의 압박은 더욱 강해졌어. 보어인들도 더는 참을 수 없다고 판단했어. 이즈음에 보어인들을 스스로를 '아프리카너'라고 불렀어. 자기들이 유럽 사람이 아니라 아프리카 사람들이란 뜻이야. 어쩌면 보어인들은 영국을 같은 유럽 국가가 아니라 제국주의 열강으로 여겼을지도 몰라. 보어인들은 결사항전을 다짐하고 영국에 선전포고를 했어. 결국 보어인과 영국 사이에 대규모 전쟁이 터졌지. 1899년부터 시작된 이 전쟁이 바로 제2차 보어 전쟁이야.

이 전쟁은 1902년까지 계속됐어. 보어인들은 게릴라 전법까지 동원하며 강력하게 저항했어. 그러나 첨단 무기를 앞세운 영국을 이길 수는 없었지. 결국 전쟁은 영국의 승리로 끝났어. 오렌지자유국과 트란스발공화국은 모두 영국의 식민지로 전락했지. 이 지역은 오늘날 남아프리카공화국에서 각각 자유 주Free State와 트랜스발 주로 남아 있단다.

극단의 인종차별이 시작되다

보어 전쟁에서 승리한 영국은 의기양양했고, 보어인은 침통했어. 무조건 억누르기만 하면 반발감도 그만큼 심해져. 영국은 1906년과 1907년 사이에 오렌지자유국과 트란스발공화국에 자치권을 줬단다.

자, 정리해 볼까? 이해를 돕기 위해 남아프리카를 크게 네 덩어리로 나눠볼게. 케이프 식민지, 나탈, 트란스발, 오렌지자유국이 그 네 덩어리야. 이 가운데 두 나라는 보어인이 자치권을 인정받아 직접 통치했고, 두 나라는 영국 총독이 통치했어. 이 지역의 백인들은 시간이 지나면서 '아프리카너'가 됐고, 이들은 남

아프리카를 지배하는 세력이 됐어. 이런 상황이라면 네 나라가 굳이 따로따로 존재할 필요가 있을까? 오히려 하나로 합치는 게 통치하기에는 더 효율적일 수도 있지.

영국 정부도 그렇게 생각한 걸까? 1910년 영국은 새로운 헌법을 통과시키고, 이 네 지역을 한 나

남아프리카연방의 탄생 영국은 케이프 식민지, 나탈, 트란스발공화국, 오렌지자유국을 합쳐 하나의 나라로 만들었다. 1910년 탄생한 이 나라가 남아프리카연방으로, 오늘날 남아프리카공화국이다.

라로 합쳤어. 그렇게 해서 탄생한 것이 남아프리카연방이야. 영국은 이 남아프리카 연방을 영국 연방에 포함시켰고, 스스로 통치하도록 자치를 허용했어. 이 남아프리카연방이 나중에 남아프리카공화국으로 발전한 거란다.

남아프리카연방의 정부는 모두 백인으로 구성됐어. 백인 정부는 노골적으로 흑인을 무시했지. 단순히 무시하는 수준이 아니었어. 그들은 흑인을 열등한 인종으로 여겼고, 따라서 백인이 흑인을 지배해야 한다고 생각했어. 이때부터 남아프리카연방에서는 소수의 백인이 다수의 흑인을 강압적으로 지배하기 시작했지.

남아프리카연방은 제1차 세계대전이 끝난 후에는 독일령 남서아프리카였던 나미비아까지 흡수했어. 남아프리카연방의 백인 정부는 남아프리카연방에서 행했던 인종차별 정책을 나미비아에서도 그대로 시행했어. 잠비아와 짐바브웨에 있던 백인 정부도 남아프리카연방을 본떠 흑인을 착취하고 차별했지.

영국, 프랑스, 미국 등 서방 세계의 국가들은 이런 남아프리카연방을 어떻게 대했을까? 야만적인 흑인 차별 정책을 시행하고 있는 나라이니 제재를 가했을까? 아니야. 왜냐하면 남아프리카연방은 제1차 세계대전에 이어 제2차 세계대전에서도 연합국의 편에 서서 싸웠기 때문이야. 연합국에 참여하는 나라를 하나라도 늘려야 했기 때문일까? 영국과 프랑스 같은 서방 세계의 국가들은 남아프리카연방의 인종차별 정책에 눈을 감아줬단다.

남아프리카연방 정부는 국민당과 노동당이 함께 끌어가고 있었어. 두 정당 모두 백인우월주의에 빠져 있었지만, 국민당이 특히 더 심했어. 국민당을 구성하고 있는 사람들은 대부분 보어인의 후손이었거든. 그런 국민당이 1948년에 정권을 잡았어. 그러자 인종차별 정책이 종전보다 훨씬 심해졌어.

이 인종차별 정책에 가장 먼저 맞서 싸운 기구가 아프리카민족회의^{African National Congress}야. 보통은 줄여서 ANC라고 많이 부르지. ANC는 20세기 초반에 만들어진 단체인데, 과격하게 투쟁을 하지는 않았어. ANC의 지도자들도 대부분 온건파에 속했지.

제2차 세계대전이 끝나고 난 후에 젊은 흑인운동가들은 이런 ANC의 분위기를 싹 바꿨어. 젊은 흑인운동가들은 급진적인 무력 투쟁을 하는 청년동맹을 따로 만들었는데, 이 청년동맹의 멤버 중 한 명이 넬슨 만델라야. 넬슨 만델라가 누구인지 아니? 맞아. 훗날 남아프리카공화국의 대통령이 된 인물이야.

백인 정부에 반대하는 흑인 청년들의 투쟁은 점점 강해졌어. 왜 그랬을까? 백인 정부가 인종차별을 합법화하는 법을 만들었기 때문이야. 그게 바로 1950년 만들어진 인종등록법이지. 이 법에 따라 시행된 정책이 악독하기로 유명한 아파르트헤이트야. 이후의 역사는 마지막 5장에서 살펴볼게.

보이스카우트의 유래

오늘날 대표적인 청소년 단체 가운데 하나가 160여 개국에 지부를 둔 보이스카우트야. 1907년 파월이란 영국인이 창설했지. 그런데 이 보이스카우트가 보어 전쟁에 기원을 두고 있다는 사실을 알고 있니?

파월은 보어 전쟁 때 장교로 참전했어. 그는 마페킹이란 도시를 수비하고 있었어. 어느 날 보어인들이 쳐들어 왔지. 영국 병사는 고작 천여 명에 불과했어. 파월은 병사가 많은 것처럼 보이게 하려고 가짜 요새를 세웠고, 병사들에게도 소리를 지르게 했어.

이때 파월은 또 하나의 아이디어를 냈어. 어린 소년들에게 군대 전령 업무를 맡긴 거야. 소년들은 군대에 편성돼 여러 일을 했어. 그 덕분이었을까? 파월은 200일 넘게 도시를 지켰지. 이 일을 떠올리며 만든 게 보이스카우트란다.

제5장

1950년 이후

아프리카,
홀로 서다

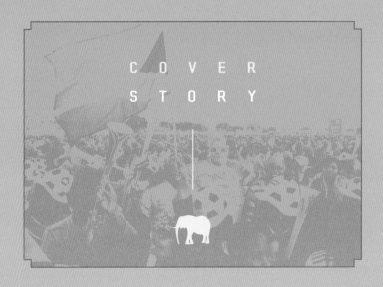

COVER
STORY

제2차 세계대전이 끝났어. 전 세계적으로 식민주의를 비난하는 목소리가 높아졌어. 아시아의 식민지들이 먼저 독립을 쟁취했지. 이 독립 물결은 아프리카에도 찾아왔어. 그 어느 때보다 아프리카에서 독립투쟁이 활발해졌지.

이 장에서는 제2차 세계대전을 전후로 시작된 아프리카 민족들의 독립투쟁과 1950년대 이후의 독립 열풍을 살펴볼 거야. 이어 아프리카 남쪽에서 나타난 노골적인 인종차별주의 정책을 살펴보고, 그 결과도 짚어볼 거야. 아프리카 곳곳에서 벌어지고 있는 내전에 대해서도 살펴볼게. 지중해와 접해 있는 북아프리카에서 일어난 민주화운동에 대해서도 다룰 거야.

이 모든 고통은 아프리카가 홀로 서기 위해 겪는 마지막 진통이라고 할 수 있을 거야. 물론 아직까지는 아프리카의 홀로서기가 쉬워 보이지는 않아. 어쩌면 앞으로 더 많은 고통이 따를지도 몰라. 마지막으로, 아프리카가 발전하려면 넘어야 할 과제들을 살펴보면서 아프리카 역사 여행을 끝내도록 할게.

유럽과 싸워 이기다

아프리카 나라들은 대부분 1950년대와 1960년대에 독립했어. 대체로 프랑스와 영국 식민지들은 자치를 인정받았다가 나중에 독립을 승인받았어. 다만 남아프리카공화국의 역사는 좀 달라. 이 역사는 따로 자세히 살펴볼 거야.

유럽 열강들의 자체 결정에 따라 독립을 승인받은 나라들도 많아. 그러나 유럽 열강들이 독립을 그냥 내준 것은 아니야. 아프리카 민중의 치열한 투쟁이 없었다면, 어쩌면 오늘날까지도 유럽 국가들은 식민 지배를 포기하지 않았을지도 몰라.

여기서는 유럽 국가들과 치열한 싸움 끝에 독립을 쟁취한 역사들만 따로 추렸어. 많은 나라가 여기에 해당하지만 특히 저항이 강했던 나라들을 위주로 이야기를 엮었어. 서아프리카에 있는 가나, 북아프리카에 있는 알제리가 대표적이지. 알제리는 아프리카 전체에서 가장 치열한 전쟁을 치른 끝에 독립을 얻어냈어. 이들 나라 민중의 강력한 저항에 부닥친 유럽 국가들은 이내 아프리카에서 손을 떼기 시작했어. 그 덕분에 다른 아프리카 국가들도 독립할 수 있었던 게 아닐까?

범 흑인주의 운동이 시작되다

아프리카의 독립 역사를 다루기 전에 흑인들의 인권 운동에 대해 간략하게 살펴보고 넘어갈게. 이 흑인 인권 운동의 성장이 결국에는 아프리카 국가들의 홀로 서기에도 큰 도움이 됐거든.

노예무역은 19세기 무렵에 서서히 사라졌어. 하지만 노예무역의 부작용은 20세기가 시작돼도 사라지지 않았어. 흑인에 대한 인종차별이 미국을 비롯해 아메리카와 아프리카, 유럽 등에서 큰 골칫거리로 떠오른 거야. 이에 맞서 흑인들이 싸우기 시작했어.

흑인의 인권 운동은 아프리카에서 시작된 게 아냐. 바로 미국과 중앙아메리카에서 시작됐지. 이 무렵 이 지역에 노예제도가 남아 있었다는 뜻이 아니야. 노예제도는 이미 말했던 대로 진작 폐지됐어. 하지만 백인들은 여전히 흑인을 열등한 인종으로 여겼어. 이 때문에 흑인을 백인들로부터 해방하자는 운동이 일어난 거야. 이런 경향은 19세기 후반부터 나타났는데, 미국에서는 흑인운동 단체까지 생겨났단다. 이 이념을 범 흑인주의, 또는 팬 니그로이즘Pan-Negroism이라고 불러. 범 흑인주의자들은 아프리카에도 상당한 관심을 보였어. 왜 그랬겠니? 그들의 조상이 어디서부터 왔지? 바로 아프리카야. 흑인들에게 아프리카는 영원한 정신적 고향이었던 거지.

이 운동은 1920년대부터 시들해지기 시작했어. 미국에서 경제위기가 시작되면서 흑인운동이 주목을 받지 못했기 때문이야. 그러나 범 흑인주의가 아무런 의미 없이 사라진 것은 아니야. 이것이 계기가 돼 아프리카 사람들의 저항 정신이 살아났거든. 곧 아프리카 사람들이 주축이 된 이념이 만들어졌어. 이 이념이 바로 범 아프리카주의, 즉 팬 아프리카니즘Pan-Africanism이었단다.

아직 미국에서 흑인운동이 진행되고 있던 1900년이었어. 중앙아메리카 출신의 헨리 실베스터 윌리엄스가 영국 런던에서 범 아프리카주의를 선포했어. 처음에 범 아프리카주의는 범 흑인주의를 비롯한 기존의 흑인운동과 크게 다른 것 같지 않았어. 초창기 지도자들 또한 대부분 미국과 중앙아메리카 출신 흑인이었지. 그러나 머지않아 아프리카의 흑인운동가들이 이 운동을 지휘하기 시작했어.

이 운동이 아프리카 흑인들의 민족주의 운동으로 발전하기 시작한 것은 제1차 세계대전 이후야. 제1차 세계대전이 끝날 무렵 미국의 윌슨 대통령이 발표한 민족자결주의가 아프리카 흑인들을 자극했지. 민족자결주의는 모든 민족은 자기 민족의 운명을 스스로 정할 수 있다는 이념이었어. 아프리카 나라 가운데 리비아가 이 이념에 따라 독립국이 될 수 있었지. 이집트와 소말리아에서도 독립운동이 활발히 일어났어. 사실 민족자결주의는 아프리카뿐 아니라 아시아의 여러 나라에도 큰 영향을 미쳤어. 우리 민족은 일제에 저항하며 3.1운동을 일으켰고, 중국도 5.4 운동을 일으켰지.

범 아프리카주의는 아프리카 사람들에게 큰 희망으로 자리 잡았어. 이때부터 범 아프리카주의를 표방한 기구가 본격적으로 활동하기도 했지. 아프리카 민중이 드디어 움직이기 시작한 거야. 범 아프리카주의자들은 1919년 프랑스 파리에서 모여 첫 회의를 가졌어. 그 후 2년마다 유럽의 주요 도시를 돌며 회의를 열었어. 이 회의에서 범 아프

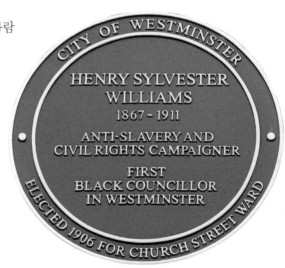

범 아프리카주의 선포 트리니다드 출신의 변호사인 헨리 실베스터 윌리엄스는 런던에서 범 아프리카주의를 선포했다. 그가 살았던 집에는 그를 기념하는 표식이 붙어 있다.

리카주의자들은 국제 세계에 아프리카의 독립을 호소했어. 아프리카 안에서 유럽 열강들에게 물러나라고 해도 소용이 없으니까 유럽 한복판으로 들어가 국제 여론에 호소하는 전략이었던 거야.

하지만 이 운동은 성공하지 못했어. 왜 그런지 아니? 바로 민족자결주의의 허점 때문이었어. 민족자결주의는 제1차 세계대전 패전국의 식민지에만 해당됐단다. 리비아가 독립할 수 있었던 것도, 리비아가 이탈리아의 식민지였기 때문이야. 영국과 프랑스는 승전국이었기 때문에 식민지를 내놓지 않았어. 오히려 영국은 이탈리아령 소말리아와 독일령 동아프리카인 탄자니아를 위임 통치했어. 독일령 서아프리카였던 나미비아는 영국 연방의 일원인 남아프리카연방이 가져갔고, 르완다와 부룬디는 벨기에의 통치를 받게 됐지. 카메룬과 토고도 영국과 프랑스가 지배했어.

범 아프리카주의는 무력투쟁을 하지 않았어. 대부분 유럽이나 미국에서 공부한 지식인들이 운동을 주도했기 때문이지. 제1차 세계대전과 제2차 세계대전 중에 아프리카의 많은 나라에서 독립투쟁이 벌어졌는데, 이 투쟁은 그 나라의 민중이 자발적으로 일으킨 거였어. 범 아프리카주의자들이 지원한 게 아니란 얘기야.

바로 이런 점 때문에 범 아프리카주의도 흐지부지 끝난 것 아니냐고 말하는 학자들이 있어. 그래도 범 아프리카주의 운동은 큰 의미가 있어. 아프리카 사람들이 "우리는 하나"라고 생각하게 됐고, 인권에 대한 고

범 아프리카주의 깃발 빨간색은 구원과 자유를 위해 흘려야 하는 피, 검은색은 흑인들의 피부색, 초록색은 고향인 아프리카의 무성한 수풀을 상징한다.

민을 하도록 했기 때문이야. 아프리카의 여러 나라에서 노동조합이 만들어졌고, 민족의 해방을 목표로 하는 정당도 만들어졌어. 실제로 일부 지역에서는 총파업도 발생했어. 아프리카 민중이 성숙하고 있는 거야!

은크루마와 가나의 독립

이제 본격적으로 아프리카 국가들의 독립 현장을 따라가 볼게. 먼저 가나 공화국부터!

오늘날의 가나 공화국은 유럽 침략 시절 때 황금 해안이라고 불렸어. 왜 그랬는지는 이미 살펴봤지? 바로 이곳에 1957년 3월 가나 공화국이 탄생했어. 곧 살펴보겠지만, 동아프리카에서 케냐가 독립을 얻기 6년 전의 일이었어. 가나는 비교적 일찍 자치권을 얻어낸 나라 가운데 하나야. 독립투쟁이 그 어느 나라보다 강했던 덕분이었지. 이제 가나의 독립 과정을 살펴볼까?

19세기 말부터 가나에 있는 여러 부족이 영국의 지배를 반대하는 운동을 벌였어. 저항의 역사가 꽤 길었던 거야. 그러나 초기의 저항은 매우 소극적이었고, 가나 민중이 모두 참여하지도 않았어. 정치 성향을 띠면서, 동시에 조직적으로 움직인 저항단체는 1920년경에 만들어졌어. 바로 그해, 아프리카 지식인들은 가나의 수도 아크라에 모여 서아프리카민족회의를 결성했어. 이 단체가 본격적으로 서아프리카 국가들의 독립운동을 이끌었어.

가나에 국한해 살펴본다면, 실제 독립운동을 이끈 조직은 1947년 만들어진 통일골드코스트회의야. 골드코스트는 '황금 해안'을 뜻하지. 이때까지만 해도 가나라는 국명이 없었기에 제국주의자들이 만든 황금 해안이란 말을 그대로 쓴 거야. 이 조직의 서기장이 된 인물이 바로 콰메 은크루마야. 훗날 가나 공화국의 초대 대통령이 된 인물이지.

쾌메 은크루마는 미국에서 공부한 지식인이었어. 외국의 식민 지배를 받아도 상류층 자제들은 민중의 고통을 외면하고 자기만 호의호식하는 경우가 꽤 있어. 이런 자제들은 대부분 영국, 프랑스, 미국 등 선진국으로 유학을 갔지. 자기 나라를 식민 통치하는 나라에 가서 맘껏 사치를 부리는 거지. 은크루마도 그런 유형이었냐고? 아니야. 은크루마는 가난한 집안에서 태어났어. 상류층 자제가 누릴 수 있는 경제적 여유는 단 한 번도 누리지 못했어.

다행히 어렸을 때 선교학교에 다닌 게 도움이 됐어. 은크루마는 그곳에서 배움의 뜻을 키울 수 있었어. 그러나 가정형편 때문에 외국 유학은 꿈도 꾸지 못했어. 은크루마는 가난 때문에 공부를 더 할 수 없다는 게 너무도 원통했어. 결국 꾀를 냈어. 장님 행세를 하며 미국행 배에 올라탄 거야. 미국에 도착한 은크루마는 그곳에서 공부를 하며 많은 흑인운동가들과 교류했어. 마침내 은크루마는 아프리카의 독립을 위해 목숨을 바치겠다고 결심했어.

제2차 세계대전이 끝난 후 은크루마는 영국으로 건너갔어. 그곳에 범 아프리카주의자들이 많았기 때문이야. 영국 런던에 정착한 그는 많은 아프리카 활동가들과 사귀었어. 참혹한 아프리카의 현실을 더 정확하게 알 수 있었지. 2년 뒤 은크루마는 조국으로 돌아갔어. 이때 그가 만든 기구가 바로 통일골드코스트회의였단다.

금세 가나 독립운동을 이끄는 핵심 인물이 된 은크루마는 젊은 사람들을 따로 모아 급진 독립운동기구를 만들었지. 1949년 출범한 회의인민당이 바로 그 기구야. 회의인민당은 즉각 독립을 요구하며 투쟁을 벌였어. 은크루마는 영국에 저항하기 위해 노동자들을 격려했어. 노동자들은 파업을 벌였지.

가나 민중의 저항이 거세지자 영국이 주춤거리기 시작했어. 영국은 한 발짝 물러나 가나에 자치권을 주기로 했어. 자치권이 생긴다면 가나 민중은 식민지일 때보다 더 많은 자유를 누릴 수 있어. 그래도 영국 총독이 여전히 모든 권한을 쥐고 있으니 완전한 독립은 아니야. 영국은 이처럼 '적절한 선'에서 가나 문제를 해결하려 했어. 하지만 은크루마와 회의인민당은 자치법안을 반대했어. 또다시 투쟁이 이어졌지. 영국 정부는 은크루마와 회의인민당의 지도자들을 옥에 가뒀어.

1951년 가나 자치정부의 총리를 뽑는 선거가 치러졌어. 은크루마는 옥중 출마를 선언했지. 자치를 반대하지 않았냐고? 맞아. 하지만 영국의 앞잡이가 총리가 되는 것보다 민족주의자가 총리가 되는 게 낫지 않겠니? 그나마 얻은 자치권을 무용지물이 되지 않도록 만들겠다는 생각에 은크루마가 총리 후보로 나섰던 거야.

이 선거에서 은크루마가 승리했어. 그리고 이듬해, 가나 자치정부의 첫 총리로 취임했지. 예상했던 대로 은크루마는 자치권에 만족하지 않고 완전한 독립을 주장했어. 어쩔 수 없이 협상에 응한 영국은 가나가 스스로 나라를 통치할 능력이 있다는 걸 보여 준다면 독립을 승인하겠다고 했어. 이 약속은 지켜졌어. 5년의 자치가 끝난 1957년 3월, 가나는 완전 독립에 성공했어. 비로소 골드코스트란 이름을 버리고, 가나라는 이름을 쓸 수 있었어. 중세 서아프리카의 강자였던 가나 왕국에서 따온 이름이지.

다시 3년이 흘렀어. 1960년 은크루마는 국민투표를 실시해 나라 이름을 가나 공화국으로 확정했어. 은

┃ **국민투표로 당선된 은크루마** 가나공화국의 초대 대통령이다. 그는 나아가 아프리카 전체의 단결과 독립을 주장해 아프리카 독립운동의 아버지라고 불린다.

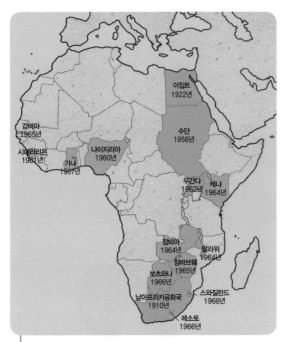

영국 식민지의 독립 이집트가 가장 먼저 독립했으며 이어 수단과 가나가 독립했다. 대부분 1966년 이전에 독립했지만 스와질란드만 1968년에 독립했다.

크루마는 가나 공화국의 첫 대통령으로 선출됐어. 그는 평생의 꿈인 아프리카 통합에 나섰어. 그러나 1966년 2월, 그가 잠시 베트남 문제를 논의하기 위해 중국 베이징에 나가 있는 동안 가나에서 쿠데타가 발생했어.

권력을 잃은 은크루마는 어쩔 수 없이 기니로 망명해야 했지. 그로부터 6년이 지난 1972년, 은크루마는 루마니아의 한 병원에서 암으로 숨을 거뒀어. 비록 말년은 행복하지 않았지만, 은크루마는 가나는 물론 서아프리카의 독립 운동에 지대한 영향을 미친 인물로 평가받고 있어. 이 때문에 은크루마를 아프리카 독립운동의 아버지라고 부른단다. 1960년대 이후 가나의 역사는 나중에 다시 살펴볼게.

케냐의 마우마우 궐기

영국의 또 다른 식민지였던 케냐의 독립 과정도 흥미진진해. 이곳에서도 케냐 원주민들은 강력하게 영국에 저항했단다. 그 역사를 볼까?

케냐 원주민들은 영국의 식민 통치를 받기 시작하자마자 저항운동을 시작했어.

케냐 원주민 가운데 가장 대다수를 차지하는 민족은 키쿠유족이야. 케냐에서는 이 키쿠유족이 중심이 돼 독립운동을 했단다.

케냐인들은 1950년 무장투쟁기구를 만들었어. 이 기구가 바로 마우마우단이야. 마우마우단의 조직원은 대부분 키쿠유족이었어. 그들이 내세운 목표는 아주 단순했어. 영국이 빼앗아간 땅을 되찾겠다는 거였지. 마우마우단은 이 목표를 이루기 위해서는 영국인을 포함한 백인들을 케냐에서 몰아내야 하며, 영국에 협력하는 흑인들도 처단해야 한다고 생각했어.

마우마우단은 사회주의나 범 아프리카주의와 같은 이념을 따르지 않았단다. 키쿠유족의 전통적인 종교의식을 따랐지. 테러를 계획하고 실행하기 전에는 반드시 그들만의 종교의식을 거행했을 정도야. 이 점이 다른 지역의 무장투쟁 단체와 크게 다른 점이지.

마우마우단의 테러가 시작됐어. 그러나 처음에는 파장이 그리 크지 않았어. 사건도 간헐적으로 터졌고 피해자도 많지 않았기 때문이야. 영국 정부도 크게 동요하지 않았지. 영국은 식민지 원주민들이 일시적으로 저항하는 수준으로만 생각했어. 영국인들은 저항하는 케냐인들을 마우마우라고 불렀단다. 이 말에는 아프리카와 케냐인들을 비아냥대는 느낌이 포함돼 있어. 번역하면 '아프리카인들이 혼란스럽게 자기들끼리 싸운다'는 뜻이었거든. 어쨌든 영국이 붙여 준 이 마우마우란 이름을 인용해 케냐의 독립운동조직을 마우마우단이라고 부르게 된 거야.

1952년부터 마우마우단의 테러가 부쩍 증가했어. 처음에 대수롭지 않게 생각했던 영국 정부도 그제야 본격적인 대응에 나섰어. 영국 정부는 절대로 테러를 용납하지 않겠다는 포고문을 발표했어. 다만 당장 모든 키쿠유족을 무력으로 대하지는 않았지.

마우마우단은 총궐기운동을 벌였어. 키쿠유족이 지속적으로 영국 반대운동을 펼친 거야. 마우마우단은 은밀하게 궐기를 준비했고, 시간이 되면 일제히 궐기운동을 벌였어. 이런 식의 투쟁은 비밀이 생명이야. 만약 사전에 비밀이 새어나가면 많은 동지들이 잡히지 않겠니? 어떻게든 궐기운동을 저지해야 한다고 생각한 영국은 첩자를 심기 시작했어. 적잖은 마우마우단원들이 잡혀갔지.

마우마우단은 입단속을 위해 무리수를 두기 시작했어. 혹시 배신할지도 모른다고 생각되는 동지들을 처형한 거야. 궐기를 성공시키기 위해 어쩔 수 없는 측면이 있기는 하지만, 그래도 섬뜩한 느낌이 들어. 죄 없는 사람들이 누명을 쓰고 죽었거든. 일반 민중은 마우마우단과 영국 경찰 양쪽으로부터 핍박을 당한 셈이지.

어쨌든 마우마우단의 궐기가 곳곳에서 일어났어. 영국 정부는 즉각 케냐에 비상

체포된 마우마우단 마우마우단은 케냐의 독립운동을 이끈 단체다. 키쿠유족이 주축이 됐으며 총궐기운동을 벌여 영국 지배자들과 대립했다.

사태를 선포하고, 강경 진압을 시작했어. 그러나 이미 불타오른 독립 열망을 잠재울 수는 없었어. 마우마우단은 1956년까지 만 3년 이상 궐기운동을 벌였단다. 이 과정에서 많은 케냐인들이 희생됐어. 1만 명이 족히 넘는 케냐 독립운동가들이 목숨을 잃었고, 이보다 훨씬 더 많은 사람들이 감옥에 갇혔어.

영국 경찰은 독립운동가를 색출하고 고문할 때 '앞잡이'들을 고용했어. 그래, 동족을 배신한 매국노들 말이야. 이 매국노들도 마우마우단의 표적이 됐다고 했지? 마우마우단은 이런 매국노 2천여 명을 응징했어. 씁쓸한 점은 이 기간 동안 영국인을 포함해 백인 사망자는 100여 명밖에 되지 않았다는 거야. 이 말이 무슨 뜻이겠니? 독립 무장투쟁의 희생자는 애국자든 배신자든 간에, 결국 대부분 케냐인들이었다는 거야.

목숨을 바친 독립투쟁은 결실을 맺었어. 1963년 케냐는 영국으로부터 벗어나 독립국을 선포했단다. 초대 총리에 조모 케냐타가 선출됐어. 마우마우단의 궐기운동을 계획하고 적극 추진했던 인물이야. 마우마우단의 지도자인 셈이지. 마우마우단의 지도자가 초대 대통령이 된 것을 보면, 케냐인들도 마우마우단이 독립을 이끌어냈다고 생각한 것이겠지?

알제리, 8년을 싸워 독립하다

영국의 식민지였던 가나와 케냐에서 어떻게 독립운동이 일어났는지 살펴봤어. 영국의 식민지였던 이집트는 1922년 이미 독립했지. 다만 영국 군대가 여전히 남아 있었어. 그랬던 영국 군대가 1946년 본국으로 돌아가면서 이집트는 완벽한 독립을 얻었어. 이집트 옆의 리비아는 어떨까? 리비아는 이탈리아의 지배를 받았었지? 이탈리아는 제2차 세계대전 막바지에 삼국 추축 가운데 가장 빨리 무너졌어.

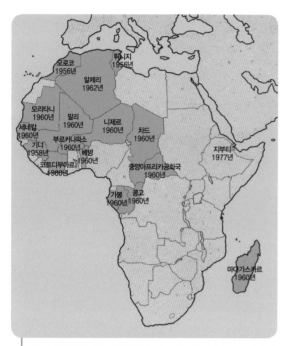

프랑스 식민지의 독립 거의 대부분의 프랑스 식민지가 1960년에 독립했다. 튀니지와 모로코는 이보다 앞선 1956년 독립했으며, 지부티는 1977년 가장 늦게 독립했다.

그 결과 1943년 리비아는 이탈리아로부터 독립할 수 있었어.

자, 이제 프랑스의 식민지 상황을 알아볼까? 오늘날까지도 프랑스의 흔적이 가장 많이 남아 있는 나라 중 하나인 북아프리카의 알제리부터 살펴볼게. 알제리는 1962년 9월에야 프랑스로부터 독립해 독자적인 정부를 세울 수 있었어. 프랑스와 무려 8년에 걸쳐 전쟁을 치른 끝에 얻어낸 독립이었지. 이 전쟁을 알제리 독립전쟁이라고 부른단다.

알제리에서도 프랑스에 반대하는 투쟁이 많았어. 1950년대 들어 프랑스도 알제리를 어떻게 처리할까를 두고 많이 고심했어. 프랑스 정부 안에서도 의견이 엇갈렸단다. 어떤 사람은 프랑스의 한 주로 통합해 버리자고 주장했고, 어떤 사람은 그냥 독립을 허용하자고 했어. 또 어떤 사람은 통합과 독립의 중간 정도에서 타협하자고 주장했지. 이 무렵 알제리는 무척 혼란스러운 상태였어. 여러 정치 조직이 치열한 권력다툼을 벌이고 있었거든. 그 조직들은 알제리가 독립하면 권력을 다른 조직에 빼앗길까 봐 동족끼리 학살극을 벌이기도 했어.

사실 아시아의 인도차이나 반도도 이 무렵 상황이 비슷했어. 이 지역은 프랑스의 식민지였는데, 제2차 세계대전 중에는 일본으로 넘어갔어. 그랬다가 전쟁이 끝나자 프랑스는 다시 주인 행세를 하며 인도차이나 반도를 차지하려 했어. 그 때문에 베트남과 전쟁을 치르기도 했지. 이 전쟁에서 패해 프랑스는 물러날 수밖에 없었어. 곧 살펴보겠지만 알제리의 상황도 비슷했어.

알제리에도 프랑스가 군대를 투입했어. 프랑스 군대가 알제리에 상륙하자 민중들이 강하게 반발하기 시작했지. 급기야 1954년 11월, 알제리의 무장 독립운동 단체인 알제리민족해방전선이 반란을 일으켰어. 독립투사들은 무기를 들었고, 독립을 염원하는 알제리 민중들이 속속 단체에 가입했어. 곧 투쟁은 독립전쟁으로까지 확대됐어.

알제리 저항군은 모두 13만 명 정도였어. 그러나 프랑스는 이보다 훨씬 더 많은 80만 명의 군인을 전쟁에 투입했지. 무기도 프랑스 군대가 보유한 게 훨씬 첨단에 가까웠어. 사정이 이러니 싸움은 해보나 마나라고? 아니야. 알제리 저항군은 게릴라 전법으로 프랑스 군대를 괴롭혔어.

화가 난 프랑스 군대는 점점 잔인해졌어. 알제리 독립군을 숨겨 준 것 아니냐며 아무 죄 없는 사람을 잡아다 고문하기 일쑤였어. 어떤 사람은 고문을 못 이겨 동지의 이름을 불고 말았어. 그러자 알제리 저항군도 잔인해졌어. 그들은 프랑스 군대에 협력한 혐의가 있는 동족을 찾아내 모두 죽여 버렸어. 이 과

알제리 저항군 알제리 독립전쟁은 1954년부터 1962년까지 8년에 걸쳐 진행되었다. 프랑스에 맞서 알제리 저항군은 게릴라 전법을 이용했다.

정에서도 죄 없는 양민이 죽임을 당했지. 어떤 시대든 전쟁은 잔인한 것 같아.

전쟁은 점점 격렬해졌어. 도시와 시골을 가리지 않고 전투가 벌어졌어. 알제리 민중만 약 100만 명이 죽었어. 70만여 명은 옥에 갇혔어. 희생자는 프랑스 군대에서도 속출했어. 전쟁 도중 1만 명이 넘는 프랑스 병사가 목숨을 잃었단다. 프랑스 군대의 피해도 커지자 프랑스 본국 정부도 난처해졌어. 프랑스 국민은 정부를 강력하게 비난했고, 결국 1958년 2월 프랑스 제4공화국 정부가 무너졌어.

이어 드골의 제5공화국 정부가 들어섰지. 드골 대통령은 지나치리만치 강한 애국주의자였어. 당연히 프랑스의 식민지들을 내주지 않으려 하겠지? 예상대로 드골은 더 많은 병사를 알제리에 투입했어. 당연히 알제리 독립군도 더 강력하게 저항했지.

1960년 무렵에는 알제리 전역에서 전투가 치러졌어. 이 무렵 국제적 여론은 프랑스에 불리하게 돌아가고 있었어. 마침 이때는 동서냉전이 최고조에 이르던 시기였어. 소련을 비롯한 사회주의 국가들이 알제리를 지원했고, 아랍 국가들도 알제리 편에서 싸웠어. 이런 상황에서 프랑스가 일방적으로 알제리를 몰아붙이기는 쉽지 않았을 거야. 프랑스의 드골도 이 사실을 깨닫고는 알제리를 독립시키기로 결심했어. 양국의 비밀특사가 협상에 돌입했어.

1962년 3월, 두 나라 사이에 전쟁을 끝내기로 약속하는 에비앙 협정이 체결됐어. 이 협정에 따라 알제리는 국민투표를 실시했고 의회를 구성했어. 마침내 같은 해 9월, 알제리의회가 만들어지면서 독립국이 됐단다. 알제리공화국의 초대 대통령에는 민족해방전선의 지도자였던 아흐메드 벤 벨라가 선출됐어.

알제리 전쟁 때 프랑스와 알제리 군대는 모두 지나치게 가혹했다는 평가를 받고 있어. 이때 프랑스 군대가 자행한 고문과 살인은 두고두고 욕을 먹었지. 마찬가지로 알제리 군대들도 파벌이 다르다면 인정사정 보지 않고 죽였어. 죄 없는 양민

도 많이 피살됐어. 그러나 비극적인 이야기만
있는 건 아니야. 오늘날까지 전해지는 많은 뒷
이야기 가운데 영웅 스토리도 있단다. 그 인물
은 바로 프란츠 파농이란 의사야.

프란츠 파농은 알제리 사람이 아니야. 그는
1925년 카리브 해에 있는 마르티니크 섬에서
태어났어. 그런 인물이 어떻게 알제리 독립운
동에 가담했을까? 제2차 세계대전으로 거슬러
올라가면 이유를 알 수 있어.

당시 파농은 나치와 싸우기 위해 프랑스 군
대에 자원입대했어. 전쟁이 끝난 후 그는 고향
으로 돌아가지 않고 프랑스에 남아 의학 공부
를 했어. 리옹 대학에서 정신과 의사 학위를

탈식민주의자 프란츠 파농 알제리 독립전쟁에서 알제리를 위해 싸운 카리브해 출신의 혁명가. 그러나 끝내 알제리 독립을 보지 못하고 백혈병으로 숨졌다.

받고 난 후 진로를 고민하던 파농은 아프리카로 가기로 했지. 1953년 알제리의 한
정신병원에서 의사 생활을 시작했어.

그곳에 근무하면서 그는 아프리카에 만연해 있는 인종주의를 연구했어. 그 결과
를 책으로 냈는데, 바로『검은 피부, 하얀 가면 Peau noire, masques blancsm』이야. 파농은 이
책에서 인종주의를 철저히 해부함과 동시에, 유럽 국가들의 식민주의를 통렬하게
비난했어. 파농의 부인은 프랑스인이었어. 그렇다면 프란츠 파농의 국적은 사실상
프랑스라고 할 수 있지. 이 때문에 파농이 낸 책이 프랑스에서 큰 파문을 불러일으
켰지.

알제리 독립전쟁이 터지자 파농은 즉각 알제리 독립군 편에 섰어. 처음에는 독
립군을 숨겨 주거나 몰래 돈을 지원하는 정도였어. 부상당한 독립군이 찾아오면

언제든지 치료해줬지. 그러나 전쟁은 갈수록 격렬해졌고, 파농은 결국 병원 문을 닫고 직접 총을 잡았단다. 의사에서 혁명가로 바뀐 거야. 그는 알제리민족해방 전선의 이론가로 행동하면서 대변인 역할까지 했지.

이처럼 열혈 혁명가의 길을 걸었지만, 아쉽게도 끝내 알제리 독립은 보지 못했어. 1960년 백혈병에 걸려 1년을 병마와 싸웠지만 결국 세상을 떠나고 말았어. 1962년 알제리가 독립했으니, 1년만 더 견뎠다면 꿈에도 그리던 독립을 볼 수 있었을 텐데 안타까운 일이지.

프란츠 파농은 오늘날까지도 아프리카 독립의 영웅으로 추앙받고 있어. 그의 지지자들은 1964년, 그동안 프란츠 파농이 써놓은 기고문을 모아 유고집을 만들었단다. 지하에 묻혀 있을 프란츠 파농이 아주 좋아할 책이야. 책 제목이 『아프리카 혁명을 향하여Pour la Ré volution africaine』거든.

독재자와 애국자는 한 끗 차이?

콰메 은크루마는 유럽 열강과 타협하지 않는 저항정신을 몸소 보여 준 인물이야. 그는 가나 공화국의 대통령이 되고 나서 가나를 포함한 아프리카 전체의 번영을 위해 헌신했어. 아프리카 흑인들에게는 그야말로 이런 애국자가 없는 셈이지. 그러나 그는 독재자이기도 했어. 회의인민당을 제외한 정당의 활동을 금지시켰고, 반대자들은 재판 없이 감옥에 가둬 버렸지. 나중에는 자기가 평생 대통령을 하겠다며 종신 대통령에 취임하기도 했어.

'위대한 애국자'가 모든 권력을 장악하는 현상을 어떻게 바라봐야 할까? 이집트의 나세르, 리비아의 카다피 같은 독재자도 초기에는 애국자였지. 나중에 이런 지도자들의 상당수가 부패의 늪에 빠졌단다. 정말 독재와 애국은 한 끗 차이일까?

아프리카의 독립 열풍

범 흑인주의로부터 시작된 흑인 인권운동은 나중에 아프리카 해방운동으로 이어졌다고 했지? 제1차 세계대전이 끝난 뒤 프랑스 파리에서는 범 아프리카주의자들의 첫 회의가 열리기도 했어. 이와 별도로 1910년대부터 아프리카 안에서도 민족주의 운동이 시작됐어.

가나 공화국이 탄생하기까지의 역사를 살펴볼 때 서아프리카민족회의에 대해 언급한 적이 있지? 그 기구와 거의 비슷한 기구가 남아프리카에도 만들어졌어. 그게 바로 1912년 오늘날의 남아프리카공화국에서 조직된 아프리카민족회의ANC야. 이 기구는 남아프리카공화국의 역사를 이야기할 때 절대 빼놓을 수 없어. 조금 있다가 자세히 살펴볼 거야.

지금까지는 유럽 열강들과 격렬하게 싸워 독립을 얻어낸 사례를 주로 들려줬어. 사실 아프리카의 모든 나라들이 극심한 유혈극을 치른 것은 아니야. 영국과 프랑스가 아프리카에서 손을 떼기로 결심한 후 자치 능력을 인정받아 독립한 국가들도 꽤 많지. 그러나 이미 말한 대로 포르투갈 식민지는 1970년대까지도 식민 통치를 받았어. 왜 그랬을까? 자, 나머지 국가들의 독립 역사를 살펴보자.

나세르와 중동 전쟁

먼저 북아프리카를 볼까? 이집트의 이야기를 더 해볼게. 이집트는 1922년 영국으로부터 독립했어. 그러나 영국 군대가 이집트에 주둔하고 있었고, 영국인들은 여전히 특권을 누렸어. 엄밀하게 말하면 이집트는 독립국이 아니란 얘기야. 그러다가 제2차 세계대전이 끝난 이듬해인 1946년, 영국은 완전히 이집트에서 물러났어. 자, 이제 이집트가 홀로 설 수 있을까?

아직은 시기상조인 것 같아. 이집트는 1948년 첫 중동 전쟁에서도 신생국인 이스라엘에 패했어. 이집트 국민은 부패한 왕과 귀족이 아니라 청렴하고 젊은 지도자가 등장해 위기를 극복해 주기를 원했지. 그런데 정말 그런 사람이 나타났어. 바로 가말 압델 나세르란 인물이지.

1952년 젊은 군 장교인 나세르는 동료 장교 89명과 함께 쿠데타를 일으켰어. 나세르는 부패한 왕 파루크 1세를 끌어내렸지. 나세르는 이어 장교들로 혁명평의회를 만들었어. 혁명평의회는 입법부, 행정부, 사법부의 모든 기능을 장악했어. 의장은 당연히 나세르가 맡았어. 혁명평의회는 왕정을 폐지하고 공화국을 세우기로 결정했어. 이 결정에 따라 이집트는 공화국으로 바뀌었고, 나세르는 총리를 거쳐 대통령이 됐어.

나세르는 원대한 꿈이 있었어. 바로 아랍 민족의 국가들을 모두 모아 연방공화국을 만드는 거였어. 그 연방공화국을 이끄는 나라는 물론 이집트가 돼야 해. 나세르는 이집트를 일으키기 위해 경제부터 신경 썼어. 그 전부터 이집트는 나일 강의 물을 관리하기 위해 어마어마한 댐을 만들고 있었는데, 나세르는 이 댐을 빨리 완공해야 한다고 생각했어. 그래야 전기도 넉넉하게 생산할 수 있을 테고, 공장도 잘 돌아가지 않겠니?

나세르는 미국에 원조를 요청했어. 하지만 미국은 거절했지. 미국이 거절한 이유는 바로 나세르 때문이었어. 나세르는 자본주의자라기보다는 사회주의자에 가까웠거든. 이 무렵은 전 세계적으로 냉전의 시대였지. 자유 진영의 큰 형님인 미국으로서는 공산 진영에 속해 있는 나세르에게 돈을 빌려줄 수 없었던 거야.

나세르는 화가 났어. 그렇잖아도 서방세계를 별로 좋아하지 않았는데, 이참에 아예 관계를 끊기로 했어. 나세르는 독립국이 된 아시아와 아프리카의 여러 나라들과 어울려 지냈어. 1955년에는 이런 나라들이 반둥에 모여 중립과 비동맹 원칙을 밝히는, 이른바 반둥회의를 열었어. 나세르는 이 회의에도 적극적으로 참여했어.

그러던 중 서방세계를 가장 놀라게 한 사건이 1956년 터졌어. 나세르는 이집트 국민을 위한 연설에서 "서방세계의 선박이 수에즈 운하를 이용하지 못하도록 하겠다!"라고 선언했어. 이 말이 무슨 뜻인지 아니? 수에즈 운하를 국유화하겠다는 거야. 사실 이집트는 수에즈 운하를 건설하면서 영국과 프랑스에 진 빚을 아직도 다 갚지 못한 상태였어. 빚쟁이가 외상으로 물건만 사놓고 빚은 안 갚겠다고 선언한 형국이 된 셈이지. 물론 더 과거로 거슬러 올라가면, 원래 이집트의 것을 영국과 프랑스가 빼

혁명가 가말 압델 나세르 1952년 쿠데타를 일으켜 이집트 왕을 몰아내고 공화국을 세운 인물이다. 수에즈 운하를 국유화해 서방세계와 갈등을 벌이기도 했다.

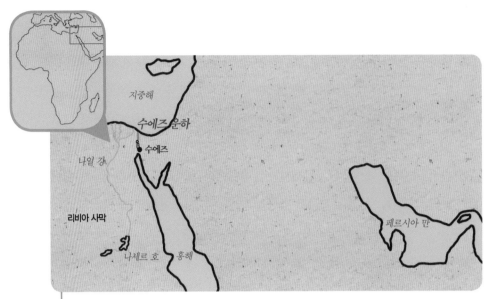

수에즈 운하의 위치 시나이 반도의 서쪽에 있다. 지중해의 항구 포트사이드와 홍해의 항구 수에즈를 연결하고 있다. 수에즈 운하 소유권을 둘러싸고 영국과 프랑스가 갈등을 벌였다.

앗은 거니, 이집트로서는 당연한 조치였겠지만 말이야.

수에즈 운하를 이용하면 아프리카를 빙 돌아가지 않아도 페르시아 만으로 바로 갈 수 있어. 페르시아에서는 석유가 평평 쏟아지고 있었지. 서방 세계의 국가들은 바로 이 점 때문에 비싼 통행료를 내서라도 수에즈 운하를 이용하고 있었던 거야. 이런 상황이었으니 서방세계 국가들에게 나세르의 선언은 충격적이었겠지.

나세르는 자신의 선언을 실행에 옮겼어. 먼저 이스라엘 선박들이 수에즈 운하를 이용하지 못하게 했어. 왜 이스라엘을 첫 제물로 삼았을까? 제1차 중동 전쟁을 떠올리면 그 이유를 알 수 있어. 이스라엘이 팔레스타인에 나라를 세웠기 때문에 그곳에 살던 아랍인들이 쫓겨났지? 이집트가 이에 반발해서 이스라엘에 전쟁을 선포해 터진 게 제1차 중동 전쟁이었어. 따라서 두 나라의 감정이 결코 좋을 리가 없었겠지?

프랑스와 영국은 수에즈 운하의 지배권을 이대로 이집트에 돌려주는 게 억울하다고 생각했어. 황금 낳는 오리 알을 되찾기 위해서라면 전쟁인들 치르지 못하겠니? 영국, 프랑스, 이스라엘 세 나라는 공동으로 이집트를 침략하기로 하고 비밀리에 모여 작전을 짰지. 이 작전 이름이 삼총사 작전이었단다. 조금 유치하지?

이 작전에 따라 1956년 10월, 이스라엘이 먼저 이집트를 침략했어. 영국과 프랑스는 이스라엘과 이집트의 분쟁을 조정하겠다는 핑계를 대며 전쟁에 참가했어. 두 나라의 공군기가 마구잡이로 이집트를 폭격했지. 한 나라를 상대하기도 벅찬데, 세 나라와 싸워 이길 수가 있을까?

나세르는 국제 여론에 호소하기로 했어. 뜻밖에도 미국이 이집트 편을 들었어. 미국은 영국과 프랑스가 이집트를 침략한 것은 유엔UN 정신에 어긋난다고 비판했어. 원래 나세르와 가까웠던 소련도 영국과 프랑스를 강하게 비난했어. 영국과 프랑스는 수에즈 운하를 빼앗으려다 졸지에 국제적으로 '깡패 나라'라는 망신을 당하게 됐어. 두 나라는 어쩔 수 없이 이집트에서 군대를 철수시켜야 했지. 이 전쟁이 바로 제2차 중동 전쟁이란다.

과정이야 어쨌든 이집트가 프랑스와 영국을 몰아낸 셈이 됐어. 아랍 민족은 나세르의 이름을 부르며 환호했어. 나세르는 아랍 세계의 영웅이 됐지. 아랍민족주의는 그의 이름을 따서 나세르주의라고도 부른단다. 평생 아랍민족주의를 표방해왔던 그는 1970년

제2차 중동 전쟁 이집트의 수에즈 운하 국유화가 계기가 되어 일어났기 수에즈 전쟁이라고도 불린다. 이 전쟁은 나세르의 외교력 덕분에 이집트의 승리로 돌아갔다.

심장마비로 세상을 떠났어.

그 후 아랍민족주의는 후임 대통령인 사다트에 의해 폐기됐어. 사다트는 아랍연방공화국보다는 철저한 중립을 지키며 사는 이집트를 더 원했기 때문이야. 사다트 대통령이 집권한 이후 이집트는 서방 세계에 한층 가까워졌어. 오늘날까지도 이집트는 미국과 가까운 아랍 국가 중 하나란다.

최장기 독재자, 카다피

북아프리카의 나라 가운데 하나만 더 살펴볼게. 그 나라는 바로 리비아야. 리비아를 군이 따로 살펴보는 이유는, 이 나라의 지도자인 무아 마르 알 카다피란 인물 때문이야. 그는 1969년 정권을 잡은 뒤 2011년 민중 봉기 때 사망할 때까지 40년 넘게 리비아를 통치했어.

북한의 경우도 김일성에 이어 김정일, 다시 김정일에 이어 김정은이 대를 이어 지도자 자리를 세습했어. 하지만 리비아에서는 한 명의 지도자가 40년을 넘게 권력을 쥐고 내놓지 않았단다. 왕정 시대에도 40년 이상 통치하는 왕은 그리 흔치 않아. 하물며 공화국에서 40년을 통치하는 인물은 나올 수가 없어. 맞아, 카다피는 세계에서 가장 오래 독재를 한 통치자 중 한 명이야. 이제 카다피와 리비아의 역사로 들어가 볼까?

리비아는 나세르가 이집트공화국을 건설하기 1년 전인 1951년 독립했어. 이집트보다는 독립 시기가 늦지만 다른 아프리카 국가들보다는 그리 늦은 편이 아니야. 리비아는 원래 이탈리아의 식민지였지? 이탈리아가 제2차 세계대전에 패하자, 그 식민지는 모두 국제연합의 신탁 통치령이 됐어. 국제연합은 영국과 프랑스 정부가 리비아를 지배하도록 했지. 5~6년의 신탁 통치를 거치면 리비아가 자립할 수 있을 거라고 판단했어. 1951년 국제연합은 총회에서 키레나이카, 트리폴리타니아, 페잔 등 3개 지역을 합쳐 리비아 연방왕국으로 독립시키기로 선포했어. 이렇게 해서 리비아가 탄생했어.

리비아 왕국의 첫 왕은 키레나이카 출신으로, 이드리스라는 이슬람교도였어. 이드리스 왕은 나름대로 리비아의 경제를 발전시키기 위해 노력했어. 그러나 왕이 예상했던 것처럼 경제가 확 살아나지는 않았단다. 리비아는 다른 아프리카 국가들보다 비교적 자원이 적은 나라였기 때문이야.

굶어 죽으란 법은 없다는 말이 있지? 리비아가 바로 그런 경우였어. 1959년 유전이 발견된 거야! 석유가 펑펑 쏟아지면서 리비아에 경제 붐이 일기 시작했어. 비로소 이드리스 왕의 어깨가 펴졌어. 아니, 오히려 너무 거만해진 게 문제였어. 이드리스 왕은 강력한 중앙집권체제를 구축하려고 했어. 당연히 트리폴리타니아와 페잔 사람들이 반발했어. 원래 세 지방이 합쳐 리비아 연방왕국이 됐다고 했지? 중앙집권체제가 된다면 연방체제는 필요 없게 되고 모든 권력을 이드리스 왕만 갖게 되지.

이집트와 리비아의 역사는 여러모로 비슷해. 왕정 형태로 독립국을 이뤘다는 점이 우선 같고, 왕들이 모두 서방세계와 친했다는 점도 같아. 그래, 이드리스 왕도 미국과 영국이 리비아에 군사기지를 둘 수 있도록 허용했어. 그다음의 역사도 비슷해. 이집트에서는 나세르가 쿠데타를 일으켜 왕을 몰아내고 공화국을 세웠지. 리비아도 그랬어.

1969년 이드리스 왕이 해외로 나갈 일이 있었어. 바로 이때를 노려 무아마르 알 카다피가 쿠데타를 일으켜 정권을 장악했지. 그는 왕정을 폐지하고 공화국을 선포했어. 카다피는 나세르의 행적을 그대로 따라 했어. 그도 나세르처럼 아랍 민족의 연합 국가를 만들려고 했지.

카다피 1969년 쿠데타를 일으켜 왕을 몰아내고 리비아의 대통령이 되었다. 2011년까지 집권해 세계 최장기간 집권자로 기록돼 있다. 아랍 연합국 건설을 주장했다.

이때 이집트에는 나세르의 뒤를 이어 사다트란 인물이 대통령 자리에 있었어. 카다피와 사다트는 어떻게 아랍 연합국을 만들지를 구체적으로 합의하기도 했어. 그러나 이 합의는 중동 전쟁 때문에 파기되고 말았단다. 사다트는 이스라엘과 평화협정을 맺었어. 바로 이 점이 카다피의 맘에 들지 않았던 거야. 아랍을 배신한 사다트와는 더 이상 함께할 수 없다는 거지.

카다피는 아랍 민족의 연합국가에 대한 미련이 여전히 강했어. 그 때문이었을까? 1980년에는 시리아와 한 나라로 합치겠다고 선언하기도 했어. 그러나 이란과 이라크 사이에 전쟁이 터지는 바람에 이 계획도 흐지부지 끝나고 말았어. 카다피는 20세기가 끝날 때까지만 해도 테러를 지원하는 독재자란 꼬리표를 달고 다녔어. 서방국가들은 리비아를 테러국가로 지목했지.

카다피도 나이가 들면서 고립된 채 살 수 없다는 사실을 깨달았던 것일까? 카다피는 2000년대 이후에 그 전까지의 노선을 바꿔 서방세계와도 잘 지내겠다는 신호를 보냈어. 미국과도 우호적인 관계를 만들 수 있다며 노력하는 자세를 보였지. 하지만 리비아 민중은 독재자 카다피를 결코 용서할 수 없었어. 뒤에서 살펴보겠지만, 카다피의 최후는 그리 좋지 않았단다.

영국과 프랑스 식민지, 모두 독립하다

알제리 독립전쟁에 대해 이미 살펴봤지? 1954년부터 무려 8년간 진행된 전쟁이었어. 알제리가 프랑스로부터 독립한 해는 1962년이야. 알제리와 프랑스의 전쟁을 떠올리면 프랑스가 아프리카의 모든 식민지에 대해 절대로 독립을 허용하지 않겠다는 입장이었던 것 같지? 하지만 꼭 그랬던 건 아니야. 알제리를 뺀 나머지 프랑스 식민지는 1960년 무렵까지 모두 독립했거든.

북아프리카에 있으면서 프랑스 식민지였던 모로코는 1956년 3월 독립했어. 모로코의 일부를 지배하고 있던 에스파냐는 4월 독립을 허용했지. 모로코는 알제리와 모리타니의 영토로 돼 있는 일부 지역까지 회복해 오늘날의 영토를 확정지었어. 다만 영토를 정리하는 과정에서 모로코, 모리타니, 알제리 사이에 갈등이 생겼는데, 그때 생긴 갈등의 골은 아직까지도 완전히 메워지지 않았단다.

모로코는 프랑스 식민지였지? 다른 프랑스 식민지도 모두 비슷한 시기에 독립했어. 물론 알제리는 빼고 말이야. 프랑스 식민지들은 독립국이 되기까지 대부분 거의 같은 절차를 밟았어. 프랑스 4공화국 정부는 1956년부터 1년간 프랑스 법에 따라 아프리카 식민지에 자치권을 줬어. 영국이 자국의 식민지인 가나에 자치권을 준 게 1951년이었으니, 프랑스가 식민지에 대한 미련이 더 강했던 것 같지? 어쨌든 이 조치에 따라 프랑스의 식민지였던 모리타니, 말리, 부르키나파소, 세네갈, 기니 등이 자치권을 인정받았어. 내륙 지방에 있던 프랑스령 적도아프리카의 국가들, 즉 니제르, 차드, 가봉, 중앙아프리카 공화국, 콩고공화국도 같은 절차를 밟았지.

1958년 드골의 제5공화국 정부가 들어섰어. 드골은 식민지 정책을 수정하기로 했어. 프랑스령 아프리카를 완전 해체하고, 일종의 프랑스 연방을 건설하기로 한 거야. 이 정책에 따라 프랑스 식민지들은 '프랑스 공동체'에 소속된 자치공화국으로 바뀌었어. 프랑스는 이 정책을 끝으로 더 이상 아프리카 국가들이 반발하지 않기를 바랐을 거야. 그러나 프랑스의 뜻대로 되지는 않았어. 이 나라들이 자치공화국을 넘어 독립국가가 되기를 간절히 원했기 때문이지.

이 자치공화국 가운데 기니가 가장 먼저 독립했어. 기니는 1958년 9월 드골 정부가 만든 헌법에 대해 거부권을 던졌어. 이 말은 "우리는 프랑스 연방에서 탈퇴하겠다!"는 선언과 마찬가지였지. 2개월 후 기니는 사회주의를 기본 이념으로 내건 공화국을 출범시켰어. 이 기니 공화국은 그 후로도 프랑스를 반대하는 정책을 고수했단다. 프랑스에 반대한 나라들은 대부분 기니처럼 사회주의를 국가의 정치 이념으로 내걸었어. 말리도 이런 나라 가운데 하나였지.

이어 1959년에는 모리타니가 정부를 수립했어. 모리타니는 이듬해 첫 대통령을 뽑았지. 다른 나라들도 1년 안팎의 시기 차이가 있지만 비슷한 과정을 밟았어. 1959년부터 1960년 사이에 이 나라들은 모두 독립국가가 됐단다.

영국 식민지 가운데 가장 먼저 독립을 이룬 나라는 수단이야. 수단의 독립은 나세르가 일으킨 이집트 혁명과 무관하지 않아. 1952년 나세르가 혁명에 성공했지? 나세르는 이듬해 수단의 자치권을 인정했어. 영국과는 협정을 맺어 이집트 군대와 영국 군대가 동시에 수단에서 철수하기로 했지. 수단은 1954년 1월 총선거를 실시했어. 이때 자치정부가 들어섰고, 그로부터 1년 뒤 의회가 독립을 선언했으며, 마침내 1956년 1월 수단공화국이 탄생했단다.

프랑스의 지도자 드골 알제리전쟁을 평화적으로 해결함으로써 프랑스 경제의 가장 큰 장애를 제거했다.

모로코와 같은 해에 독립했지?

나이지리아는 1960년, 감비아는 1965년 영국 연방의 하나가 됐어. 이어 나이지리아는 4년 후, 감비아는 5년 후 각각 공화국으로 독립했지.

영국이 점령했던 남아프리카 지역을 볼까? 잠비아, 짐바브웨, 남아프리카공화국에는 일찌감치 자치가 허용됐어. 특히 남아프리카공화국은 1910년 영국 연방에 편입됨으로써 일찌감치 식민지 신세를 벗어났지. 다른 아프리카 국가들과 달리 이 세 나라에는 백인 정부가 들어섰다는 것도 특이한 점이야. 백인 정부는 약속이나 한 것처럼 흑인들에 대해 인종차별 정책을 펼쳤어. 특히 남아프리카공화국의 아파르트헤이트는 유명하지. 이에 대해서는 따로 살펴볼게.

이 세 나라에서는 백인 정부와 흑인 민중 사이의 갈등이 매우 컸어. 백인 정부는 흑인을 탄압했고, 흑인들은 독립 단체를 만들어 맞섰지. 가령 잠비아에서는 통일민족독립당이, 짐바브웨에서는 짐바브웨아프리카민족동맹이 백인 정부에 맞선 대표적인 조직들이야.

1950년대 잠비아의 백인 정부는 인근의 여러 작은 국가들을 합쳐 연방공화국을 세웠어. 오늘날의 말라위가 이때 연방공화국에 포함됐지. 그러나 잠비아 민족주의 단체인 통일민족독립당이 여기에 저항했어. 그 결과 백인들이 세운 연방 국가는 해체됐고, 잠비아는 1964년 독립을 쟁취했단다.

짐바브웨도 흑백 갈등이 심했어. 잠비아가 독립하고 1년이 지난 1965년, 짐바브웨에 백인 정부가 들어섰어. 여전히 흑인과 백인 간의 정당 충돌이 그치지 않았지만, 1979년에는 마침내 흑인과 백인의 연합정권이 등장했단다. 그러나 짐바브웨는 그 후로도 유혈사태가 끊이지 않았어. 이에 대해서는 또 살펴보도록 할게.

남아프리카공화국의 역사는 짐바브웨와 비슷한 측면이 있어. 그러나 훨씬 더 비참하고, 훨씬 더 극적이지. 특히 아파르트헤이트는 고대나 중세에서도 볼 수 없었던 최악의 인종차별 정책으로 평가되고 있어. 남아프리카공화국의 역사는 뒤에서 따로 살펴볼게.

포르투갈도 물러나다

자, 마지막으로 다른 지역의 국가들은 언제 독립했는지 살펴볼까? 한때 독일 식민지였지만 제1차 세계대전 이후 프랑스가 신탁 통치했던 토고는 1960년 독립했어. 또 다른 독일 식민지 카메룬은 제1차 세계대전이 끝난 1919년 프랑스와 영국에 분할됐지. 프랑스령이었던 지역은 나머지 프랑스 식민지가 독립한 해인 1960년 독립했고, 영국령이었던 지역은 나이지리아에 흡수됐지. 나이지리아는 1960년 영국 연방이 됐고, 1964년 독립했다고 했지?

콩고민주공화국도 1960년 벨기에로부터 독립했어. 그러나 콩고민주공화국은 독립 후에 극도로 혼란스러웠단다. 서로 다른 파벌끼리 죽고 죽이는 권력투쟁이 시작됐기 때문이야. 이 역사에 대해서는 곧 살펴볼 거야.

1960년대 중반에는 아프리카의 거의 모든 국가가 독립을 얻는 데 성공했어. 그러나 그러지 못한 나라도 있었지. 가장 늦게 유럽의 지배를 벗어난 나라는 앙골라, 기니비사우, 모잠비크야. 이 세 나라는 모두 포르투갈의 지배를 받았지. 이 나라들은 1975년을 전후로 독립국을 세울 수 있었단다. 가장 먼저 아프리카 대륙을 탐험했던 유럽의 나라는 어디였지? 그래, 포르투갈이야. 500년도 훨씬 전에 포르투갈 함선이 아프리카 서해안에 도착함으로써 아프리카의 문을 열었잖아. 결국 포르투갈은 가장 먼저 아프리카에 도착했고, 가장 늦게 아프리카를 떠난 유럽 국가가 된 셈이지.

포르투갈은 1951년 식민지 법을 폐지했어. 이에 따라 앙골라, 기니비사우, 모잠

비크는 포르투갈의 주로 편입됐
어. 식민지 지위에서는 벗어났지
만 그래도 여전히 포르투갈의 땅
인 셈이지. 이 무렵 아프리카의
여러 나라들은 독립투쟁을 하고
있었어. 1960년대가 되면 거의
대부분의 국가들이 독립을 쟁취
했지. 상황이 이러니 이 세 나라
의 민중들도 포르투갈에 격렬하
게 저항했어. 앙골라는 1960년부
터, 기니비사우는 1963년부터 독
립운동 단체들이 무장투쟁을 시
작했지. 기니비사우의 전국인민
회의는 1973년 독립을 선언하기
도 했어.

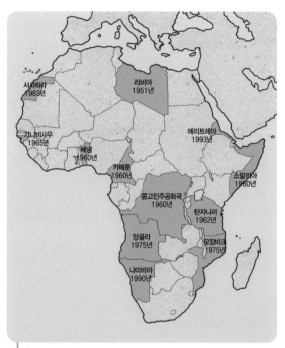

아프리카 국가들의 독립 영-프 이외의 다른 유럽 식민지도 모두 독
립했다. 탄자니아는 1964년 잔지바르와 연합해 공화국을 선포했다.
포르투갈 식민지의 독립이 1975년으로 가장 늦은 편이었다. 나미비
아는 1990년에야 남아프리카공화국으로부터 독립할 수 있었다.

   그러나 포르투갈은 세 나라를 놓아줄 마음이 없었어. 군대를 세 나라에 집중 배
치했지. 한때는 포르투갈 전체 병사 중 4분의 3이 이들 세 나라에 주둔할 정도였
어. 잠시 포르투갈의 역사를 살펴보고 갈까? 포르투갈 식민지가 가장 늦게 독립할
수밖에 없었던 이유가 포르투갈 내부에 있었기 때문에 간략하게나마 알고 있는
게 나아.

   1970년 카에타노란 인물이 포르투갈을 장악했어. 그는 제국주의자였지. 당연히
아프리카 식민지를 독립시켜 주지 않았어. 국제 세계의 여론이 나빴지만 그는 개
의치 않았어. 오히려 아프리카 식민지를 더 가혹하게 탄압했지. 1974년 4월 쿠데

타가 일어났어. 군인들이 일으키기는 했지만 이 쿠데타는 민주주의를 목표로 내 걸었단다. 쿠데타는 성공했고, 포르투갈의 독재 시대가 끝이 났어. 그 후 포르투갈 에 좌파 정부가 들어섰지. 얼마 지나지 않아 민주 선거가 실시됐어.

이제 포르투갈이 민주국가가 됐어. 식민지 정책에도 변화가 생겼겠지? 맞아. 다 른 유럽 국가들이 그랬던 것처럼 포르투갈도 아프리카에서 손을 떼기로 한 거야. 1974년 9월 포르투갈은 먼저 기니비사우의 독립을 승인했어. 1975년이 되자 1월 에는 앙골라의 독립을 인정했고, 6월에는 모잠비크의 독립을 인정했어. 이렇게 해 서 포르투갈은 영영 아프리카에서 손을 뗐고, 세 나라는 독립국이 됐단다.

나세르와 카다피는 닮은꼴

둘은 정말 닮은꼴이야. 나세르는 젊었을 때 뜻이 맞는 장교들끼리 자유장교단이란 조직을 만들었어. 이 조직 멤버들이 훗날 쿠데타의 주역들이었지. 카다피도 똑같은 이름의 조직을 만들었단다. 물론 카다피가 나세르를 따라 한 거지.

닮은 점은 더 있어. 둘은 모두 쿠데타로 권력을 잡았고, 죽을 때까지 권력을 내놓지 않았어. 둘 다 사회주의와 아랍민족주의를 결합한 새로운 이념을 표방했고, 아랍 연합국을 만들려고 했던 점도 같아. 서방세계를 배척한 점까지 똑같지.

또 한 가지, 처음에 이들은 국민의 지지를 받았어. 나중에는? 글쎄, 진심으로 독재자를 지지 할 국민이 있을까?

혼란스러운 아프리카

　독립을 얻었다고 해서 아프리카의 모든 문제가 해결된 것은 아니야. 어쩌면 지금부터가 난관의 시작일 수도 있어. 사실 이 무렵 독립한 다른 대륙의 식민지도 상황은 비슷했어. 대한민국의 역사를 떠올려봐. 우리도 일본 제국주의로부터 독립을 쟁취한 뒤 많은 혼란을 겪었지? 사회주의 이념과 민족주의 이념이 팽팽히 맞서기도 했어. 결국에는 남과 북으로 분단됐지.

　아프리카에서도 이런 모습이 나타났어. 사회주의 이념, 아프리카 민족주의 이념, 친서방주의 이념이 뒤엉켰어. 서로 다른 종족들 사이의 갈등도 극에 달했지. 콩고민주공화국을 중심으로 발생한 '콩고내전'은 '아프리카 판 세계대전'이라 불릴 정도로 수많은 생명을 앗아갔어. 20세기까지 계속된 이 혼란의 역사를 우선 정리해볼게.

비극의 시작, 콩고동란

아프리카 중서부에 흐르는 콩고 강을 사이에 두고 두 개의 나라가 있어. 강의 북쪽은 콩고공화국, 남쪽은 콩고민주공화국이야. 오늘날 '콩고'라고 하면 북쪽의 콩고를 지칭해. 콩고의 수도는 브라자빌, 콩고민주공화국의 수도는 킨샤사야. 킨샤사는 과거에 레오폴드빌이라 불렀지.

콩고는 1960년에 프랑스로부터 독립했어. 콩고 정부는 프랑스와 친하게 지냈고 반공을 표방했어. 하지만 3년 후에 사회주의 정부가 들어서면서 혼란이 시작됐어. 나라 이름도 콩고인민공화국으로 바뀌었어. 쿠데타가 반복됐고, 그 과정에서 국가 지도자가 암살되기도 했어. 일당독재가 계속되면서 국민은 고통에 빠졌지. 그러다가 1990년 새 정부가 공산주의를 포기하면서 정치가 안정을 되찾았어. 1991년 나라 이름도 콩고공화국으로 다시 바뀌었지.

콩고공화국과 달리 콩고민주공화국은 무척이나 비극적인 현대사를 가지고 있어. 콩고민주공화국의 국명은 콩고자유국, 벨기에령 콩고, 자이르 등 여러 차례 바뀌었어. 이 점 하나만으로도 콩고민주공화국의 현대사가 파란만장했다는 사실을 짐작할 수 있겠지? 실제로 콩고민주공화국은 벨기에로부터 독립한 1960년부터 무려 40년 이상 내전에 시달려야 했어. 지금부터 이 콩고민주공화국의 이야기를 해 볼까?

콩고민주공화국은 벨기에 왕 레오폴드 2세의 개인 소유지였어. 그 후 콩고자유국으로 이름이 바뀌었다가 벨기에 식민지가 됐어. 1950년대 이후에 아프리카 국가들의 독립 투쟁이 격해졌지? 콩고자유국 국민들도 1959년부터 벨기에를 반대하는 폭동을 일으켰어. 벨기에는 독립을 허용하기로 했고, 1960년 6월 콩고민주공화국은 독립에 성공했단다.

독립은 쟁취했지만 진짜 혼란은 이다음부터 시작됐어. 파벌들 간에 권력다툼이 아주 심했기 때문이야. 결국에는 전쟁이 터졌지. 이 전쟁을 콩고동란이라고 불러.

독립하기 전에 정부를 구성하기 위해 투표를 실시했는데, 무려 120여 개의 정당이 후보 등록을 했어. 이러니 선거가 제대로 치러질 리가 없어. 그야말로 무법천지였지. 우여곡절 끝에 선거를 치렀는데, 콩고국민운동이 1당, 바콩고연합이 2당이 됐어. 하지만 1당이라고 해봐야 전체 의석의 30퍼센트도 얻지 못했어. 워낙 많은 정당이 후보를 냈기 때문이야. 결국 1당과 2당이 연합 정부를 구성했어. 콩고국민운동을 이끈 루뭄바는 총리, 바콩고연합을 이끈 카사부부는 대통령이 됐지. 또 다른 군벌인 촘베는 카탕가 주의 주지사가 됐어.

이때까지만 해도 벨기에 세력이 아직 남아 있었어. 민중은 벨기에 군대에 콩고민주공화국을 떠나라며 시위를 벌였어. 시위는 갈수록 격해졌지. 루뭄바 총리는 결국 벨기에 출신 장교들을 모두 해임했고, 자신의 측근인 모부투를 군 책임자로 임명했어.

시위는 더욱 격해졌어. 그동안 벨기에의 식민 지배에 억눌려온 민중은 폭도로 돌변했어. 그들은 남아 있는 백인을 상대로 테러를 벌였어. 벨기에 정부는 백인을 보호한다는 명목으로 다시 군대를 콩고에 파견했지. 이 모든 혼란은 독립한 지 한 달 안에 일어난 거야. 이런 상황에서 촘베까지 카탕가의 독립을 선언했어. 이게 콩고동란의 시작이었단다.

촘베는 벨기에를 비롯해 서방 세계의 지원

초대 총리 루뭄바 콩고민주공화국의 첫 총리다. 그러나 얼마 지나지 않아 부하의 쿠데타에 희생돼 목숨을 잃었다.

을 받았어. 반면 루뭄바 총리는 소련에 지원을 요청했지. 이 무렵 전 세계가 냉전의 소용돌이에 휩싸여 있었어. 그러니 미국을 비롯한 서방 세계가 루뭄바 총리를 곱게 볼 리가 없겠지. 카사부부 대통령과 모부투 군 책임자가 손을 잡았어. 루뭄바 총리를 제거하기로 한 거야.

콩고민주공화국이 탄생하고 3개월밖에 지나지 않은 때였어. 1960년 9월 모부투가 쿠데타를 일으켰어. 그는 루뭄바 총리를 가택 연금한 뒤 모든 권력을 장악했어. 루뭄바의 목숨이 위태로운 상황이 된 거야. 루뭄바는 몰래 외국으로 빠져나가려고 했어. 그러나 모부투의 부하에게 체포되고 말았지.

모부투는 루뭄바를 촘베에게 보냈어. 루뭄바를 아주 싫어했던 촘베는 루뭄바를 악랄하게 고문했고, 그것도 모자라 1961년 1월에 처형해 버렸어. 그의 시신이 어

콩고의 군벌들 촘베(왼쪽에서 두 번째)와 카사부부(세 번째)는 루뭄바 총리의 정적들이었다. 이들도 나중에는 모두 숙청되고 말았다.

디로 갔는지 오늘날까지도 확인이 안 되고 있단다.

원래 모부투는 루뭄바의 측근이었고 사회주의자였어. 이념이나 의리도 권력 앞에서는 무용지물인 모양이야. 모시던 사람을 제거했을 뿐 아니라 소련을 버리고 미국과 손을 잡았거든. 미국도 그를 지원했고, 모부투는 손쉽게 정적들을 모두 제거했어. 1965년 11월 또다시 쿠데타를 일으켜 권력을 잡은 뒤 카사부부와 촘베까지 없애 버렸지.

1967년 5월 모부투가 이끄는 정당이 집권당이 됐어. 콩고민주공화국에는 모부투의 정당 외에는 활동이 허용되지 않았어. 그래, 모부투의 독재가 시작된 거야. 이듬해 선거에서는 모부투가 100퍼센트의 지

최후의 승자 모부투 콩고민주공화국 초대 총리 루뭄바의 부하였지만, 카사부부의 지지 아래 루뭄바를 내쫓고 쿠데타를 통해 정권을 잡았다. 모든 정적을 제거해 최후의 승자로 기록됐다.

지를 얻어 대통령이 됐단다. 모부투는 1971년 나라 이름을 자이르로 바꿨어. 콩고 강도 자이르 강이라 바꿨지.

모부투는 정말 머리가 좋은 독재자였나 봐. 루뭄바를 기억하는 국민이 많다는 사실을 알고 난 후에 루뭄바를 국민적 영웅으로 추대하기도 했어. 이렇게 해서 콩고동란은 끝이 났어. 그 후 자이르의 정치도 서서히 안정되는 듯했어. 하지만 더 큰 비극은 아직 시작되지도 않았어.

후투족과 투치족의 학살전쟁, 르완다 내전

콩고민주공화국의 이야기를 더 하기 전에 가봐야 할 나라가 있어. 바로 르완다야. 르완다는 콩고민주공화국의 동쪽에 있는 나라야. 이곳의 종족 분쟁이 훗날 콩고 내전의 원인이 되기도 해. 그러니 르완다 내전에 대해 먼저 살펴보는 게 좋을 거야.

르완다는 벨기에 식민지였어. 그러다 1961년 벨기에로부터 자치를 얻어냈고, 이듬해 르완다공화국으로 독립했지. 독립까지는 별 탈이 없었어. 그러나 갈등의 씨앗이 서서히 싹을 틔우고 있었어. 르완다가 자치를 시작하기 2년 전으로 거슬러 올라가볼까?

당시 르완다를 구성하고 있는 두 종족 간에 전쟁이 벌어졌어. 한 종족은 후투족이었고, 또 다른 종족은 투치족이었지. 이 두 종족은 오늘날까지도 서로를 철천지 원수로 여기고 있단다. 왜 그런지 아니? 이때 시작된 두 종족의 전쟁은 1990년대 중반까지 계속됐고, 콩고 내전으로도 이어졌으며, 그 결과 수백만 명이 목숨을 잃었기 때문이야. 이런 사태를 겪은 종족이 어떻게 친해질 수가 있겠니?

원래 르완다에 일찍 자리를 잡은 종족은 후투족이었어. 투치족은 후투족이 자리를 잡은 뒤에 르완다로 들어왔지. 얼마 후 투치족은 후투족을 제압하고 르완다를 장악했어. 전체 인구의 10퍼센트밖에 되지 않는 투치족이 85퍼센트에 이르는 후투족을 지배하게 된 거야.

벨기에는 식민 지배를 쉽게 하기 위해 두 종족의 갈등을 이용했어. 투치족을 자극해 후투족을 괴롭히도록 했지. 후투족은 그런 투치족을 미워했어. 벨기에는 뒤에서 팔짱을 끼고 이런 갈등을 지켜보면서 제 이익만 챙겼어. 쉽게 말하자면, 투치족을 앞세워 르완다를 지배한 거야. 벨기에 사람들은 제 손에 피를 안 묻히고 식민지를 통치했어. 오늘날 아프리카 민족 분쟁의 큰 책임이 유럽 국가들에 있다고 주장하는 학자들이 많아. 르완다의 이러한 상황만 보더라도 이 주장이 크게 틀리지 않은 것 같아.

어쨌든 벨기에 식민통치 시절에 악화된 후투족과 투치족의 갈등은 벨기에가 물러가면서 더욱 심각해졌어. 아직 벨기에 군대가 르완다에 남아 있던 1959년, 후투족이 투치족 출신의 왕을 몰아내고 르완다를 장악했어. 투치족 왕은 후투족의 보복이 무서워 해외로 도망갔지.

독립 이후 르완다의 첫 대통령을 배출한 종족은 후투족이었어. 후투족이 르완다를 다시 장악한 거야. 후투족은 투치족을 억압했고, 투치족은 후투족에 저항했어. 급기야 후투족과 투치족은 무기를 들고 서로를 겨눴어. 그래, 르완다 내전이 시작된 거야.

르완다 내전은 곧 아프리카의 국제전으로 확산됐어. 르완다와 접해 있는 나라의 투치족들이 이 내전에 개입했기 때문이야. 특히 부룬디에 있던 투치족이 이 전쟁에 적극적으로 달려들었어. 르완다의 후투족을 공격한 거야. 르완다의 후투족 지도자들은 이에 대한 분풀이로 르완다의 투치족을 핍박했어. 이런 식으로 주거니 받거니 하면서 몇 년이 흘렀어. 그동안 수많은 사람들이 죽거나 다쳤어.

1973년 르완다의 투치족이 반격에 나섰어. 투치족은 쿠데타를 일으켜 권력을 잡았어. 정권이 후투족에서 투치족으로 교체된 거지. 권력을 잡은 투치족은 피의 보복을 시작했어. 많은 후투족 지도자들이 살해됐어. 그러자 이번에는 후투족이 이를 갈며 힘을 키워 투치족을 공격했어. 그 결과 투치족은 르완다 밖으로 쫓겨났어. 이웃나라인 우간다로 도망친 투치족이 최소한 10만 명이 넘어. 민족의 대이동을 방불케 하는 피난이었던 거야.

1987년 우간다에서 힘을 키운 투치족이 르완다애국전선을 만들었어. 이윽고 애국전선은 르완다로 진격했어. 이때부터 말 그대로 치열한 전쟁이 시작됐어. 그래,

본격적인 르완다 내전이 터진 거야. 프랑스와 벨기에 등 서방 세계는 르완다애국전선을 지지하지 않았고, 후투족의 정부를 지지했지.

전쟁은 그 후 몇 년간 계속됐어. 많은 사람이 희생됐지. 고문과 학살로 점철된 역사였어. 다행히 르완다애국전선과 후투족 정부가 전쟁을 끝내기로 하고, 1993년 8월 과도정부를 구성하는 데 합의했어. 그러나 이 약속은 지켜지지 않았어. 후투족 대통령이 탄 비행기가 피격됐기 때문이야.

이 사건은 후투족과 투치족 모두를 분노케 했어. 투치족은 후투족이 약속을 깨뜨리기 위해 자작극을 벌인 것이라며 후투족에게 보복하기 시작했어. 후투족은 후투족대로 대통령을 죽인 책임을 묻겠다며 투치족을 집단 학살했지. 이때 약 50만 명이 목숨을 잃었단다. 대부분은 정치와 아무런 상관이 없는 민간인이었어. 잔인한 시절이지?

이제 르완다 내전의 끝을 볼까? 결과부터 말하자면 투치족의 승리였어. 투치족은 1994년 총공격을 감행했어. 그해 7월 투치족이 마침내 르완다 수도 키갈리를 점령했어. 이제 후투족 민간인이 공포에 떨기 시작했어. 그대로 있으면 투치족이 보복 학살을 할 게 뻔하잖아? 이때부터 후투족은 황급히 주변 나라들로 피난을 떠났어. 무려 300만 명의 후투족이 고국을 등져야 했지. 전쟁 중단이 선

르완다 대학살의 희생자들 후투족 강경파들이 투치족을 공격해 수십만 명을 학살했다. 희생자 대부분은 군인도 정치인도 아닌, 평범한 민간인들이었다. 르완다의 수도 키갈리에 있는 대학살 추모관에 전시된 희생자들의 사진.

언된 1996년 말 이후 일부 후투족이 고국으로 돌아왔지만, 피난 과정에서 최소한 수십만 명이 사망했을 것으로 추정돼.

2011년 이후로는 대규모 충돌이 발생하지 않았어. 정치 상황도 많이 안정을 찾았지. 그러니 내전이 끝난 거라고 생각할 수도 있어. 하지만 엄밀한 의미에서 르완다 내전은 아직 끝난 게 아니야. 여전히 투치족 정부를 인정하지 않는 강경파 후투족이 총을 내려놓지 않고 있거든. 르완다의 완전한 평화는 대체 언제쯤 찾아오는 걸까?

아프리카 판 세계대전, 콩고 내전

자, 다시 자이르_{콩고민주공화국}로 돌아왔어. 1990년대가 될 때까지도 모부투는 권력을 내려놓지 않았어. 30여 년이나 독재자로 군림한 거야. 많은 저항이 있었지만 그때마다 모부투는 무력으로 진압했어.

르완다 내전은 후투족과 투치족의 전쟁이었지? 그 두 종족은 르완다뿐 아니라 주변 여러 나라에도 퍼져 있었어. 자이르에도 투치족이 많이 살고 있었는데, 그들은 모부투의 독재정치에 계속 저항해 왔어. 모부투는 이 투치족이 맘에 들지 않았어. 그들을 없앨 방법을 찾기 시작했지. 마침 자이르 동부에는 르완다에서 탈출한 후투족이 만든 르완다해방전선이 있었어. 모부투는 이 르완다해방전선을 적극 지원했어. 르완다해방전선은 자이르 동부에 있는 투치족을 학살했고, 르완다 정부에 대해서도 투쟁을 벌였어.

투치족의 피해가 심각해지자 르완다의 투치족 정부가 자이르의 투치족을 본격적으로 지원했어. 르완다의 투치족 정부는 모부투를 끌어내리기로 했어. 이때가 1996년 9월이야. 자이르의 투치족 반군이 마침내 모부투 정부를 상대로 전쟁을 시작했어. 이렇게 해서 제1차 콩고 내전이 터졌지.

이때 투치족을 지휘한 인물이 로랑 카빌라야. 카빌라의 반군은 치열하게 싸웠어. 마침내 반군이 1997년 5월 자이르의 수도 킨샤사를 점령했어. 쿠데타에 성공한 거야. 이어 카빌라는 자이르의 대통령에 올랐어. 카빌라 대통령은 모부투를 모로코로 쫓아내버렸지.

제1차 콩고 내전은 카빌라가 권력을 장악하면서 끝이 났어. 이어 카빌라는 나라 이름을 다시 콩고민주공화국으로 바꿨어. 모든 게 해결된 것 같지? 그런데 새로운 문제가 생겼어. 카빌라가 자신을 지지한 투치족을 배신한 거야. 카빌라는 투치족을 콩고민주공화국에서 쫓아냈어. 투치족은 반군을 구성해 카빌라에 맞섰지. 르완다의 투치족 정부는 카빌라가 은혜를 원수로 갚는다며 발끈했어. 바로 이 대목에서부터 문제가 복잡해져. 여러 나라가 본격적으로 콩고 문제에 개입하기 시작한 거야.

먼저 르완다의 투치족 정부가 투치족 반군을 돕겠다며 콩고민주공화국에 전쟁을 선포했어. 그런 다음 같은 투치족 출신의 무세베니가 대통령으로 있는 우간다와, 역시 투치족이 권력을 잡고 있는 부룬디를 끌어들였어. 어쩌면 세 나라 모두 넓은 콩고민주공화국의 영토와 자원이 탐나서 이 전쟁에 뛰어들었을지도 몰라. 어쨌든 세 나라가 1998년 7월 콩고민주공화국을 침략했어. 이렇게 해서 제2차 콩고 내전이 터졌어.

이에 맞서 콩고민주공화국의 카빌라 대통령은 앙골라, 짐바브웨, 나미비아, 차드 등을 끌어들였어. 프랑스도 간접적으로 콩고민주공화국의 편에 섰어. 르완다가 프랑스인을 르완다에서 추방했기 때문이야.

이렇게 시작된 제2차 콩고 내전은 2003년까지 계속됐어. 모든 전쟁이 콩고민주공화국 영토 안에서 일어났기 때문에 내전이란 표현을 쓰지만 실제로는 8개국이 개입한 국제전이었어. 이 때문에 이 2차 내전을 '아프리카 판 세계대전' 혹은 '제1차 아프리카 대전'이라 부르기도 해.

전쟁 피해도 컸어. 이 기간의 사망자만 400만 명이 넘어. 살 곳을 잃고 떠돌아다니는 난민은 2500만 명이 넘지. 제2차 세계대전 이후에 이토록 많은 피해를 낸 전쟁은 없었어. 2001년 1월에는 콩고민주공화국의 카빌라 대통령이 암살되기도 했어. 그의 뒤를 이어 아들인 조셉 카빌라가 권력을 이어받았지. 그리고 2006년 7월 민주적 선거를 통해 정식으로 대통령에 선출됐어. 그는 우리나라에도 두 번이나 방문했지.

2002년 12월 참전국들이 남아프리카공화국에서 모여 정전협정을 체결했어. 이 듬해인 2003년 7월 과도정부가 출범하면서 제2차 콩고 내전은 비로소 종결될 수

│ 콩고 내전의 난민들 우간다에 있는 난민촌의 콩고 어린이들. 콩고 내전으로 인해 수많은 사람들이 고향을 등지고 고달픈 난민의 삶을 택해야 했다.

있었어.

하지만 후투족과 투치족의 분쟁은 여전히 계속됐지. 르완다의 투치족 정부는 2008년 콩고민주공화국에 별도로 투치족 무장조직을 만들게 했어. 이 무장조직은 르완다의 투치족 정부와 싸우는 후투족 반군을 상대로 전투를 벌였지. 후투족도 이에 맞서 투치족을 공격했어. 그러다 보니 콩고민주공화국에서는 전쟁이 그칠 날이 없었어. 다행히 2013년에 이 투치족 무장조직이 항복을 선언했어. 그 결과 모든 내전이 끝이 났지.

아직도 불안함은 남아 있어. 무장 세력은 아직도 활동 중이야. 민간인에 대한 테러와 학살, 성폭력과 고문, 소년 병사에 대한 학대 등 인권 문제도 심각해. 그나마 다행인 것은, 정치가 점점 안정을 되찾아가고 있다는 거야. 하루빨리 이 지역의 분쟁이 해결됐으면 좋겠어.

아랍 이슬람교 vs 아프리카 기독교

동아프리카의 수단, 그리고 수단의 서쪽에 있으며 위치상으로는 중앙아프리카 북부에 있는 차드에서도 내전이 일어났어. 이 내전은 콩고 내전과는 형태가 좀 달라. 이슬람교를 믿는 아랍 민족과 기독교를 믿는 아프리카 민족 사이에 벌어진 전쟁이거든.

수단은 영국의 식민지였다가 독립했어. 새로 들어선 수단 정부는 이슬람교를 사실상의 국교로 지정하려 했어. 수단이 있는 동아프리카 지역에는 예로부터 아랍계 민족이 많이 살고 있었지. 새로 수단 정부를 구성한 세력도 이 아랍계였어. 그들은 다른 신앙을 믿는 사람들을 탄압했어. 핍박받는 민중의 대부분은 아프리카계였는데, 그들은 토속 신앙과 기독교 신앙이 뒤섞인 '아프리카식 기독교'를 믿고 있었어.

1983년 수단 남부에 살던 아프리카 기독교도들이 반란을 일으켰어. 그들은 수단인민해방군을 결성해 중앙정부에 맞서 무장투쟁을 벌였지. 이때부터 수단 내전이 시작됐어.

처음에는 정부군이 우세한 것처럼 보였고, 전쟁도 곧 끝날 것 같았어. 그러나 의외로 내전은 오래 지속됐어. 한쪽에서 평화협상을 진행하면서도 또 한쪽에서는 서로에 대한 테러를

수단 내전 파괴되어 방치된 수단 정부군의 탱크. 수단 내전은 정부의 이슬람 원리주의와 차별정책이 원인이 되어 발발했다.

멈추지 않았단다. 이런 식으로 무려 20여 년을 끌었어. 최소한 200만 명이 목숨을 잃었어. 난민이 된 사람은 그 두 배가 넘고.

이 지경이 되자 서방 세계 국가들이 중재에 나섰어. 2002년 수단 정부와 수단인민해방군이 협상 테이블에 앉았어. 협상은 3년간 계속됐어. 마침내 2005년 평화협정이 체결됐어. 이 협정에 따라 수단 남부는 어느 정도 자치가 허용됐지. 사실상 수단 북부와 남부가 갈라선 거야.

그 후로도 분쟁은 계속됐어. 북 수단의 정부는 남 수단을 여전히 핍박했어. 국제사회는 북 수단을 강하게 비난했어. 그러자 북 수단도 어쩔 수 없었어. 결국 남 수단은 2011년 국민투표를 실시해 독립을 선포했어. 유엔도 이를 인정해 회원국으로 받아들였지. 하지만 북 수단과 남 수단의 갈등은 아직도 사라지지 않았어. 언제 다시 전쟁이 터질지 모르는 긴장감이 팽팽하단다.

차드 내전도 수단 내전과 흡사한 방식으로 전개됐어. 다만 조금 더 복잡하다고

할 수 있어.

차드는 1960년 프랑스로부터 독립했어. 수단과 마찬가지로 차드도 남부는 아프리카계 기독교 세력이, 북부는 아랍계 이슬람교 세력이 장악하고 있었어. 수단에서는 이슬람계가 기독교계를 핍박했지? 차드에서는 정반대로 기독교계가 아랍계를 핍박했어. 그러자 북부의 아랍계 이슬람교 세력이 반란을 일으켰지. 1966년 차드 아랍계가 만든 차드민족해방전선이 기독교계 정부를 공격했어. 이게 차드 내전의 시작이야.

이 내전은 얼마 후 다른 나라들이 끼어들면서 국제전으로 바뀌었어. 리비아는 같은 아랍계인 북부 반군을 지원했고, 프랑스는 기독교 세력인 남부의 차드 정부를 지원했지.

다행히 전쟁은 곧 끝나는 듯했어. 1979년 북부 반군과 남부 정부가 연합정부를 구성하기로 한 거야. 하지만 연합정부의 주요 자리를 북부 반군 출신들이 많이 차지했어. 엄밀히 말하면 북부 반군이 승리한 셈이지.

정치는 전혀 안정되지 않았어. 연합정부의 대통령과 국방장관이 다시 편을 나눠 싸웠기 때문이야. 대통령은 법적으로 군대 통수권을 갖고 있고, 국방장관은 실제로 군대를 움직일 수 있는 지위야. 서로 사이가 좋지 않았으니, 당연히 무력 충돌이 예상되지?

1980년 3월 두 파벌은 전쟁을 벌였어. 리비아의 지원을 받은 차드 대통령이 권력을 독점했고, 리비아는 "수단을 리비아에 합병시킨다!"고 선언했어. 차드의 국방장관은 수단으로 피신해야 했어. 아프리카 국가들의 연합체인 아프리카통일기구OAU는 리비아를 비난했어. 리비아가 주춤한 사이에 수단으로 피신했던 국방장관이 돌아와 권력을 잡고, 대통령의 자리에 올랐어.

이 대통령은 프랑스와 미국의 지원을 받아 내전을 끝내는 데 주력했어. 그 결과

1998년 반군과 평화협정을 체결하고 내전을 끝냈어. 하지만 21세기인 지금까지도 차드의 반군은 무기를 버리고 있지 않아. 차드의 평화는 언제쯤 찾아올까?

서아프리카 세네갈에서 발생한 세네갈 내전도 수단 내전이나 차드 내전과 비슷해. 세네갈 내전은 1980년대부터 시작됐어. 남부에 있는 기독교 세력이 독립을 요구하며 무장투쟁을 벌였지. 그 이후는 다른 내전과 비슷해. 게릴라전에, 학살에, 보복까지 똑같단다. 아직도 내전이 끝나지 않았다는 점까지 똑같아. 세 국가의 사례만 살펴봤지만 많은 아프리카 국가들이 이런 내전을 오늘날까지도 치르고 있단다. 정말 안타까운 노릇이지.

군벌의 쟁탈전, 소말리아 내전

이번에 살펴볼 내전은 지금까지 본 것과는 약간 유형이 달라. 군인들이 세력 다툼을 벌이다가 내전으로 번진 사례지. 대표적인 나라가 소말리아야.

오늘날 소말리아 해적은 인도양 일대를 다니는 선박들에게 가장 큰 공포로 여겨지고 있어. 서방 국가들도 혀를 내두르는 해적들을 소말리아 정부는 왜 소탕하지 않는 걸까? 냉정하게 말하면, 소말리아 정부가 소탕하지 않는 게 아니라 못하는 거야. 소말리아 정부는 힘도 없고, 뾰족한 방법도 가지고 있지 않아. 해적들에게 소말리아 정부는 아무런 위협이 되지 않고 있어. 정부가 있으나 마나 한 존재가 돼 버린 거지. 왜 그렇게 됐는지 이해하려면 소말리아 역사부터 알아야 해.

소말리아는 식민지 시절 영국과 이탈리아에게 분할돼 있었어. 이탈리아가 제2차 세계대전에서 패한 후로는 이탈리아 식민지가 영국으로 넘어가면서 다시 한 나라가 됐지. 소말리아가 영국으로부터 독립한 시점은 다른 아프리카 국가들과 비슷해. 아프리카의 영국 식민지들이 대부분 독립한 1960년, 소말리아도 독립국을 세웠어.

후진국일수록 정치도 불안정하기 마련이야. 군부가 쿠데타를 일으키기에도 좋지. 소말리아도 예외는 아니었어. 1969년 시아드 바레라는 군인이 쿠데타를 일으켰어. 쿠데타는 성공했고, 바레는 대통령이 됐어. 사회주의자인 바레로 인해 소말리아의 정치 체제는 사회주의를 지향했어. 대부분의 사회주의 국가들이 그랬던 것처럼, 소말리아도 이때 1당 독재에 1인 독재체제가 시작됐어.

사회주의는 20세기 후반에 실패한 이념이란 게 입증됐어. 사회주의의 맏형인 소련이 무너진 것만 봐도 그 점을 알 수 있지. 하지만 이 무렵의 아프리카 지도자들은 그런 사실을 몰랐어. 아프리카 지도자들 가운데는 유럽에서 공부한 지식인도 많았지만, 사회주의에 환상을 품은 이상주의자들도 많았지. 그런 사람들이 권력을 잡았으니 아프리카에는 사회주의 국가가 많을 수밖에 없었어.

과거 소련은 독재 국가였어. 소련처럼 아프리카의 사회주의 국가들도 독재 국가가 됐지. 소말리아도 예외는 아니야. 바레는 무려 22년간 소말리아를 지배했어. 그 기간에 얼마나 많은 사람들이 독재자의 손에 죽었는지는 아무도 몰라.

마침내 독재자에 대한 저항이 일어났어. 이 저항은 통일소말리아회의란 조직이 주도했어. 1991년 통일소말리아회의는 바레를 쫓아내는 데 성공했어. 통일소말리아회의를 이끈 인물은 아이디드라는 군벌이었어. 군벌은 자체 군

시아드 바레 원래 육군 소장이었으나 쿠데타를 일으켜 소말리아의 대통령이 되었다. 22년 동안 장기 집권하며 독재 정치를 했다.

대를 보유해 특정 지역을 지배하는 세력이야. 군벌이 있는 지역에서는 정부도 무용지물이지.

아이디드는 곧바로 임시정부를 만들고, 모하메드란 인물을 정부 수반으로 내세웠어. 두 사람이 잘만 협력했다면 소말리아가 민주주의 국가가 될 수도 있었을 거야. 그러나 두 사람은 얼마나 권력을 더 가질 수 있을까

소말리아의 유엔평화유지군 소말리아의 수도 모가디슈에서 정찰 중인 유엔평화유지군의 헬기. 유엔은 1992년 소말리아 사태에 개입하기 시작했다.

하는 생각만 했어. 소말리아를 민주주의 국가로 키우는 데는 별로 관심이 없었지. 결국 이 나라에서도 전쟁이 터졌어. 전쟁이 터지자 아토라는 인물도 자기 파벌을 이끌고 뛰어들었어. 결국 소말리아는 세 파벌의 전쟁으로 무정부 상태가 돼버렸지. 이게 소말리아 내전의 시작이란다.

국민을 생각하는 정부가 없는 나라, 이런 나라는 어떤 모습일까? 전쟁이 끊이지 않고, 서로가 서로를 증오만 하는 나라. 소말리아가 바로 그런 나라가 돼버렸어. 전쟁이 터지자 수십만 명이 죽었어. 어떤 사람은 총에 맞아 죽고, 어떤 사람은 폭탄 파편에 맞아 죽었어. 어쩌면 이보다 더 많은 사람들이 먹을 게 없어 굶어 죽었을지도 몰라.

세계 각국이 소말리아 사태를 방치해서는 안 되겠다고 판단했어. 1992년 4월 국제연합이 개입하기 시작했어. 그 후 1년간 약 3만 5천여 명의 유엔평화유지군이 소말리아에 파견됐지. 그러나 세 군벌은 코웃음을 쳤어. 그들은 유엔평화유지군까지 공격했어. 더 강력한 제재가 필요한 상황이 된 거야. 미국이 나섰고, 다국적 군

대가 결성됐어. 다국적 군대는 곧 소말리아에 파견돼 군벌의 군대와 싸웠어.

그 후 한때 군벌들 사이에 평화협상이 시작되면서 내전을 끝낼 수 있다는 기대감이 커졌어. 하지만 매번 평화협상은 중단됐어. 군벌들이 권력을 양보하지 않으려 했기 때문이야. 소말리아는 다시 무법천지가 돼 버렸어. 21세기로 접어든 후에도 상황은 크게 나아지지 않았어. 아직까지도 소말리아의 정부는 허수아비에 불과하고, 툭하면 정부군과 반군 사이에 전투가 벌어지고 있지. 내전은 여전히 진행 중이야.

지금까지 살펴본 내전 말고도 아프리카에서 터진 내전은 셀 수 없이 많아. 너무 많아서 다 살펴보지도 못할 정도야. 그러니 마지막으로 한 나라만 더 살펴도록 할게. 바로 서아프리카에 있는 가나공화국이야.

가나의 재건을 꿈꾼 대통령 쿠데타를 통해 가나공화국의 대통령이 된 롤링스. 그는 은크루마의 뒤를 이어 가나를 재건하고자 했다.

가나에는 은크루마라는 유명한 지도자가 있었어. 그는 아프리카 독립운동의 아버지로 추앙받았지. 하지만 이 무렵 가나 경제는 추락했어. 그러자 은크루마의 마음도 급해졌나 봐. 은크루마는 돌변하더니 갑자기 반대파들을 모두 숙청하기 시작했지. 아프리카독립 운동의 아버지였던 인물이 독재자가 된 거야!

1966년 2월 은크루마는 당시 국제적으로 큰 이슈가 됐던 베트남 독립 문제를 논의하기 위해 중국을 방문했어. 바로 이때 가나 내부에서 군사 쿠데타가 발생했지. 은크루마를 몰아낸 군인이 정권을 잡았어. 가나는 더욱 혼란스러워졌고, 이때부터 20년 넘게 쿠데타가 반복됐지. 군인들은 허수아비 정부를 앞세워 가나를 통치하려고 했어. 권력층은 더욱 부패했고, 국민의 삶은 갈수록 피폐해졌지.

1979년 롤링스란 젊은 장교가 군사 쿠데타를 일으켰어. 그는 곧 혁명평의회를 구성하고, 부패한 관료들을 제거하기 시작했어. 롤링스는 혼란을 수습한 후에 민간에 정권을 넘겨주겠다고 약속했어. 그러나 롤링스는 곧 자신의 약속을 뒤집었어. 1981년 12월, 또다시 쿠데타를 일으켜 대통령을 몰아내고 권력을 장악한 거야. 그 후 군인들의 독재정치가 시작됐어. 가나는 내란에 준하는 혼란 상태가 이어졌어. 그러다 2000년 12월 실시된 선거에서 민간 정치인인 쿠푸오르가 롤링스의 후계자를 누르고 대통령이 된 거야. 이로써 가나의 오랜 내분은 끝이 났단다.

콩고분지 조약이 분쟁의 씨앗

아프리카에는 여기서 미처 다 살피지 못한 분쟁이 많았어. 이를테면 1970년대 후반 모로코와 알제리가 영토 분쟁을 벌이기도 했고, 소말리아와 에티오피아도 국경 문제로 심하게 다퉜어. 이에 앞서 1960년대에는 에티오피아와 에리트레아가 전쟁을 벌이기도 했어. 우여곡절 끝에 에리트레아는 1993년 독립을 쟁취할 수 있었지.

아프리카 여러 나라에서 벌어진 내전의 책임이 유럽에 있다고 했지? 그뿐만 아니라 아프리카 국가들 사이의 분쟁도 유럽의 책임이야. 19세기 후반의 콩고분지 조약이 바로 원인이란다. 그때 유럽 열강들이 자기들 맘대로 국경을 정해 놓은 게 분쟁의 씨앗이야. 그 씨앗이 50~100년 후에 전쟁이란 이름의 '악의 꽃'이 된 셈이지. 유럽 국가들이 아프리카에 대해 도덕적 책임을 지고 도와줘야 한다는 주장이 나오는 게 이 때문이야.

최대의 학살자, 아민과 보카사

아프리카의 지도자들은 대부분 독재자였어. 처음에 선정을 펼치던 인물도 곧 독재자가 됐지. 일부 지도자들은 아예 처음부터 대놓고 독재를 했어. 그것도 아주 잔인할 정도로 말이야. 아프리카 현대사에서 최악의 독재자를 뽑으라면 누구일까? 아마 지금부터 이야기할 두 명일 거야.

1962년 우간다가 영국으로부터 독립했어. 우간다는 그 후 이웃나라인 콩고민주공화국의 전철을 밟기 시작했어. 콩고민주공화국이 그랬듯 여러 파벌이 권력다툼을 벌인 거야. 콩고에서는 루뭄바, 카사부부, 촘베 등 서로 다른 민족을 대표하는 세 인물이 권력 다툼을 벌였지? 우간다에서는 바간다족과 랑고족 사이의 갈등이 심했어.

우간다의 초대 대통령은 바간다족에서, 총리는 랑고족에서 나왔어. 두 부족에서 골고루 지도자를 뽑았으니 합리적인 것 같다고? 아니야. 물과 기름을 섞는다고 해서 섞이지는 않거든. 바간다족과 랑고족의 사이는 계속 나빴어. 바로 이 때문에 우간다에서도 내분이 터졌지.

랑고족 총리는 얼마 후 바간다족 대통령을 쫓아내고 권력을 잡았어. 이 총리는 바간다족을 핍박했고, 바간다족 대통령을 지원했던 영국인들까지 위협했어. 영국은 이대로 둬서는 안 된다고 생각했어. 랑고족 총리를 몰아내고 새로운 지도자를 앉히기로 했지. 영국이 선택한 인물은 랑고족 총리의 부하 중 한 명인 이디 아민이었어.

1971년 랑고족 총리가 잠시 자리를 비웠을 때였어. 이디 아민이 영국을 등에 업고 쿠데타를 일으켰어. 총리의 측근을 모두 제거하고 권력을 장악한 거야. 이때까지만 해도 영국의 계획대로 돼 가는 것 같지? 그러나 영국은 이디 아민이란 사람을 몰라도 너무 몰랐어. 그는 최악의 독재자로 악명을 날리게 되거든.

이디 아민은 민간 정부에 권력을 넘겨주기로 한 약속을 지키지 않았어. 뿐만 아니라 이슬람교를 믿고 있던 그는 우간다를 이슬람 국가로 선포했어. 전체 국민의 10퍼센트도 믿지 않는 종교를, 단지 자기가 믿는다는 이유로 국교로 만든 거야. 종교가 모든 힘을 얻던 중세 시대로 돌아간 것일까? 영국은 이디 아민의 횡포를 지켜보면서 후회했어. 그러나 이미 때늦은 후회였지. 영국은 어쩔 수 없이 우간다에서 손을 뗐어.

더 이상 간섭하는 유럽도 없겠다, 이디 아민의 독재는 날이 갈수록 심해졌어. 그는 반대자들을 잡아다 고문하고, 팔과 다리를 잘라 죽여 버렸어. 이렇게 희생된 사람들이 몇 명이나 되는지 정확하게 알 수는 없어. 이디 아민이 권력을 장악한 후부터 쫓겨날 때까지의 약 8년간 50만 명 정도가 목숨을 잃었을 거라고 추측할 뿐이야. 오늘날까지도 이디 아민을 '우간다의 학살자'라고 부르는 것은 이 때문이야. 이디 아민은 아프리카 현대사에서 가장 잔인한 독재자라는 평을 받고 있단다.

독재자는 언젠가 종말을 맞게 돼 있어. 1979년 무세베니가 이끄는 반군이 이디 아민을 몰아냈어. 이디 아민은 같은 이슬람 국가인 사우디아라비아로 도망갔어. 사우디아라비아는 이디 아민을 보호해 줬어. 덕분에 이디 아민은 죽을 때까지 재판 한번 받지 않았다는구나. 그에게 희생된 수많은 사람을 떠올리면 불공평하다는 생각이 들어. 아 참. 이 무세베니는 투

이디 아민 영국의 지원을 받아 쿠데타를 일으켜 우간다의 정권을 장악했다. 자신을 종신 대통령으로 선언하고 독재 정치를 펼쳤다. 정적들을 너무도 잔인한 방법으로 살해했기 때문에 "인육을 먹는다"는 소문까지 퍼질 정도였다.

4.12.1977 COURONNEMENT DE S.M.I. BOKASSA 1er
EMPEREUR DE CENTRAFRIQUE

40 F

POSTES

EMPIRE
CENTRAFRICAIN

보카사 황제를 기념하는 우표 보카사는 중앙아프리카공화국의
대통령으로 황제에 올랐다. 그는 시위대를 직접 진압할 정도로
잔인하고 무자비했다.

치족 출신으로, 콩고 내전에도 개입
했던 인물이야. 앞에서 다뤘었지?

이디 아민보다는 덜 알려졌지만
또 한 명의 유명한 독재자가 있어. 바
로 중앙아프리카공화국의 장 베델
보카사란 인물이야. 보카사는 중앙아
프리카공화국 초대 대통령의 사촌형
제였어. 이 나라의 한심한 대통령은
자기 권력을 다지기 위해 친척들을
요직에 앉혔어. 친척들은 배신하지
않을 거라고 믿은 거지. 특히 군대를
좌우할 수 있는 자리인 참모총장 자
리에는 사촌 형제인 보카사를 임명

했어. 이때만 해도 자기가 사촌 형제에게 밀려날 거라고는 생각하지도 못했겠지?

정치가 후진적이고 부패한 나라일수록 친인척끼리 권력을 나눠 먹는 경우가 많
아. 또 권력을 두고 친인척끼리 다툼을 벌이는 경우도 많지. 중앙아프리카공화국이
딱 그런 사례였어. 보카사는 자신을 요직에 앉힌 사촌을 몰아내고 권력을 잡았어.

보카사는 1977년 황제의 자리에 올랐단다. 20세기 후반기에 황제라니! 이 사실
하나만으로도 중앙아프리카공화국이 정상적인 상황이 아니었다는 걸 알 수 있겠
지?

보카사는 황제라기보다는 극악무도한 독재자에 불과했어. 그 점을 알 수 있는
사건이 있어. 우간다의 이디 아민이 반군에게 쫓겨나던 해인 1979년, 중앙아프리
카공화국에서 대규모 시위가 일어났어. 이때 믿기지 않는 일이 발생했지. 황제가

손수 진압에 나선 거야. 이런 일이 역사에 있었을까? 보카사는 몽둥이를 들고 시위대에게 다가갔고, 그 몽둥이로 시위대를 내려쳤어. 많은 사람들이 그 몽둥이에 맞아죽었어. 당시 외신들이 일제히 이 사건을 보도했어. 국제사회는 야만적인 행동에 경악을 금치 못했지.

다행히 보카사의 황제 놀음도 곧 끝나고 말았어. 몇 달 뒤 보카사가 외국을 방문하고 있을 때 중앙아프리카공화국에서 쿠데타가 일어난 거야. 그러나 보카사는 죄를 처벌받지는 않았어. 그는 1996년까지 살다가 세상을 떠났지. 적잖은 아프리카 독재자들이 이디 아민이나 보카사처럼 재판장에 서지 않았어. 대부분 외국에서 편히 살다가 죽었지. 그들에게 희생된 사람들의 입장에서 보면 정말 불공평한 세상이야.

선정 펼친 지도자들, 니에레레와 상카라

모든 아프리카 국가에서 혼란이 심했던 건 아냐. 다른 대륙만큼 평화롭지는 않았지만, 그나마 안정을 찾은 국가들도 꽤 있었어. 이런 나라들이 평화로울 수 있었던 것은 선정善政을 펼친 지도자들이 있었기 때문이지.

먼저 탄자니아로 가 볼까? 탄자니아는 두 지역이 합쳐져 탄생한 나라야. 한 나라는 탕가니카, 또 다른 나라는 섬 국가인 잔지바르지. 19세기에는 두 나라 모두 독일의 식민 지배를 받았어. 잔지바르는 그 후 영국에 팔려갔고, 탕가니카는 제1차 세계대전 이후 독일에서 영국으로 지배자가 바뀌었지.

줄리어스 니에레레는 탕가니카 출신이었어. 이 무렵 다른 아프리카 국가의 지도자들처럼 니에레레도 선진국에서 공부하고 돌아온 지식인이었어. 탕가니카는 1961년 영국으로부터 독립했어. 이듬해 치러진 선거에서 니에레레가 초대 대통령이 됐지.

스스로 물러난 대통령, 니에레레 탄자니아의 화폐에 새겨진 니에레레. 그는 탄자니아의 첫 대통령으로, 아프리카에서 최초로 식민 지배자의 언어가 아닌 스와힐리어를 공용어로 채택했다. 그는 정치를 잘못한 책임을 지고 스스로 대통령에서 물러났다. 이 또한 아프리카에서는 처음 있는 사건이었다.

한때 노예무역으로 번성했던 잔지바르는 동아프리카의 무역 중심지 가운데 하나였어. 이 잔지바르도 1963년 독립하는 데 성공했어. 탕가니카와 잔지바르는 1964년 한 나라로 합칠 것을 결의했어. 나라 이름은 탄자니아로 정해졌지. 그래, 오늘날의 탄자니아가 탄생한 거야. 탄자니아의 첫 대통령은 당연히 니에레레였어.

니에레레는 사회주의자였어. 그렇다고 해서 소련이나 동유럽 국가들처럼 맹목적인 사회주의 국가를 세우려고 하지는 않았어. 이 무렵 아프리카의 사회주의 지도자들이 대부분 니에레레와 비슷한 생각을 가지고 있었어. 그들은 모두 아프리카에 적합한 사회주의 모델을 찾으려고 노력했어. 다만 니에레레는 그런 사회주의 지도자들과도 약간 달랐어. 그는 우자마Ujamaa라는 이름의 공동체 이념을 내세웠지.

우자마는 스와힐리어로 '가족공동체'란 뜻이야. 개인이 따로 농사를 짓는 게 아니라 공동체를 이뤄 농사를 짓자는 게 우자마 이념의 핵심이지. 얼핏 보면 과거 소련의 '집단농장'과 비슷하지? 그러나 안을 들여다보면 지향하는 바가 많이 달라. 우자마 공동체는 모두 평등했고, 각각 완전히 독립된 생활을 하도록 돼 있었어. 한 가족이 다른 가족에게 지배를 받지도 않았고, 강제로 할당된 일을 해야 할 필요도 없었지. 당시에는 이 이념이 획기적인 것으로 받아들여졌어. 탄자니아 국민도 적극 환영했지. 안타깝게도 결말은 그리 좋지 않았지만 말이야. 결말이 어땠냐고? 기다려봐.

니에레레의 업적은 또 있어. 지도를 보면 탄자니아의 북쪽에 우간다가 있지? 1970년대의 우간다를 누가 통치하고 있었지? 그래, 독재자 이디 아민이었어. 무세베니가 이끄는 반군이 1979년 이디 아민을 몰아냈지? 니에레레는 바로 이때 무세베니를 적극 지원했단다. 나아가 니에레레는 아프리카의 민주주의를 실현하기 위해 직접 반군에 참여해 이디 아민과 싸우기도 했어.

이처럼 국내외에서 훌륭한 정치가로 존경받던 니에레레가 1985년 돌연 대통령직에서 물러났어. 쿠데타가 일어난 거냐고? 아니야. 아무도 뭐라 그러지 않았는데, 니에레레 스스로 물러난 거란다. 독재자가 판치는 아프리카에서 이런 지도자가 또 있을까?

그런데 니에레레는 왜 대통령의 자리에서 물러난 것일까? 바로 우자마 정책의 결과와 성과가 문제였어. 니에레레는 25년 가까이 나라를 다스렸는데, 니에레레 경제 정책의 핵심은 우자마 공동체였지. 그는 우자마 공동체가 발전하면 경제도 더불어 발전할 거라고 믿었어. 그러나 우자마는 점점 소련의 집단농장처럼 변해 갔어. 오히려 경제는 퇴보했고, 국민들은 여전히 빈곤의 늪에서 허우적댈 수밖에 없었지. 니에레레는 자신의 정책이 잘못됐음을 인정했어. 그 때문에 대통령 자리에서 물러난 거야. 니에레레는 그 후로도 아프리카의 평화를 위해 일하다 세상을 떠났단다.

또 한 명의 지도자를 살펴볼게. 이번에는 서아프리카의 부르키나파소로 갈 거야. 부르키나파소는 프랑스 식민지였어. 1961년 다른 인근 국가들이 독립할 때 부르키나파소도 독립했지. 그러나 이때는 부르키나파소라고 불리지 않았어. 어퍼볼타Upper Volta가 공식적인 국가 이름이었지.

정직한 나라를 꿈꾼 대통령, 상카라 1983년부터 1987년까지 부르키나파소의 대통령으로 재임하면서 혁명적 정책들을 펼쳤다. 오늘날까지도 아프리카에서 혁명의 아이콘으로 여겨지며 '아프리카의 체 게바라'라고 불리기도 한다.

1981년 젊고 강직한 군인 토마스 상카라가 어퍼볼타의 고위관료가 됐어. 그는 국민을 위한 정치를 하려 했어. 부패한 군사정권에 넌덜머리가 난 국민들은 상카라에게 열렬히 지지를 보냈지. 이렇게 되면 독재자들은 겁을 먹게 돼 있어. 상카라가 권력을 빼앗을까 봐 두려웠던 군사정권은 상카라를 내쳐버렸어.

국민들은 시위를 벌였어. 그들은 상카라가 지도자가 돼 줄 것을 원했지. 그러나 군사정권은 상카라를 받아들이고 싶은 마음이 없었어. 오히려 군사독재는 더 심해졌어. 결국 유혈충돌이 일어났어. 어퍼볼타는 살벌한 나라로 변해 가고 있었어. 이런 나라일수록 쿠데타가 일어날 확률도 높아지게 마련이야. 아닌 게 아니라 1983년 8월 콩파오레란 군인이 쿠데타를 일으켰어.

쿠데타에 성공한 콩파오레는 상카라에게 대통령 자리를 맡겼어. 마침내 상카라가 대통령이 됐어. 그는 대대적인 개혁을 단행했지. 부패한 정치인을 파면하고, 세금을 함부로 쓰지 못하도록 정부 살림을 축소했어. 여성에 대한 차별과 억압도 철폐했어. 인재를 등용할 때는 남녀를 가리지 않았어. 여성이 무시받는 대표적인 대륙 아프리카에서 이런 인사 정책은 그야말로 파격이었어. 상카라의 인기는 하늘을 찔렀어. 1984년 상카라는 나라 이름을 부르키나파소로 바꿨어. 이 말은 '정직한 사람들의 나라'란 뜻이야.

이렇게 많은 업적을 남긴 상카라의 결말은 좋지 못했어. 친구이자 쿠데타의 지휘자였던 콩파오레가 또다시 반란을 일으킨 거야. 콩파오레는 권력을 잡기 위해 무슨 짓이든 다 했어. 국민의 지지를 받는 대통령을 없애 버리는 일도 서슴지 않았지. 1987년 10월, 콩파오레의 군대가 상카라를 체포해 총살시켰어. 그 후 부르키나파소는 다른 아프리카 국가들처럼 독재자의 나라가 돼버렸단다.

아프리카식 독재자?

통박사의 역사읽기

중세 시대의 세계를 둘러봐. 왕들은 대를 이어 권력을 세습했어. 그러나 근대와 현대에는 권력의 세습이 쉽지 않지. 민중의 힘이 커졌기 때문이야. 그런 의미에서 북한의 권력 세습은 흔히 볼 수 없는 풍경이지.

아프리카에는 독재자가 아주 많아. 사회주의 이념을 도입한 나라나 서방의 자본주의 이념을 도입한 나라나 똑같아. 거의 모든 나라의 지배자가 독재자라고 보면 돼. 이들의 공통점이 있어. 우선 자식에게 권력을 넘겨주지는 않았어. 세습을 하지 않은 거지. 또 대부분 군인이었고, 독재자 자신이 속해 있는 정당만 법적으로 활동을 허용했지. 대통령 선거를 치르면 지지율은 거의 100퍼센트였어. 이 모든 게 아프리카만의 독특한 독재자 스타일이란다.

아프리카의 고달픈 현실

아프리카 역사는 단순하다면 아주 단순하고, 복잡하다면 아주 복잡해. 최초의 인류가 탄생했고, 찬란한 고대 문명이 꽃피었지만 중세 시대부터는 '잊힌 대륙'이 돼버렸어. 근대 이후에는 유럽 열강들의 침략을 받았어. 열강의 식민 지배는 20세기 중반까지 계속됐어. 심지어 20세기 후반에 가서야 독립을 쟁취한 국가들도 있어. 독립 이후에도 여러 나라에서 권력투쟁과 내란이 터졌고 민족 간의 분쟁도 끊이지 않았지.

여기까지가 지금까지 살펴본 아프리카의 과거야. 그렇다면 아프리카의 현재와 미래는 어떤 색깔일까? 장밋빛 전망을 내놓는 학자도 있어. 지금까지의 고난을 모두 이겨냈기에 앞으로의 발전 가능성이 크다는 거야. 그러나 비관적인 전망을 내놓는 사람들도 많아. 아직까지도 아프리카는 다른 어떤 대륙보다 낙후돼 있기 때문이야. 우선 아프리카의 고달픈 현실부터 살펴볼까?

성장이 멈췄던 대륙

아프리카의 경제 상황은 썩 좋지 않아. 이 때문에 아프리카 나라들이 처음부터 가난했다고 생각하는 사람들이 많은데, 진실은 그렇지 않아. 의외로 많은 아프리카 국가들의 경제 사정이 유럽 국가들로부터 독립한 직후인 1960년대까지만 해도 전반적으로 괜찮았단다.

독립할 당시에 내전이나 종족 분쟁이 없었던 나라에서는 경제가 순탄하게 발전했어. 가나공화국이 대표적이야. 1960년대까지만 해도 가나의 1인당 국민소득은 인도의 3배가 넘었어. 또한 훨씬 앞서 영국으로부터 독립한 이집트보다도 1인당 국민소득이 많았어. 은크루마가 경제발전에 힘쓴 덕분이야. 이때 가나는 코코아를 유럽에 수출했는데, 이를 통해 상당히 많은 돈을 벌었어.

가나처럼 농작물을 특화해서 짭짤한 재미를 본 나라는 또 있어. 세네갈은 땅콩을 팔았고, 케냐와 코트디부아르는 커피와 차를 많이 팔았지. 에너지 자원을 수출해 돈을 번 나라도 있어. 나이지리아가 대표적이지. 이 나라는 석유가 펑펑 쏟아지면서 대박이 터졌어. 특히 국제 원유 가격이 폭등한 1960년대 후반부터 1970년대 중반까지 나이지리아의 수출액은 무려 30배 이상 증가했어.

이처럼 쑥쑥 경제가 성장하던 아프리카 대륙이 1970년대 후반부터 주춤거리기 시작했어. 이때도 어떤 나라들은 연간 3~5퍼센트씩 성장하기도 했지만 마이너스 성장을 하는 나라가 더 많았어. 쉽게 말해 경제가 퇴보한 거야. 어쩌다 이런 상황이 된 것일까?

우선, 무엇보다 국내 정치가 불안했기 때문이야. 아프리카 대부분의 나라에서 독재자의 통치가 계속됐어. 그런 나라가 민주적일 수는 없겠지? 게다가 마치 연례행사처럼 툭하면 쿠데타가 일어났어. 권력다툼도 심했고, 종족 간에 전쟁이 터지기도 했어. 국경선 때문에 여러 나라가 국제전을 벌이기도 했지. 이처럼 어수선한 상황에서 경제가 발전할 수 있겠니? 그래서 아프리카가 발전하려면 무엇보다 정치부터 안정돼야 한다는 지적이 나오고 있어.

둘째, 들어오는 돈보다 나가는 돈이 더 많았기 때문이야. 무슨 소리냐고? 우리나라의 사례를 들어볼게. 우리나라는 일본으로부터 독립하고 한국 전쟁6.25전쟁을 치른 후 외국의 원조를 많이 받았어. 원조는 공짜로 주는 돈이 아니야. 나중에 갚아야 할 돈이지. 마찬가지로 아프리카의 나라들도 유럽, 미국 등으로부터 돈을 빌렸어. 우리나라는 급속한 경제성장을 이뤘기에 그 돈을 갚을 수 있었어. 하지만 아프리카의 경제는 살아나지 않았어. 그러니 원조받은 돈을 갚을 길도 없었어. 이따금 수출을 많이 늘렸을 때도 빌려 쓴 돈의 이자를 겨우 갚을 수준밖에 되지 않았어.

셋째, 서방 세계 선진국들의 무책임한 태도와 방관이야. 어쩌면 이 네 번째 이유가 나머지 이유들보다 더 아프리카에 부정적으로 작용했을 거야. 원래 영국과 프랑스는 식민지였던 국가들에게 원조를 제공했어. 미국은 가나, 나이지리아, 케냐에 원조를 많이 했지. 그런데 이 서방 세계 국가들이 1980년대 중반부터 원조 자금을 확 줄여 버렸어. 아프리카에 원조된 돈은 1985년 340억 달러였다가 1992년에는 232억 달러로 줄었단다. 서방 세계 국가들은 그 후로도 아프리카에 대한 원조를 서서히 줄였어.

이런 태도는 무책임한 것일 뿐 아니라 비도덕적이라는 비판을 받아. 생각해 봐. 오늘날 아프리카가 낙후된 것은 오랜 기간 식민 지배를 받았기 때문이야. 그 주범인 나라들이 인도적인 차원에서라도 보상해야 하겠지? 그러나 이 나라들이 보상을 제대로 하기는커녕 오히려 아프리카 국가들을 착취한다고 주장도 적지 않아.

아프리카는 많은 자원을 가진 나라야. 다이아몬드의 경우 전 세계 생산량의 80퍼센트 이상이 아프리카에서 나와. 구리나 크롬 같은 광물질도 풍부해. 서방 세계의 다국적 기업들은 이 자원을 헐값에 사들이고 있어. 거래 가격이 싸고, 자원 위주로 무역이 되고 있기 때문에 아프리카 국가들의 무역량이 전 세계에서 차지하는 비율은 3퍼센트에도 미치지 못해. 그 많은 자원을 팔아 번 돈을 누가 가져갔냐고? 당연히 서방 세계의 다국적 기업들이지.

물론 아프리카 나라들이 먼저 정신을 바짝 차려야 해. 독재자를 몰아내고 민주 정치체제를 구축해야겠지? 종족 간의 분쟁을 끝내고 서로 화합해야 해. 서방 세계의 기업들에게 자원을 퍼주지 말고 서로 공존하는 방식도 찾아야겠지.

다행스러운 점은, 최근 들어 아프리카 북부를 중심으로 민주화 열풍이 불고 있고, 사하라 사막 이남 지역의 경제성장 속도가 눈부시게 빨라졌다는 사실이야. 그동안 아프리카를 성장이 멈춘 대륙으로만 여겼는데, 이제 가장 역동적인 대륙으로 탈바꿈하고 있는 거지. 이에 대해서는 조금 있다가 살펴볼 거야.

가뭄과 질병, 굶주림의 대륙

아프리카의 거의 모든 나라에서 가난은 아주 익숙한 단어야. 의식주를 제대로 해결하지 못하는 사람들이 3억 명이나 돼. 아프리카 전체 인구가 약 10억 명이니까 30퍼센트가 지독한 가난 속에서 살고 있는 거야. 아프리카 인구의 절반 정도는 하루 1달러, 우리 돈으로 1200원이 안 되는 돈으로 겨우 살아가고 있어.

하루에 한 끼니도 제대로 챙겨 먹지 못할 정도의 굶주림, 즉 기아에 허덕이는 사람은 전체 아프리카 인구의 20퍼센트 정도로 추정되고 있어. 또한 하루에 수백 명이 굶어 죽는 것으로 알려져 있지.

기아가 심한 지역은 동아프리카야. 에티오피아, 에리트레아, 수단, 케냐가 여기에 속하지. 특히 에티오피아와 수단이 가장 심한 것으로 알려져 있어. 에티오피아에서는 이미 50만 명 이상이 굶어 죽었고, 앞으로 700만 명 정도가 굶어 죽을 위기에 처해 있다는 보고서도 나와 있지. 케냐에서 500만여 명, 수단에서 150만여 명은 국제사회가 도와주지 않으면 굶어 죽을 거라는 분석도 나오고 있어. 2006년에는 소말리아를 비롯해 에티오피아, 에리트레아, 케냐, 지부티에 살고 있는 1100만여 명이 굶어 죽을 위기에 놓였다는 보고서까지 나왔단다.

그렇다고 다른 지역이 괜찮다는 뜻은 아니야. 서부의 나이지리아와 라이베리아, 중부의 앙골라, 콩고, 르완다, 부룬디도 비슷한 상황에 처해 있어. 기아의 위협은 실로 심각한 상황이야.

아프리카 기아의 주된 원인은 가뭄과 내전이야. 가뭄이 심해지니 사막 지대가 늘어나고 수확량이 떨어지면서 식량 부족 현상이 심해지고 있어. 또 비록 줄어들고 있기는 하지만 내전과 같은 어수선한 상황이 계속되면서 식량과 물을 구하기 어려워졌어. 다시 말해 가뭄과 정치적 혼란이 기아로 연결되는 거야.

살인적인 가뭄은 좀처럼 해소되지 않고 있어. 사하라 사막이 점점 커지는 사실에서 이 점을 확인할 수 있지. 원래 목초지였던 사하라 사막은 기원전 2400년 무렵부터 사막으로 바뀌었어. 모래사막 지대가 점점 넓어지면서 세계 최대의 사막이 됐지. 문제는, 이런 현상이 아직도 진행 중이라는 데 있어. 사하라 사막은 매년 넓어지고 있지. 이러다가는 머잖아 사헬 지대마저 사막으로 바뀔 거라는 우려가 나오고 있단다.

사하라 사막만 커지는 게 아니야. 아프리카 곳곳에 새로운 사막이 생겨나고 있어. 이에 따라 물은 갈수록 부족해지

기아에 허덕이는 아이 아프리카에서 의식주를 해결하지 못하는 인구는 전체의 30퍼센트나 된다. 20퍼센트 정도는 기아에 허덕일 정도로 식량난이 심하다. 굶어 죽는 아이들도 늘어나고 있다.

고 있고, 결국엔 농사를 포기하
는 지역도 늘어나고 있지. 1984
년 아프리카 전역에 가뭄이 들
었어. 워낙 파괴력이 커서 20세
기 최고의 가뭄으로 기록되었
지. 가뭄이 휩쓸고 간 지역은 먼
지밖에 남지 않았어. 메뚜기 떼
가 날아왔고, 얼마 남지 않은 농
작물까지 완전히 먹어치웠어.

가뭄, 내전, 그리고 그에 따른
기아…. 그런데 이것만이 아프
리카 대륙의 사망률을 높이는
건 아니야. 또 하나의 원인이 있
어. 바로 질병이지. 대표적인 질
병이 에이즈란다. 어쩌면 굶어
죽는 사람보다 에이즈로 죽는
사람이 더 많을 수도 있어. 실제
로 아프리카에서 매일 사망하는
에이즈 환자는 6천여 명에 이르
는 것으로 추정되고 있어.

아프리카에서 에이즈가 발견
된 것은 1980년대야. 원래 에이
즈는 미국과 유럽에서 먼저 발

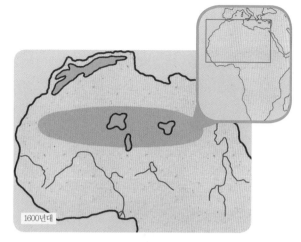

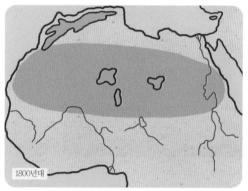

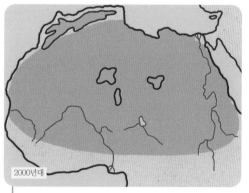

│ 넓어지는 사하라 사막 사하라 사막의 면적은 매년 빠른 속
도로 넓어지고 있다고 한다. 1600년대만 해도 차드 호 일
대까지 사막화되지 않았지만, 2000년대에는 차드 호까지
사막화가 된 것을 알 수 있다.

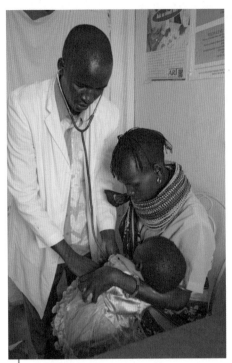

에이즈에 노출된 아이들 아프리카에서는 매일 6천 명 정도가 에이즈로 사망하고 있다. 특히 아이들의 발병률도 증가 추세다.

견됐어. 그 환자들을 추적해 보니 아프리카가 바이러스의 근원지라는 게 밝혀졌지. 처음에는 이 병이 에이즈인 줄 몰랐어. 단순히 괴질이라고 불렀지. 나중에 병의 정체가 밝혀진 다음에야 사망자를 집계할 수 있었어. 1990년대 들어 수백만 명의 아프리카 사람들이 에이즈 바이러스에 감염됐어. 엄밀히 말하면 그 전에도 에이즈 환자들이 있었지만 병의 정체를 몰랐던 거야.

다행히 최근 치료약이 발달해 에이즈에 걸려도 40년 이상 수명을 연장할 수 있게 됐어. 그러나 아프리카에서는 이런 의료기술의 혜택을 못 받고 있어. 약을 살 경제적 여유가 없기 때문이야. 그림의 떡인 셈이지. 형편이 나은 남아프리카공화국 같은 나라는 환자들에게 약을 싼값에 공급하지만 나머지 국가들은 꿈도 못 꾸고 있어.

굶주림과 질병. 아프리카가 넘어야 할 장애물은 많지만, 인간의 생존에 가장 큰 위협이 되는 이 두 가지부터 먼저 해결해야 할 거야. 경제가 발전하고 정치가 안정된다 한들, 먹지 못하고 치료받지 못하면 다 무용지물이잖아.

아이와 여자가 고통받는 대륙

마지막으로 한 가지만 더 지적하고 넘어갈게. 바로 아이와 여성 문제야. 못사는 나라일수록 아이와 여자들이 희생양이 되는 경우가 많아. 전쟁이 많은 나라라면 더욱 그렇지. 경제적으로도 낙후된 대륙이고 민족이나 파벌 사이에 전쟁이 끊이지 않는 역사를 가졌기에 아프리카는 특히 아이와 여자가 고통받는 대륙이라고 할 수 있어.

아프리카에서 아이들은 상상하지 못할 만큼 큰 고통을 당하고 있어. 먹지 못하고 치료받지 못하며 배우지 못하는 것만을 말하는 게 아냐. 아프리카에서 아이가 고통받는다는 말에는 또 다른 뜻이 담겨 있어. 아이들이 전쟁터로 내몬다는 거지. 그래, 이른바 소년 병사들을 말하는 거야.

소년 병사들은 아직 어른이 되지 않은 병사들을 가리키는 말이야. 주로 십대 초중반의 아이들이 많지만 최근에는 채 열 살도 되지 않은 아이들이 병사로 동원되고 있어. 시에라리온에서 내전이 발생했을 때는 불과 다섯 살밖에 되지 않은 아이들을 병사로 쓰기도 했단다.

생각해 봐. 열 살도 되지 않은, 세상 물정을 전혀 알지 못하는 그 아이들이 사람을 죽이고 있는 거야. 그 아이들은 먹을 것을 얻기 위해 총을 들고 있어. 어른들은 아이들에게 마약을 먹인 뒤에 적을 지목해. 그러면 아이들은 아무 생각 없이 그 적을 죽이지. 아이들은 너무 어린 탓에 죄책감을 느끼지도 않아. 인간성이 완전히 파괴돼 버리지. 그 아이들은 나이를 먹으면서 자기가

아프리카의 소년 병사 아프리카의 내전은 어린아이들까지 전쟁의 도구로 내몰고 있다. 소년 병사로 이용된 많은 아이들이 목숨을 잃고 있으며, 살아남은 경우에도 정신적 후유증에 시달리고 있다.

무슨 짓을 하고 있는지를 깨닫게 돼. 그제야 인간적인 환멸을 느껴 자살하는 소년 병사들도 많단다.

소년 병사들은 부패한 정권에 대항해 싸우는 반군에도 많아. 우간다의 독재자 이디 아민을 몰아낸 무세베니의 반군에도 의외로 많은 소년 병사들이 있었어. 이 때문에 무세베니가 도덕적 비판을 받기도 했지.

최근에는 소녀들도 병사로 많이 동원되고 있어. 그 수가 점점 늘어나 전체 소년 병사의 20~30퍼센트가 소녀들로 채워지고 있다는 보고도 있어. 소녀 병사들은 소년들보다 더 참혹한 생활을 하게 돼. 소녀 병사들은 적을 죽이기도 하지만, 때로는 어른 병사들의 장난감 노릇도 해야 하거든. 그래, 성적인 학대를 당하는 거야.

최근 들어 아프리카에 민주화 바람이 불고 있어. 내전도 많이 줄어들었지. 그럼에도 불구하고 현재 아프리카에만 10만 명 내외의 소년 병사가 있는 것으로 추정되고 있어. 아시아나 남아메리카에 있는 소년 병사들까지 합치면 대략 30만 명으로 추정되지. 그렇다면 전체 소년 병사의 절반 가까이 아프리카에 몰려 있다는 거야. 이들을 구하기 위해 국제기구들이 움직이고 있지만 아직 역부족이야. 소년 병사들이 사라지려면 아프리카의 민주화가 확실히 정착돼야 하겠지?

아프리카는 여자들도 살기 힘든 대륙이야. 여성에 대한 대표적인 학대가 할례지. 할례는 여자의 생식기 일부를 제거하는 풍습이야. 전문적인 용어로 음핵절제라고 한단다. 한창 성장하고 있는 도시에서는 이런 일이 덜 일어나지만, 아직도 아프리카 여러 지역에서 할례가 버젓이 자행되고 있어. 이렇게 하면 여자가 사악한 생각을 하지 않는다고 믿기 때문이야. 물론 잘못된 믿음이지.

특히 이집트, 수단, 에티오피아, 소말리아, 지부티 등 동아프리카에 이 여성 할례 풍습이 많이 남아 있어. 어떤 지역에서는 전체 여성의 90퍼센트 이상이 할례를 받기도 해. 아프리카 전체로 보면 매년 수백만 명이 할례 의식을 치르고 있지.

할례는 아주 오래전부터 아프리카 대륙 전역에서 여자가 성인이 되려면 반드시 거쳐야 하는 의식으로 여겨졌어. 그러나 남성우월주의 때문에 할례가 생겨났다고 주장하는 학자들이 많아. 아프리카에는 한 명의 남편이 여러 부인을 거느리는 일부다처제를 따르는 민족이 많은데, 남자들은 여자들이 성性에 눈뜨지 않아야 모든 부인을 쉽게 통제할 수 있다고 생각하지. 바로 그 때문에 생식기의 일부를 제거해 버리는 거야.

그러나 할례는 그 자체가 여성의 인격을 파괴하는 범죄 행위야. 당연히 금지하는 게 옳지. 뿐만 아니라 할례가 아주 열악한 환경에서 이뤄진다는 점도 큰 문제야. 제대로 된 의료시설이 얼마나 있겠니? 아무 데서나 할례가 이뤄질 수밖에 없어. 할례를 치른 후 감염 때문에 고생하는 여성이 많아. 심지어 이 감염 때문에 목숨을 잃는 여성이 매년 증가하고 있어.

세계보건기구WHO를 비롯해 많은 국제기구들이 할례를 금지할 것을 요구하고 있어. 그나마 개방된 나라에서는 이런 악습이 사라지고 있다니 다행이야. 그러나 아직까지도 부족 단위로 살고 있는 시골에서는 정부가 금지했는데도 여전히 할례가 성행하고 있어.

사회적 약자인 어린이와 여성이 대우받지 못하는 사회는 발전할 수 없어. 또한 문화적으로도 성숙한 사

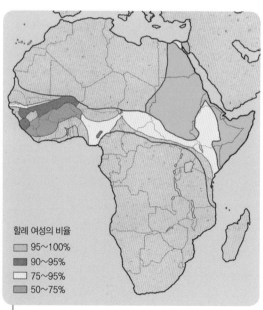

할례 여성의 비율
95~100%
90~95%
75~95%
50~75%

여성 할례를 실시하는 나라들 여성 할례를 금지하자는 국제 여론이 높지만 동아프리카 지역은 90퍼센트 이상의 여성들이 할례를 받고 있다. 아프리카 동부와 중부에서 할례를 많이 실시한다.

회가 될 수 없지. 아프리카의 문화 수준이 발전하려면 어린이와 여성의 권리를 존중하는 노력부터 보여야 할 거야.

카사블랑카 그룹 vs 브라자빌 그룹

1960년대 아프리카의 지도자들은 크게 범 아프리카주의자와 친 서방주의자로 나뉘었어. 범 아프리카주의자들은 아프리카의 결속을 강조하면서 아프리카가 서방세계에 대한 의존을 끊고 독자적으로 발전 방안을 찾아야 한다고 주장했어. 반면 친 서방주의자들은 오랜 세월 아프리카가 낙후돼 있었기 때문에 서방세계와의 교류를 강화하면서 발전 방안을 찾아야 한다고 주장했지. 범 아프리카주의자들을 카사블랑카 그룹, 친 서방주의자들을 브라자빌 그룹이라 불렀어.

이념이 다르면 화합하는 게 쉽지 않아. 두 그룹은 사사건건 충돌했어. 알제리가 프랑스와 싸울 때도 카사블랑카 그룹은 알제리민족해방전선을 지원한 반면, 브라자빌 그룹은 프랑스 드골 정부를 지지했어. 브라자빌 그룹은 프랑스의 지원을 받아야 알제리가 발전할 수 있다고 생각했던 거야. 알제리 독립전쟁이 점점 격해지면서 알제리 민중은 브라자빌 그룹보다 카사블랑카 그룹을 더 지지했어. 알제리가 독립에 성공했으니, 알제리에서는 카사블랑카 그룹이 승리한 셈이지.

카사블랑카와 브라자빌 모로코에 있는 도시 카사블랑카는 아프리카 흑인을 옹호하는 범 아프리카주의의 본산이었다. 반면 브라자빌은 친 서방주의의 본산이었다.

아프리카의 미래는 밝다

2010년 국제축구연맹 FIFA에서 개최하는 월드컵이 남아프리카공화국에서 열렸어. 처음으로 아프리카 대륙에서 열린 월드컵이지. 아프리카가 주목을 받고 있다는 증거로 볼 수 있어.

남아프리카공화국은 1990년대 이전까지만 해도 전 세계의 지탄을 받는 나라였어. 지독한 인종차별 정책 때문이었지. 소수의 백인들이 정권을 장악하면서 다수의 흑인을 짐승 취급했어. 흑인은 비위생적인 지역에 몰려 살아야 했고, 백인과 함께 어울릴 수도 없었어. 이러한 인종차별 정책은 1994년 종말을 고했지. 그 후 남아프리카공화국은 민주 국가로 거듭났어.

2000년 이후에는 북아프리카에서 잇달아 민주화 운동이 일어났어. 이 민주화 운동은 현재도 진행 중이지. 뿐만 아니라 아프리카의 경제도 빠른 속도로 살아나고 있어. 경제전문가들은 아프리카를 성장 잠재력이 가장 큰 대륙이라고 분석하기도 해.

이번에는 아프리카의 가능성을 엿볼 수 있는 이야기를 할 거야. 아프리카의 미래는 밝아. 여러분이 그 사실을 깨달으면서 이 책을 덮기를 바랄게. 먼저 남아프리카공화국의 민주화 과정부터 살펴볼까?

아파르트헤이트에 저항하다

남아프리카공화국은 1961년 탄생한 나라야. 그 전에는 영국 연방의 일원이었으며 남아프리카연방이라 불렸지. 나라의 이름이 바뀐 것은 이 지역의 유별난 인종차별정책, 즉 아파르트헤이트와 관련이 있어.

남아프리카연방 정부는 1950년 인종등록법을 시행했어. 이 법에 따라 16세 이상의 국민은 항상 신분증을 들고 다녀야 했어. 이 신분증에는 인종 정보를 명시했어. 흑인인지 백인인지, 아니면 인도 사람인지를 신분증에 다 적어놓는 거야. 신분증만 보고도 백인 외의 다른 인종을 구분할 수 있겠지? 이 인종등록법과 함께 실시된 게 집단지구법이야. 나라를 몇 개의 지구대로 구분해 각 지구대마다 살 수 있는 인종을 정해놨지. A지구에는 백인이, B지구에는 흑인이, C지구에는 인도인이 사는 식이야. 이 두 가지 법을 통해 백인 이외의 다른 인종은 낙후된 지역에 몰아넣었어.

남아프리카연방 정부는 백인들이 이용하는 시설에 흑인들이 들어오지 못하게 하는 법도 만들었어. 백인 식당에서 흑인은 밥을 먹을 수 없게

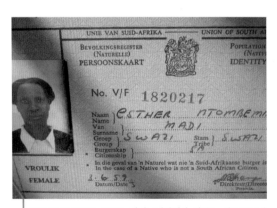

인종등록법에 따른 신분증 남아프리카연방 정부는 인종등록법을 실시해, 모든 국민이 인종 정보가 명시된 신분증을 들고 다니도록 의무화했다.

됐고, 백인 아이가 다니는 학교엔 흑인 아이가 다닐 수 없게 됐어. 어느 쪽 시설이 더 좋았을지는 말하지 않아도 알겠지?

아파르트헤이트의 결정적인 정책은 1959년에 나왔어. 그 법이 바로 반투 자치촉진법이야. 반투족의 자치를 촉진한다는 뜻이지. 백인 정부는 이 법에 따라 반투스탄^{홈랜드}이라는 흑인 거주지 열 곳을 만들었어. 각각의 거주지에는

홈랜드 분포도 남아프리카공화국의 백인 정부는 흑인들을 집단 수용하는 시설을 10여 개 만들었다. 이를 홈랜드라고 불렀는데, 대부분 척박한 황무지였다.

종족별로 흑인들을 몰아넣었어. 그다음에는 반투스탄을 독립시켰어. 그런데 반투스탄은 모두 척박한 황무지에 세워져 있었어. 그런 곳에서 무슨 일을 할 수 있겠니? 결국 흑인들은 백인들의 도시에 가서 온갖 허드렛일을 하며 근근이 생계를 유지할 수밖에 없었단다.

이것으로도 모자라 백인 정부는 흑인들의 국적까지 박탈했어. 이제 더 이상 흑인들은 국민이 아닌 거야. 식민지 시대가 끝난 지가 언젠데, 야만적인 인종차별은 더 심해지고 있어. 오죽하면 미국, 영국 등 서방 세계 국가들이 아파르트헤이트를 폐기하라고 촉구했겠어.

흑인들도 본격적으로 저항하기 시작했어. 백인 정부에 맞선 투쟁의 중심은 아프

아파르트헤이트 흑인 거주지 황폐한 반투스탄에서 격리돼 따로 살아가는 흑인들. 흑인과 백인 거주지를 따로 정하는 아파르트헤이트 법에 따라 흑인들은 빈민촌에서 살아야 했다. 남아공 정부는 흑인들을 모두 황무지로 내몰았다.

리카민족회의ANC였어. 아프리카민족회의는 폭압적인 백인 정부의 지배를 거부하는 불복종운동을 전개하면서 흑인의 자유를 전 세계에 선포했어. 그러자 백인 정부의 탄압이 더 심해졌어. 아프리카민족회의의 많은 운동가들이 옥에 갇혔지. 얼마나 많은 사람이 목숨을 잃었는지 정확하게 알 수 없을 정도야.

1960년 대대적인 시위가 벌어졌어. 평화적 시위였지만 백인 정부는 발포 명령을 내렸지. 진압 경찰들이 쏜 총에 69명이 목숨을 잃었고 1만 8천여 명이 체포됐어. 이 사건을 샤프빌 학살이라고 불러.

이 사건 직후에 영국 정부가 남아프리카연방 정부에 경고장을 보냈어. 하지만 백인 정부는 코웃음을 치고는 영국 연방에서 탈퇴해 버렸어. 1961년 백인 정부는 영국으로부터 독립을 선언하면서 나라 이름을 남아프리카공화국이라고 선포했어. 남아프리카공화국라는 이름은 이렇게 해서 탄생한 거란다.

남아프리카공화국 정부는 저항하는 흑인들을 마치 개미를 밟아 죽이듯이 무참하게 진압했어. 그러나 이런 행동은 더 큰 저항을 부를 뿐이야. 아프리카민족회의 출신 운동가 가운데 급진파가 '민족의 창'이란 게릴라 조직을 만들었어. 게릴라 조직은 신출귀몰 홍길동처럼 나타나 적을 해치운 뒤에 사라지는 형태의 무장투쟁 조직이야. 그래, 이제 흑인들이 본격적으로 총을 든 거야!

민족의 창 의장이 바로 넬슨 만델라였지. 1962년 넬슨 만델라가 백인 정부에 체포됐어. 의장이 잡혔으니 민족의 창은 공중 분해됐을까? 아니야. 민족의 창은 무장투쟁을 더욱 강화했어.

1976년 요하네스버그 근처에 있는 흑인 거주지 소웨토에서 봉기가 일어났어. 이 봉기를 일으킨 사람들은 어른이 아니었어. 초등학교에서부터 고등학교에 다니는 학생들이었단다. 학생들의 요구는 정당했어. 백인 아이들이 다니는 학교의 수준까지는 아니더라도 어느 정도 공부할 수 있는 여건은 마련해 달라는 거였지. 게다가 정부는 보어인의 아프리칸스어를 공식 언어로 채택하려 했어. 학생들이 반발할 만하지 않니?

그러나 정부는 잔인하게 대처했어. 경찰은 학생들을 향해 총을 쏘았지. 하지만 오히려 소웨토를 기점으로 프리토리아, 나탈, 케이프까지 전국적으로 봉기가 확산됐어. 흑인뿐 아니라 흑백 혼혈의 컬러드coloured와 인도인들까지 시위와 봉기에 동참했어. 경찰의 진압 과정에서 수백여 명의 시위대가 목숨을 잃었어. 경찰에 체포되어 어디론가 끌려갔다가 나중에 시체로 발견된 학생도 많았어. 시위가 끝난 후 행방이 묘연해진 학생도 꽤 많았어. 경찰이 이들을 죽이고 어딘가에 매장해 버린 거야.

민족의 창이 반격을 시작했어. 1980년 민족의 창은 에너지를 관리하는 정부공사 건물을 폭파했고, 얼마 후에는 공군 본부를 공격했어. 이 게릴라 공격에서 백인 정부의 공군 200여 명이 목숨을 잃었지. 남아프리카공화국 정부는 더 이상 아프리카민족회의를 그대로 둬서는 안 되겠다고 판단하고, 아프리카민족회의의 해외 거점을 공격하기 시작했지.

이 작전이 먹혀들어간 걸까? 아프리카민족회의의 산하조직이었던 민족의 창이 점점 약해졌어. 그러나 아파르트헤이트를 없애겠다는 민중의 뜻을 꺾지는 못했어. 반정부 투쟁은 더욱 격렬해졌어.

넬슨 만델라와 타보 음베키

백인 정부 안에서도 아파르트헤이트를 반대하는 목소리가 나오기 시작했어. 미국, 영국 등 서방 세계 국가들도 남아프리카공화국 정부를 공개적으로 비난했어. 이 국가들은 백인 정부가 아파르트헤이트를 철폐하지 않는 이상 교류를 하지 않겠다고 선언했어. 남아프리카공화국에 대해 경제제재 조치가 떨어졌어. 이제 남아프리카공화국은 어떤 나라와도 무역을 할 수 없었고, 그 어떤 국제행사도 남아프리카공화국에서 열리지 않았어. 전 세계가 남아프리카공화국을 완벽하게 고립시킨 거야.

백인 정부는 그제야 사태의 심각성을 깨달았어. 자기들이 살기 위해서라도 아파르트헤이트를 없애야 한다는 사실을 알게 된 거야. 그러나 뾰족한 해법을 찾지 못했어. 무려 80년 이상 백인의 지배가 계속되면서 흑백 갈등은 극에 달해 있었어. 이 갈등을 풀 방법을 찾는 건 쉽지 않은 일이었지.

마침 기회가 왔어. 1989년 아파르트헤이트를 고집하던 보타 대통령이 물러가고 프레데리크 빌헬름 데 클레르크가 새 대통령이 됐어. 클레르크 대통령은 시대가 어떻게 변하고 있는지를 너무나 잘 알고 있었어. 그는 결단을 내렸지. 대통령이 된 다음 해, 모든 정치범을 석방했고, 동시에 아프리카민족회의와 같은 흑인 정치 조직이 마음대로 활동할 수 있도록 해줬어. 이 조치로 넬슨 만델라가 감옥에서 풀려났지.

넬슨 만델라는 1994년 백인 정부를 무너뜨리고 들어선 민주 정부의 첫 대통령이 된 인물이야. 아파르트헤이트를 무너뜨린 공로를 인정받아 1993년 노벨평화상을 타기도 했지. 만델라의 이야기는 널리 알려져 있어. 아프리카민족회의 청년 연맹을 만들었고, 남아프리카공화국에서 흑인으로는 처음으로 법률상담소를 열기도 했지. 아파르트헤이트를 반대하다 옥에 갇히기를 수차례, 결국에는 종신형을 선고받았어. 무려 27년을 감옥에 갇혀 있다 1990년 2월 석방됐지.

자, 이제 남은 것은 흑인과 백인의 평등을 법적으로 보장하는 일뿐이야. 이렇게 하려면 흑인이 선거에 참여할 수 있도록 헌법을 고쳐야 해. 넬슨 만델라가 클레르크 대통령과 협상을 시작했어. 두 대표는 새로운 헌법을 만들기 위한 국민투표를 실시하기로 결정했어. 이 사실이 알려지자 백인 극단주의자와 흑인 극단주의자가 모두 반발했어. 백인은 흑인과 살기 싫다며, 흑

흑인인권운동가 넬슨 만델라 아프리카민족회의의 의장으로, 민주 정권의 첫 대통령이 됐다. 그는 흑백 갈등을 극복한 공로로 노벨평화상을 수상했다.

인은 백인을 용서할 수 없다며 서로에게 테러를 가하기 시작했어. 많은 사람이 죽었지.

1994년 4월, 마침내 흑인과 백인이 모두 참여하는 첫 민주 선거가 실시됐어. 유엔은 혹시 모를 테러를 막고 부정 선거를 방지하기 위해 국제 감시단을 파견했어. 투표를 하려고 기다리는 행렬만 몇 킬로미터에 이르렀어. 민주주의에 대한 열망이 얼마나 강했는지 짐작할 수 있겠지?

투표가 끝나고 개표가 시작됐어. 결과는 놀라웠어. 압도적인 표차로 아프리카민족회의가 집권당이 된 거야! 넬슨 만델라는 민주화된 남아프리카공화국의 첫 대통령이 됐어. 그 오랜 시간을 억압 속에 살아왔던 흑인들은 감격의 만세를 불렀어. 백인들은 하늘이 무너지는 것 같았어. 이제 흑인들이 모든 권력을 장악할 분위기였지.

넬슨 만델라는 현명했어. 흑백 갈등을 줄이기 위해 부통령으로 흑인과 백인을 각각 한 명씩 뽑은 거야. 이때 부통령이 된 인물들은 바로 직전까지 대통령을 했던 클레르크와 만델라의 후계자인 타보 음베키였단다.

1994년 5월 10일, 텔레비전을 통해 전 세계로 넬슨 만델라의 취임식이 중계됐어. 그제야 세계는 아파르트헤이트가 역사 속으로 사라졌다는 사실을 실감했지. 넬슨 만델라 대통령은 오랜 세월 분열된 국민을 하나로 통합하는 데 전력을 기울였어.

1999년 넬슨 만델라 대통령은 임기를 마쳤어. 많은 사람들이 다시 대통령에 도전할 것을 권했지만, 넬슨 만델라는 장기 집권의 욕심을 부리지 않았어. 그는 재선거에 도전하지 않았고, 타보 음베키 부통령을 대통령 후보로 지명했어.

그럼 음베키에 대해 좀더 살펴볼까? 만델라가 아파르트헤이트를 종결짓는 계기를 마련했다면, 음베키는 아파르트헤이트를 완전히 끝낸 인물이야. 남아프리카공

화국의 역사에서 반드시 알아둬야 할 인물
이지.

음베키는 영국에서 공부한 지식인이야.
그는 유학을 하면서 백인 정부 타도투쟁
을 벌었어. 아직 미성년자인 14세 때 아프
리카민족회의에 가입한 그는 유학 중에도
아프리카민족회의 런던사무소에서 근무했
어. 유학을 마치고 본국으로 돌아온 뒤에
도 아프리카민족회의를 떠나지 않았어. 그
는 1970년대부터 아프리카민족회의의 핵
심 인사로 급부상했어.

이미 살펴본 대로 음베키는 만델라가 대
통령이 되던 1994년 부통령이 됐어. 이어
1997년에는 아프리카민족회의 의장에 선

아파르트헤이트를 종식시킨 대통령, 타보 음베키 타보 음
베키는 1999년 아프리카민족회의에 당선됨으로써 넬슨
만델라에 이어 제2대 흑인 정권을 탄생시켰던 장본인이
다. 이어 2004년 하원의 대통령 선거에서도 당선돼 두
번째 대통령에 취임했다.

출됐지. 아프리카민족회의 의장이 됐다는 것은 차기 대통령 선거의 후보가 된다
는 뜻이야. 물론 만델라가 다시 대통령에 도전한다면 얘기가 달라졌겠지만, 만델
라는 장기 집권하지 않겠다는 약속을 지켰어.

그해 6월, 총선거가 실시됐어. 아프리카민족회의는 또다시 압승을 거뒀어. 5년
간 흑백의 화합이 완성된 것일까? 아니면 오래전부터 아파르트헤이트를 싫어하는
백인들이 많았던 것일까? 아파르트헤이트를 주도했던 백인 정부를 배출했던 국민
당은 이 선거에서 채 10퍼센트도 표를 얻지 못했단다. 한때 남아프리카공화국 전
체를 지배했던 정당이 군소 정당으로 전락하고 만 거야. 이 선거에서 승리한 아프
리카민족회의는 타보 음베키를 제2대 대통령으로 선출했어. 그 후로도 아프리카

2010 남아공 월드컵 남아프리카공화국은 월드컵을 개최한 최초의 아프리카 국가가 되었다. 이 대회의 공식 슬로건은 '이제 때가 왔다. 전 아프리카의 축제'였다.

민족회의는 승승장구했어. 2004년과 2009년에도 압승을 거뒀지.

음베키 대통령은 개혁의 속도를 올렸어. 부통령 시절인 1994년 만들어진 경제 재건 계획을 더욱 강력하게 밀어붙였지. 서방 세계로부터 자본을 끌어들이는 데도 전력을 기울였어. 나라가 발전하려면 도로망이나 공장과 같은 인프라를 늘려야 하는데, 자금이 부족했기 때문이야. 그의 노력으로 많은 서방 기업들이 남아프리카 공화국에 투자를 하기 시작했지. 그러자 마침내 경제가 살아났어!

아파르트헤이트는 공식적으로 폐기됐지만 아직도 인종차별 요소는 많이 남아 있었어. 이를 완전히 없애기 위해 음베키는 흑인 가운데서 관료를 선출하는 제도를 만들었어. 또 야당에 대해서도 화합 정책을 펼쳤어. 여야 구분하지 않고 골고루 인재를 뽑아 고위직을 내준 거야. 이런 노력을 국민도 인정한 것일까? 2004년 음베키는 또다시 대통령에 선출됐단다.

음베키의 노력으로 남아프리카공화국은 세계가 주목하는 나라로 변했어. 집권 여당인 아프리카민족회의는 흑인과 백인 모두에게 큰 지지를 받았지. 이처럼 모든 인종으로부터 아프리카민족회의가 지지를 받은 데는 이유가 있어. 바로 아프리카민족회의가 지향하는 이념 때문이지. 흑인중심주의를 표방하는 대신, 모든 인종이 차별받지 않고 평등하게 살 것을 주장했거든. 남아프리카공화국이 2010년 축구 월드컵을 개최한 것도 모든 국민이 합심했기 때문에 가능했을 거야.

청소년의 날

국제연합은 청소년 문제를 국제적으로 논의하고 많은 나라들이 청소년에 대해 신경을 쓰도록 하기 위해 1999년 '청소년의 날'을 제정했어. 당시 120개 회원국 가운데 54개국이 찬성해 통과됐지. 그 후로 8월 12일은 국제 청소년의 날로 지정돼 여러 행사가 열린단다.

남아프리카공화국은 이보다 앞선 1994년 청소년의 날을 지정했어. 남아프리카공화국에서는 청소년의 날이 7월 16일이야. 이날이 무슨 날인지 아니? 바로 소웨토에서 청소년들이 봉기하기로 계획했던 날이란다. 봉기도 하기 전에 학살이 있었지만 말이야. 넬슨 만델라는 1994년 민주 정부의 대통령이 되고 나서 이날을 기리기 위해 7월 16일을 청소년의 날이자 국경일로 정했어.

북아프리카에 민주화 바람 불다

남아프리카공화국이 축구 월드컵을 끝내고 몇 달 뒤인 2010년 12월. 북아프리카에 있는 튀니지에서 민주화 운동이 시작됐어.

20대 청년의 분신자살이 민주화 운동의 계기가 됐어. 이 청년은 오랫동안 실업자로 있다가 살아보겠다고 노점을 시작했는데, 얼마 안 가 부패한 경찰의 단속에 걸려 더 이상 영업을 할 수 없게 됐어. 좌절한 청년은 자살을 했고, 이 사건이 알려지면서 독재 정부에 대한 저항이 본격화한 거야.

시위는 빠른 속도로 확산됐어. 곧 튀니지 전역에서 독재 정권을 타도하자는 목소리가 울려 퍼졌지. 놀란 독재 정권은 시위를 폭력적으로 진압했어. 그럴수록 민중의 저항은 더욱 거세졌어. 마침내 2011년 1월 대통령이 사우디아라비아로 달아났어. 민중이 독재자를 몰아낸 거야.

이 소식이 전 세계에 알려졌어. 서방 언론들은 이 사건을 재스민 혁명이라 불렀어. 튀니지에 재스민 꽃이 유난히 많아서 이런 이름을 붙인 거야. 말 그대로 이 사건은 혁명이었어. 민중이 들고 일어나 독재 정권을 붕괴시켰잖아? 그 동안 아프리카에서 이런 경우는 아주 드물었어. 그러니 혁명이라

튀니지 혁명 이 혁명은 튀니지 대통령이 24년 만에 자리에서 물러나게 했으며, 주변 여러 나라에 민주화 운동을 확산시켰다.

불러도 전혀 이상할 게 없지.

재스민 혁명의 열기는 주변 국가로 고스란히 전파됐어. 튀니지에 이어 민주화 운동이 시작된 나라는 이집트였어.

튀니지의 독재자가 항복한 지 얼마 지나지 않은 2011년 1월이었어. 인터넷과 SNS에서 봉기를 촉구하는 청년단체들의 격문이 돌기 시작했어. 재스민 혁명의

이집트 혁명 민주화에 대한 열망 외에도 경제 위기와 빈공 문제가 원인이 되어 일어났다. 이 혁명의 결과, 장기 집권 중이던 무바라크 대통령이 물러났다.

성공을 지켜본 이집트 민중 사이에 민주화에 대한 열망이 커진 거야.

이집트 민중은 수도 카이로에 모여 시위를 벌였어. 이를 신호탄으로 이집트의 다른 도시에서도 민주화 시위가 시작됐어. 정치인, 시민, 학생 등 모든 사람들이 거리로 쏟아져 나왔어. 경찰이 진압에 나섰고, 이집트 정부는 시위대가 외부에 소식을 알리지 못하도록 전화와 인터넷을 차단했어. 하지만 그렇게 한다고 국제 사회가 이집트 상황을 모르겠어? 미국까지 나서서 이집트 대통령이 물러날 것을 권했어.

결과는 어떻게 됐을까? 2월 이집트 대통령이 사임했어. 튀니지에 이어 이집트에서도 민중이 승리를 거둔 거야.

이집트 대통령이 물러나고 채 1주일도 지나지 않았어. 이번엔 리비아에서 민주화 운동이 시작됐어. 리비아의 독재자는 무아마르 카다피야. 40년이 넘도록 철권통치를 한, 세계에서 가장 오래 집권한 독재자이지. 과연 리비아에서도 민주화 운동이 성공할까? 전 세계의 관심이 집중됐어.

튀니지, 이집트와 마찬가지로 리비아에서도 처음엔 평화적으로 시위가 이뤄졌어. 하지만 독재자 카다피는 시위를 무력으로 진압했어. 그러자 리비아 민중도 가만히 있지 않았어. 민중도 무기를 들었지. 이때부터 정부군과 반정부군이 전투를 벌였어. 리비아 내전이 벌어진 거야.

반정부군이 리비아의 주요 도시인 벵가지를 먼저 점령했어. 바로 이 벵가지에서 정부군과 반정부군의 전투가 벌어졌어. 포탄이 작렬하고 건물이 와르르 무너졌어. 이 벵가지 전투에서만 6000명 이상이 희생됐어.

내전이 악화되고 사상자가 늘자 국제사회가 나섰어. 국제형사재판소는 카다피 체포영장을 발부했고, 유엔은 반정부군을 도와 카다피 독재정권을 쓰러뜨리기로 결의했지. 3월로 접어든 후 미국, 영국, 프랑스의 전투기가 리비아를 폭격하기 시작했어.

한때 반정부군은 상당히 위태로운 상황이었어. 그러나 국제사회가 전폭적으로 지원하자 기운을 되찾았지. 8월 반정부군은 리비아의 수도 트리폴리를 점령하는 데 성공했어. 수도를 점령했다는 것은 사실상 내전에서 승리했다는 뜻이야. 카다피는 줄행랑을 쳤어. 하지만 얼마 지나지 않아 반정부군에 체포됐고, 비참한 최후를 맞게 됐어.

튀니지, 이집트, 리비아는 모두 아랍 국가야. 이 아랍 국가들에서 일어난 민주화 운동은 중동의 다른 지역으로도 확산됐어. 이를테면 카다피가 사살된 다음 달에 예멘에서도 33년간 독재를 해 온 대통령이 물러났어. 이처럼 2010년 시작된 민주화 운동은 북아프리카와 서아시아에서 현재까지도 진행 중이야. 이 지역이 아랍 민족 국가이기 때문에 이 민주화 운동을 통틀어 '아랍의 봄'이라고도 부른단다. 오랜 세월 독재라는 겨울을 끝내고 민주주의라는 봄을 맞았다는 뜻이지.

눈부신 경제 성장

내전이나 종족 분쟁으로 혼란스러웠던 아프리카의 여러 나라들이 21세기 들어 변신하기 시작했어. 이젠 1960년대의 가난한 대한민국을 닮았던 아프리카를 떠올리면 안 돼. 하루가 다르게 아프리카가 변하고 있거든.

아프리카의 풍경을 따라가 볼까? 우선 사방팔방으로 고속도로가 쭉쭉 뻗어 있어. 그 도로를 달리다 보면 이곳저곳에서 대형 공사를 하는 모습을 자주 보게 돼. 한창 도시의 인프라스트럭처를 건설하고 있는 거야. 아프리카가 들썩들썩 활기가 넘치지?

고속도로를 달리다 보면 대형 도시를 만날 거야. 이국적이고 세련된 도시들이 꽤 많아. 대형 쇼핑센터나 의료센터, 첨단 사무용빌딩과 국제기구 사무소 등을 볼 수도 있어. 그 도시를 거닐다 보면 젊은 사람들이 아주 많다는 사실을 느낄 거야. 관광객들도 꽤 많이 보일 거고. 종족 분쟁이나 내란의 아픈 과거는 다 잊은 것 같지? 도시에서도 아프리카의 활력이 느껴지지?

라고스의 빌딩들 나이지리아 최대의 도시이자, 서아프리카 최대의 항만 도시인 라고스에는 최근 들어 고층 빌딩이 늘어나고 있다.

요즘 아프리카를 찾는 사람들은 깜짝 놀랄 때가 많다고 해. 여행하기에 아주 좋아졌기 때문이야. 필요한 물품은 쇼핑센터에 널려 있고, 여행지마다 편의시설도 잘 갖춰져 있어. 해외 관광객이 자주 찾다 보니 현지 사람들도 꽤 친절하다고 해.

하지만 정말로 놀랄 일은 따로 있어. 아프리카의 경제성장 속도가 아주 빠르다는 거야. 아프리카개발은행이 2011년에 '50년 후의 아프리카'라는 보고서를 낸 적이 있어. 이 보고서에 따르면 아프리카 경제는 향후 50년간 매년 5~6퍼센트씩 성장할 걸로 예측돼. 선진국의 경우 매년 3퍼센트의 성장률을 기록하는 것도 만만치 않은데, 아프리카는 50년 동안 5퍼센트 이상 성장한다는 거야. 놀랍지 않니?

2008년 미국을 시작으로 해서 전 세계적으로 금융위기가 닥친 적이 있어. 전 세계가 휘청거렸지. 마땅히 투자할 곳이 없자 투자자들은 아프리카에 본격적으로 관심을 갖기 시작했어. 아프리카의 경제지표를 보니 점점 국제 무역이 늘어나고 있고, 인플레이션도 안정적인 수준까지 떨어져 있었어. 그래. 아프리카가 최고의 투자가치가 있는 대륙이 된 거야. 세계적인 투자기관들이 아프리카에 돈을 투자했어.

불과 2000년대 초반까지만 해도 전 세계 언론이나 경제전문가는 아프리카를 비극적으로 바라봤어. 그러던 시각이 2010년 이후 바뀌었지. 예를 하나 들어볼까? 영국의 경제 주간지 중에서 세계적 영향력이 있는 《이코노미스트》란 잡지가 있어. 이 잡지가 2000년에 아프리카를 다뤘던 기사의 제목은 '희망 없는 대륙'이었어. 그런데 2013년에 아프리카를 다룬 기사의 제목은 '희망찬 대륙'이었단다.

이집트를 포함해 아프리카 북부의 몇몇 나라나 남아프리카공화국처럼 안정된 나라에나 적용되는 이야기가 아니냐고? 천만에. 경제 성장 속도가 가장 빠른 나라는 사하라 사막 이남 지역이야. 케냐, 가나, 잠비아, 나이지리아, 탄자니아, 에티오피아 등이 대표적이지. 특히 케냐와 가나 같은 나라는 경제 성장률이 40퍼센트에

아프리카의 경제 발전 케냐에 위치한 한 대학에서 실험을 하고 있는 학생의 모습. 최근 들어 아프리카 경제는 이전보다 빠른 속도로 성장하고 있다.

이르기도 했어. 정말 대단하지?

　어떤 사람들은 이 나라들이 석유와 같은 지하자원을 팔아 돈을 벌었다고 주장해. 물론 석유를 수출한 것은 사실이야. 하지만 전체 수출에서 이런 지하자원이 차지하는 비중은 그리 크지 않아. 쉽게 말해, 이런 지하자원 때문에 아프리카의 경제가 살아나고 있는 게 아니란 이야기야. 그렇다면 진짜 원동력은 무엇일까?

　무엇보다 정치와 경제가 안정되면서 소비시장이 커졌기 때문이야. 많은 학자들이 아프리카 성장의 가장 큰 원동력을 이 소비시장의 확대에서 찾고 있어.

　아프리카에 대도시가 속속 들어서고 있지? 도시가 늘면, 그 도시에 사는 중산층 서민이 많아질 거야. 중산층 서민의 생활은 우리와 크게 다르지 않아. 일하고, 쇼핑하고, 영화 보고, 각종 서비스를 이용하겠지. 이 과정에서 많은 돈을 쓰게 돼. 그러면 소비시장이 커지지.

아프리카 인구는 10억 명이야. 이들은 당장 소비에 돈을 많이 쓰지 않아도 언젠가 경제 사정이 넉넉해지면 중요한 소비자가 될 수 있어. 이런 사람들을 잠재소비자라고 하는데, 10억 명의 잠재소비자를 가지고 있다는 것은 성장 가능성이 그만큼 크다는 뜻이기도 해. 맥킨지라는 유명한 컨설팅 기업이 있어. 그 맥킨지가 2012년 발표한 보고서에 따르면, 아프리카의 소비시장은 2020년에 4100억 달러를 넘어설 것으로 보인대. 실로 엄청나게 큰 시장이 만들어지는 셈이야.

아프리카의 성장 가능성이 다른 대륙보다 더 큰 이유가 또 하나 있어. 바로 일할 수 있는 연령대가 다른 대륙보다 훨씬 많다는 점이야. 아시아나 유럽 등에서는 65세 이상의 노인 인구가 빠른 속도로 늘어나고 있어. 노인이 많을수록 젊은 사람들은 더 많이 일해야 사회를 부양할 수 있지. 노인들은 소비도 많이 할 수 없어. 돈이 부족하기 때문이야. 반면, 아프리카를 볼까? 아프리카에서 한창 일할 수 있는 나이_{대략 15~64세}의 인구는 5억 명이 넘어. 전체 인구의 절반 이상이 당장 활기차게 일할 수 있다는 뜻이야. 이 사람들은 일을 통해 거둔 수입으로 노인을 부양할 수 있어. 또한 넉넉하게 소비할 수도 있지. 이 젊은 사람들이 적극적으로 소비하는 한 아프리카 경제는 앞으로도 더 성장할 가능성이 높아.

아프리카를 하나로

1963년 5월, 아프리카 독립국 정상들이 에티오피아의 아디스아바바에 모였어. 이 회의에 참가한 38개의 독립국은 아프리카의 단합과 통일을 위한 정치 기구를 만들기로 결의했어. 이렇게 해서 결성된 기구가 아프리카통일기구^{OAU}야. 아프리카 국가들이 만든 첫 국제기구라고 할 수 있지.

아프리카통일기구는 아프리카의 통합을 위한 작업을 차근차근 진행해나갔어. 아프리카통일기구에 가입한 국가들은 2년마다 정상회담을 가졌고, 이것과는 별도로 외무장관들이 매년 두 차례 각료회의를 가졌어. 아프리카 전체에 영향을 미치는 중요한 정책은 바로 이 각료회의에서 결정됐어.

아프리카 여러 나라에서 터진 분쟁을 조정하는 중재조정위원회도 있었어. 이 위원회가 아프리카 분쟁을 평화적으로 해결한 경우도 적지 않아. 대표적인 사례로는, 1964년 알제리와 모로코 사이에 터진 국경분쟁을 평화롭게 마무리한 것을 꼽을 수 있어. 그로부터 1년 후에는 이집트와 소말리아, 소말리아와 케냐 사이에 벌어진 국경분쟁에도 개입해 평화적으로 해결했지. 다만 나이지리아에서 터진 분쟁은 중재하지 못했어.

아프리카통일기구는 이 밖에도 민족해방위원회를 산하기구로 뒀어. 아프리카 나라들이 전부 독립했는데, 민족해방운동이 왜 필요하냐고? 아프리카통일기구를 만들었을 때까지만 해도 포르투갈 식민지는 독립을 획득하지 못한 상태였거든. 독립을 했다고는 하지만 제대로 된 정부를 구성하지 못한 나라들도 있었지. 바로 이런 나라들의 독립을 지원하기 위해 민족해방위원회가 만들어진 거야. 민족해방위원회는 아프리카의 완전한 해방을 위해 가능한 모든 수단을 지원하겠다고 선언했어.

아프리카통일기구는 아프리카 문제를 아프리카 국가들이 스스로 해결하겠다는 것을 목표이자 이념으로 내세웠어. 하지만 결국 이 목표를 제대로 이루지는 못했어. 한때 해체 위기를 맞기도 했지. 1984년이었어. 아프리카통일기구의 노선에 불만을 품은 모로코가 탈퇴하겠다고 선언했어. 아프리카통일기구가 서사하라를 독립국가로 인정하는 바람에 화가 나서 탈회한 거란다. 원래 서사하라는 모로코가 지배하고 있었거든. 이를 계기로 여기저기서 불만이 터져나왔어. 아프리카통일기구가 자칫 해체될지도 모른다는 관측까지 나왔지. 마침 아프리카 전체가 극심한 경제 위기를 겪을 때였어. 아프리카 국가들은 단결만이 살길이라고 생각했고, 아프리카통일기구를 지켰어. 그 후에는 오히려 회원국이 늘어났지.

1993년 이집트 카이로에서 제29회 아프리카통일기구 국가정상회의가 열렸어. 아프리카 정상들은 이 회의를 끝내고 카이로 선언을 채택했어. 카이로 선언의 핵심은 아프리카를 유럽연합EU처럼 하나로 묶자는 내용이었지. 쉽게 말해, 아프리카를 더 큰 공동체로 만들자는 거야.

남아프리카공화국에서 백인 정부가 무너지고 넬슨 만델라가 첫 민주 대통령이 된 1994년, 남아프리카공화국이 53번째로 아프리카통일기구에 가입했어. 이로써 모로코를 뺀 아프리카의 모든 나라가 아프리카통일기구의 회원국이 됐지. 이렇다면 사실상의 단일 공동체나 다름없어.

2001년 잠비아에서 아프리카통일기구의 마지막 정상 회담이 열렸어. 아프리카 각국의 정상들은 아프리카통일기구를 해체하고, 그 대신 아프리카연합AU을 만들기로 합의했어. 이에 따라 2002년 7월 아프리카통일기구는 해체 됐단다.

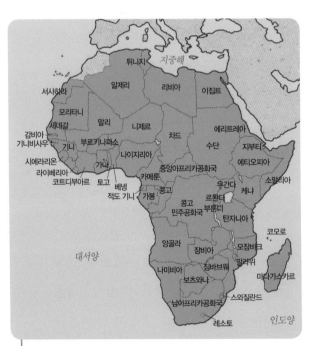

아프리카연합 참여국 모로코를 뺀 나머지 국가들이 모두 아프리카연합에 참여하고 있다. 모로코도 원래 아프리카연합의 회원국이었지만 서사하라 분쟁을 둘러싸고 노선 갈등으로 탈퇴했다.

아프리카연합의 정상회의 유럽연합을 모델로 삼아 정치·경제연합체를 지향하고 있다. 아직까지는 일부 국가들이 소극적인 태도를 보여 한계점으로 지적받고 있지만, 향후 아프리카에서 큰 역할을 할 것으로 기대된다.

2001년 5월 아프리카연합이 출범했어. 아프리카연합은 입법부, 행정부, 사법부를 모두 갖췄어. 유럽연합과 구조가 비슷한 거야. 아프리카연합은 장기적으로는 아프리카경제공동체로 발전하고, 나아가 아프리카 모든 나라가 하나의 국가처럼 되는 것을 목표로 하고 있어.

과거의 아프리카통일기구는 일부 내란을 중재하기는 했지만 각 나라들의 정치에 개입하지는 않았어. 그러다 보니 독재자가 온갖 횡포를 부려도 어쩔 수 없었지. 하지만 아프리카연합은 달라. 이런 나라들에 대해 제제를 할 수 있는 권한이 있거든. 다만 아직까지는 제 힘을 발휘하지 못하고 있어. 사실 유럽의 통합도 수십 년에 걸쳐 이뤄진 거야. 아프리카연합도 그 과정을 밟고 있다고 생각하면 돼. 한술에 배부를 수는 없겠지?

현재 가장 큰 난관은, 아직까지도 일부 국가들의 참여가 미흡하다는 거야. 사정이 이렇다 보니 아프리카연합 참여국 사이에 끈끈한 유대관계가 만들어지지 않았어. 더구나 아프리카에 있는 모든 국가가 아프리카연합에 참여하고 있지만, 여전히 모로코는 가입하지 않고 있어.

앞으로도 아프리카연합이 갈 길은 먼 것 같아. 그러나 천릿길도 한 걸음부터라고 했어. 머잖아 아프리카연합도 유럽연합처럼 단단한 덩어리가 될 거야.

자, 이제 아프리카 역사 여행이 끝났어. 10년 후, 또는 20년 후 우리에게 아프리카는 어떤 대륙으로 다가올까? 이 책을 닫으면서 한번 생각해 봐. 그때의 아프리카는 우리에게 훌륭한 동반자가 돼 있지 않을까?

미래 대통령들의 회의

제2차 세계대전이 끝난 1945년의 10월이었어. 영국의 맨체스터에서 범 아프리카회의가 열렸어. 전쟁이 끝난 후 처음 열리는 회의였지. 아프리카의 각국에서 흑인운동가들이 이 회의에 참석했단다. 그들은 하나같이 아프리카의 독립에 대해 목소리를 높였어. 범 아프리카회의는 이때가 최고 절정기였지.

흥미로운 대목이 있어. 참석했던 인물을 볼까? 가장 두각을 나타낸 사람은 콰메 은크루마였어. 줄리어스 니에레레, 조모 케냐타도 이 자리에 있었지. 이들이 누구인지 아니? 이미 살펴봤어. 그래, 훗날 아프리카 국가들이 독립한 후에 초대 대통령이 된 사람들이란다. 이 밖에도 서너 명의 인물이 훗날 초대 대통령이 됐어. 미래 대통령들의 회의라고 할 만하지?

사진 자료 제공처 및 출처

● 출간 당시 저작권자 확인 불가로 허가를 받지 못한 작품에 대해서는 추후 저작권 확인이 되는 대로 절차에 따라 계약을 진행하도록 하겠습니다.
● 퍼블릭 도메인인 경우, 따로 출처를 표기하지 않았습니다.

셔터스톡 10p, 11p (왼쪽) (오른쪽), 42p, 44p, 55p, 56p, 57p, 58p, 72p, 98p, 101p, 129p, 146p (왼쪽), 209p, 219p, 243p, 277p, 279p, 300p, 311p, 313p, 325p (왼쪽)

27p ©Didier Descouens ; 28p ©National Museum of Ethiopia ; 30p ©Hermann Schaaffhausen ; 46p ©Zubro ; 47p ©rudr.rice.edu ; 53p ©Keith Schengili-Roberts ; 63p ©Keith Schengili-Roberts ; 67p ©LassiHU ; 68p ©Brooklyn Museum ; 71p ©Rita Willaert ; 75p (위) ©Marie-Lan Nguyen ; 75p (아래) ©Marie-Lan Nguyen ; 82p (오른쪽) ©Daderot ; 95p ©Tentoila ; 96p ©Berthold Werner ; 108p ©Brooklyn Museum ; 111p Marie-Lan Nguyen ; 115p ©PHGCOM ; 116p ©Mr. Granger ; 123p ©BluesyPete ; 133p ©steve4710 ; 137p ©Myrabella ; 139p ©Claire H. ; 146p (오른쪽) ©Ulamm ; 153p ©Rod Waddington ; 156p (왼쪽) ©Bernard Gagnon ; 156p (오른쪽) ©Katie Hunt ; 160p ©Harvey Barrison ; 165p ©RedCoat ; 175p ©New Haven Colony Historical Society ; 213p ©Steve Evans ; 226p ©Jacob Truedson Demitz ; 239p ©Simon Harriyott ; 260p ©U.S. Navy photo ; 271p ©Frank Hall ; 274p ©Adam Jones ; 283p ©TSGT PERRY HEIMER ; 284p ©Pruneau ; 287p ©Archives New Zealand ; 290p ©Fanny Schertzer ; 298p ©Dr. Lyle Conrad ; 301p ©Pierre Holtz ; 306p ©Katangais ; 314p ©Marcello Casal Jr/ABr ; 316p ©M.Rais ; 317p ©Kodak Agfa ; 319p ©Clara Sanchiz ; 321p ©Swathi Sridharan

외우지 않고 통째로 이해하는
통아프리카사

초판 1쇄 발행 2010년 5월 24일
개정판 1쇄 발행 2016년 8월 25일

지은이 김상훈
펴낸이 김선식

경영총괄 김은영
사업총괄 최창규
책임편집 김서윤 **크로스교정** 김수나 **디자인** 김규림 **책임마케터** 최혜령, 이승민
콘텐츠개발3팀장 김서윤 **콘텐츠개발3팀** 이여홍, 김규림, 이은, 김수나
마케팅본부 이주화, 정명찬, 이상혁, 최혜령, 양정길, 박진아, 김선욱, 이승민, 김은지
경영관리팀 송현주, 권송이, 윤이경, 임해랑, 김재경

외부스태프 지도일러스트 차승민

펴낸곳 다산북스 **출판등록** 2005년 12월 23일 제313-2005-00277호
주소 경기도 파주시 회동길 37-14 3, 4층
전화 02-702-1724(기획편집) 02-6217-1726(마케팅) 02-704-1724(경영관리)
팩스 02-703-2219 **이메일** dasanbooks@dasanbooks.com
홈페이지 www.dasanbooks.com | teen.dasanbooks.com
블로그 blog.naver.com/dasan_books
종이 한솔피엔에스 **출력·인쇄** 갑우문화사 **후가공** 이지앤비 특허 제10-1081185호

ISBN 979-11-306-0944-7(04900)
　　　979-11-306-0598-2(세트)

다산북스(DASANBOOKS)는 독자 여러분의 책에 관한 아이디어와 원고 투고를 기쁜 마음으로 기다리고 있습니다.
책 출간을 원하는 아이디어가 있으신 분은 이메일 dasanbooks@dasanbooks.com 또는 다산북스 홈페이지 '투고
원고'란으로 간단한 개요와 취지, 연락처 등을 보내 주세요. 머뭇거리지 말고 문을 두드리세요.